# 国際政治と規範

## 国際社会の発展と兵器使用をめぐる規範の変容

足立研幾 著
ADACHI, Kenki

Norms in International Society

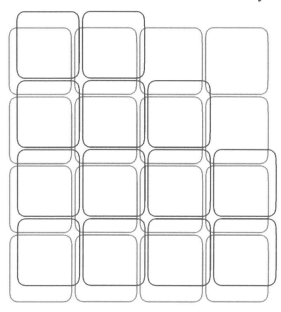

有信堂

国際政治と規範―国際社会の発展と兵器使用をめぐる規範の変容／目　次

## 序章　国際政治と規範 —————————————————— 3

## 第一章　国際政治における規範の分析枠組み —————— 7
はじめに　7
第一節　国際政治学における規範と社会　7
第二節　国際社会とはいかなる社会か　11
第三節　規範とは何か　17
　(1) 規範の機能（17）　(2) 規範がアクターの行動に影響を与えるメカニズム（19）　(3) 規範、パワー、利益（23）
第四節　規範ライフサイクル論　25
第五節　規範ライフサイクル論を越えて　29
　(1) 出現してくる規範の偏り（29）　(2) 規範起業家と規範守護者の相互作用（33）　(3) 解釈・適用をめぐる競合（37）　(4) 複線的な規範の伝播（38）　(5) 規範の衰退・消滅（43）

## 第二章　「ヨーロッパ国家間社会」の誕生 ————————— 52
はじめに　52
第一節　兵器使用をめぐる規範　53
第二節　騎士道と毒使用禁止規範　55
第三節　武士道と銃使用禁止規範　60
第四節　「ヨーロッパ国家間社会」の誕生　64
第五節　戦争被害の拡大と反戦規範の出現　68
第六節　「文明的」な戦争？　70

## 第三章　「国家間社会」の誕生 ———————————————— 88
はじめに　88
第一節　「文明」基準の明確化　89
第二節　「ヨーロッパ国家間社会」から「国家間社会」へ　91
第三節　国内社会の変容と「国家間社会」への影響　98
第四節　「文明的」な戦争のルール　101

第五節　戦時における兵器使用をめぐる規範　108
　　第六節　第一次世界大戦の衝撃　113

## 第四章　「国家間社会」の普遍化 ———————————— 128
　　はじめに　128
　　第一節　「文明」基準の消滅と「国家間社会」の変容　128
　　第二節　核兵器をめぐる規範の構成　133
　　第三節　「国家間社会」の一体性低下　139
　　第四節　冷戦終焉と兵器をめぐる規範　149

## 第五章　「国家間社会」の自律性低下 ——————————— 159
　　はじめに　159
　　第一節　非国家主体のプレゼンス向上　159
　　第二節　対人地雷禁止条約の成立　164
　　第三節　クラスター弾に関する条約の成立　174
　　第四節　核不拡散レジームの揺らぎ　181
　　第五節　「新しい暗黒」？　184

## 終章　「国家間社会」と兵器使用をめぐる規範の行方 ——————— 199
　　はじめに　199
　　第一節　「国家間社会」の発展　199
　　第二節　「国家間社会」の自律性低下　203
　　第三節　国際社会と兵器をめぐる規範の変容から見る国際政治の
　　　　　　行方　206

　　　参考文献　211
　　　あとがき　227
　　　索引　231

## 略語表

| | |
|---|---|
| ABM条約 | Anti-Ballistic Missile Treaty（弾道弾迎撃システム制限条約） |
| CCW | Convention on Certain Conventional Weapons（過度に傷害を与えまたは無差別に効果を及ぼすことがあると認められる通常兵器の使用禁止または制限に関する条約〈特定通常兵器使用禁止・制限条約〉） |
| CERES | Coalition for Environmentally Responsible Economies（環境に責任を持つ経済のための連合） |
| CFE条約 | Treaty on Conventional Armed Forces in Europe（欧州通常兵力条約） |
| CMC | Cluster Munitions Coalition（クラスター弾連合） |
| COCOM | Coordinating Committee for Export Controls（対共産圏輸出統制委員会） |
| ERW | Explosive Remnants of War（不発弾および遺棄弾） |
| FSC | Forest Stewardship Council（森林管理協議会） |
| GDP | Gross Domestic Product（国内総生産） |
| HRW | Human Rights Watch（ヒューマン・ライツ・ウォッチ〈NGO〉） |
| IAEA | International Atomic Energy Agency（国際原子力機関） |
| ICBL | International Campaign to Ban Landmines（地雷禁止国際キャンペーン） |
| ICRC | International Committee of the Red Cross（赤十字国際委員会） |
| MSC | Marine Stewardship Council（海洋管理協議会） |
| NATO | North Atlantic Treaty Organization（北大西洋条約機構） |
| NGO | Non-Governmental Organization（非政府組織） |
| NPA | Norwegian People's Aid（ノーウィージャン・ピープルズ・エイド〈NGO〉） |
| NPT | Non Proliferation Treaty（核不拡散条約） |
| NSG | Nuclear Suppliers Group（原子力供給国グループ） |
| OPCW | Organization for the Prohibition of Chemical Weapons（化学兵器禁止機関） |
| SIPRI | Stockholm International Peace Research Institute（ストックホルム国際平和研究所） |
| UNICEF | United Nations Children's Fund（国連児童基金） |
| WWF | World Wild Fund for Nature（世界自然保護基金） |

# 国際政治と規範
国際社会の発展と兵器使用をめぐる規範の変容

# 序章　国際政治と規範

　2014年は、第一次世界大戦が勃発した1914年から数えてちょうど100年目にあたる。盛んに開催される第一次世界大戦を振り返るイベントでしばしば指摘されるのが、2014年と1914年との類似性である。たとえば、グローバル化の進展、戦争の質的変容、ナショナリズムの高まり、主要国家間におけるパワーバランスの変化などは、現在と第一次世界大戦前とに共通して見られる特徴としてあげられる[1]。実際、近年、領土拡張的な動きや力による現状変更の試みのように見える行動が盛んに観察され、国際関係の緊張感は高まりつつあるように感じられる。歴史は繰り返すのであろうか。国際政治学の主要な理論の一つであるネオリアリズムは、いかに国家の内実が変容しようとも、国際関係は同じパターンを繰り返すと見ている[2]。国家よりも上位の権威が存在しない国際関係の構造が不変である限り、国家の安全は自らが守るよりほかないという状況は変わらないからである。

　2014年と1914年との間には違いもある。たとえば、第一次世界大戦前と比べると、現在、力による現状変更の試みはより厳しい非難にさらされているようである。アメリカのジョン・ケリー（John F. Kerry）国務長官を始め、各国の政府関係者は、ロシアがクリミア半島を自国に編入したことを激しく批判した。ケリー国務長官は、「21世紀に、19世紀の振る舞いをしている」と述べ、ロシアの行動を「信じがたい侵略行為」と断罪した[3]。ケリー国務長官がいうように、21世紀と19世紀とでは「適切とされる国家の振る舞い」が異なり、「21世紀には力による現状変更は不適切な行為とみなされている」のであろうか。そもそも、「適切とされる国家の振る舞い」は時代とともに変化するのであろうか。

　国際政治の分析を行う際、国家間の力関係や利害関係に焦点が当てられるこ

とが多い。先にあげたネオリアリズムにせよ、国際政治学のもう一つの主要な理論であるネオリベラリズムにせよ、「単一で合理的な国家観」を共有している。ネオリアリズムと、ネオリベラリズムとの間には、相対利得を重視するか、絶対利得を重視するかをめぐる相違はある。ただし、いずれも無政府的国際システムによって規定される明確な利益構造のなかで、国家は「合理的」に行動するという前提を共有している。本書でも、この点を強調し、両者をまとめて言及する際には、合理主義国際政治学という表現を用いる[4]。この合理主義国際政治学では、国家よりも上位の権威が存在しない以上、コストよりも多くの利益が得られるのであれば、国家は戦争に訴えることを躊躇しないと想定する。また、戦争の際、いかなる手段を用いるのかという点についても、費用対効果の観点から説明される。国際政治を、力や利益以外の観点から分析しようとする試みがなかったわけではない。たとえば、リアリズムの代表的著作とされる『危機の20年』のなかで、E. H. カー（Edward H. Carr）は、権力のみならず、道義の重要性も指摘している[5]。しかし、国際政治学において、倫理や規範、道義の重要性が指摘されることはあっても、それらの理論的検討が十分になされることはなかったといってもよい。とりわけ、1950年代にいわゆる行動論革命と呼ばれる行動科学アプローチが政治学に大きなインパクトを与えるようになると、国際政治学においても科学的・実証的分析が主流となり、倫理や規範といったものはさらに周辺へと押しやられた[6]。

　しかし、合理主義国際政治学は、冷戦終焉を予想することも、十分に説明することもできなかった。それゆえ、合理主義国際政治学は、コンストラクティヴィズムによる挑戦を受けるようになった[7]。コンストラクティヴィズムは、国家間で共有される「適切とされる国家の振る舞い」、すなわち規範が、アクターの行動に与える影響を重視する研究アプローチである。冷戦終焉後、コンストラクティヴィズムのアプローチを用いて、合理主義国際政治学では十分に説明できない現象の説明を試みる事例研究が数多くなされるようになった[8]。ただし、そうした研究は、個別事例研究の積み重ねの段階にとどまっており、理論的に体系立っているとはいいがたい。国際関係を分析するうえで、規範はどの程度有用な概念なのであろうか。合理主義国際政治学が、冷戦終焉を上手く説明できないとしても、これは単なる逸脱事例に過ぎないのであろうか。そ

れとも、20世紀初頭と21世紀初頭では、「適切とされる国家の振る舞い」が異なり、そうした規範に国家の行動が影響されるのであろうか。

　この問いに答えるべく、本書では、各国の対立が最も先鋭化する安全保障にかかわる分野、とりわけ自らの生存に直結する兵器使用という局面を取りあげて考察を進める。国家間で兵器使用に関する何らかの規範が共有され、それが国家の行動に影響を与えることはあるのだろうか。また、そうした規範が変化することがあるのだろうか。あるいは、国家間で共有される規範が変化すると、国家間の関係にも変容が見られるのだろうか。本書では、具体的な兵器使用にかかわる問題を事例として取りあげつつ、これらの問いについて検討を進めていく。第一章では、国際政治における規範をめぐる既存の研究を整理する。そのうえで、これまで行われてきた国際政治における規範研究に足りないものを指摘し、それらを埋める作業を行いたい。議論を先取りすれば、国際政治における規範研究の問題点は大きく分けると二つある。一つ目の問題点は、従来の国際政治における規範研究は、国際社会がいかなる社会かという点を括弧にくくってきたことである。規範を、社会において共有される行動基準と定義することが多かったにもかかわらず、国際社会がいかなる社会なのかという点を十分に検討してこなかったのである。二つ目の問題は、これまでの国際政治における規範研究は、規範ライフサイクル論に過度に影響されており、その結果抜け落ちている視点が少なからず存在することである。本書では、これらの問題点を克服する分析枠組みを提示したい。

　第二章以降では、第一章で提示する分析枠組みを用いて、国家の行動に対して規範が何らかの影響を与えているのか否か、という点について検討を進める。その際、本書が特に重視するのは、国際社会がいかに形成されてきたのかを跡付けることである。上述のとおり、国際社会がいかなる社会かという点を括弧にくくってきたことが、これまでの規範研究の問題の一つである。ある時代の国際社会がいかなるものなのかを検証することが、その時代に共有される規範を分析するうえでの前提となる。そのうえで、国家間で何らかの規範が共有されてきたのか否か、そうした規範が国家の行動に影響を与えたのか否か、という点について分析を進める。具体的には、第二章では、現在の「国家間社会」の原型となった「ヨーロッパ国家間社会」の形成過程と、そこで共有される規

範について検討する。第三章では、「国家間社会」の形成過程と、そこで共有される規範について分析を進める。第四章と第五章では、それぞれ、第二次世界大戦後、および冷戦終焉後の、「国家間社会」の変容とそこで共有される規範について見ていく。さらに、こうした分析を踏まえて、終章では、近年国際政治における兵器使用をめぐる規範が大きく変容しつつあること、そしてその背景には国際社会そのものが大きく変化しつつある可能性があることを示したい。国際社会における規範に焦点を当てた分析を進めることで、不透明感が増し、ときに1914年との類似点、すなわち世界戦争の危険性、が強調される国際関係の今後を展望する材料を得たいと考えている。

1) こうした議論は数多くなされているが、ここでは、特にMargaret MacMillan, "The Rhyme of History: Lessons of the Great War," *The Brookings Essay* を参照した。http://www.brookings.edu/research/essays/2013/rhyme-of-history#（最終閲覧日、2014年8月31日）。
2) Kenneth H. Waltz, *Theory of International Politics*, McGraw-Hill, 1979, p. 67.
3) *The Washington Post*, March 2, 2014.
4) ネオリアリズムとネオリベラリズムの理論的接近を指して、ネオ―ネオ統合がなされたと指摘する論者も多い。なお、ここでいう合理主義とは、戦略的合理性に基づきアクターが行動するという考え方である。合理性には、戦略的合理性以外にも、討議的合理性などがあるが、本書では特に断らない限り、合理性という言葉を、戦略的合理性という意味で用いる。ただし、特に戦略的合理性の意味で用いている点を強調したいときには、「合理性」と括弧をつけて表記する。合理性に関する議論については、ユルゲン・ハーバーマス『コミュニケーション的行為の理論 上・中・下』未來社、1985―1987年（原著1981年）を参照。また、ハーバーマスの議論を国際関係に援用した初期のものとして、Thomas Risse, "'Let's Argue!': Communicative Action in World Politics," *International Organization*, Vol. 54, No. 1, 2000 がある。
5) E. H. Carr, *The Twenty Years' Crisis 1919-1939: An Introduction to the Study of International Relations Reissued with a New Introduction and additional material by Michael Cox*, Palgrave, 2001, pp. 135-155.
6) Robert W. McElroy, *Morality and American Foreign Policy: The Role of Ethics in International Affairs*, Princeton University Press, 1992, p. 3.
7) Stephen M. Walt, "International Relations: One World, Many Theories," *Foreign Policy*, No. 110, Special Edition: Frontiers of Knowledge, 1998, p. 41.
8) 初期の代表的なものとして、Ethan A. Nadelmann, "Global Prohibition Regimes: the Evolution of Norms in International Society," *International Organization*, Vol. 44, No. 4, 1990; Audie Klotz, *Norms in International Relations: The Struggle against Apartheid*, Cornell University Press, 1995; Richard M. Price, *The Chemical Weapons Taboo*, Cornell University Press, 1997; Martha Finnemore and Kathryn Sikkink, "International Norm Dynamics and Political Change," *International Organization*, Vol. 52, No. 4, 1998 などがある。

# 第一章　国際政治における規範の分析枠組み

## はじめに

　人間が殺人を忌避する理由は何であろうか。殺人を犯した者が、罰せられるからであろうか。あるいは、殺人を行うコストが、殺人によって得られる利益よりも大きいからであろうか。それとも、「殺人を行うべきではない」と信じているからであろうか。もし、刑罰を受ける恐怖や費用対効果が低いことが理由で、人々が殺人を躊躇しているのだとするならば、刑罰を受ける可能性が低く、コスト以上に大きな利益が殺人によって得られる場合、人は殺人を躊躇しないことになる。一方で、そうした状況であっても殺人を躊躇するのだとすれば、「殺人を行うべきではない」という規範が、その人の行動を規定したと考えられる。同様に、国家の行動を規定する規範、とりわけ国家の生存にかかわるような局面における規範は存在するのだろうか。

## 第一節　国際政治学における規範と社会

　国際政治における規範の研究は、これまであまり盛んではなかった。その原因の一つは、実証研究を行うことが困難なことである。いったい、規範とは何なのか。そして、その存在、あるいは影響をいかに実証できるのか。こうしたとらえどころのなさゆえに、とりわけ実証的分析が主流となった1950年代以降、国際政治における規範に関する研究は低調だった。序章でもふれたとおり、冷戦終焉を一つの契機として、国際政治における規範に焦点を当てる研究は増加した。こうした規範研究の多くは、合理主義国際政治学に対抗すべく行われた。それゆえ、規範に従って行動した結果、国家が必ずしも「合理的」とはいえな

い行動をしていることを示すことを目的とするものが多かった。

しかし、「規範とは何か」という点について丁寧に論じるものは意外に少ない。たとえば、国際政治における規範研究の第一人者であるマーサ・フィネモア（Martha Finnemore）とキャサリン・シキンク（Kathryn Sikkink）は、規範を「一定のアイデンティティを共有するアクターにとっての適切な行動の基準」と定義している[1]。ただし、「アクターにとっての適切な行動の基準」とは何を意味するのかという点についてはあまり議論されていない。また、「一定のアイデンティティを共有するアクター」とは何かという点についても、ほとんど論じていない。「何が適切かということは、共同体や社会の判断を参照することによってのみ知り得る」と言及する程度である[2]。

「アクター間で共有される適切な行動の基準」とはいかなるものなのか。適切な行動の基準、すなわち規範が共有されるためには、その規範を承認する集団の存在を前提にしなければならない。何らかの集団が存在しなければ、適切な行動の基準が共有されることはない。規範は、集団のなかで規定され、その個々のメンバーに対して要請され、行動基準の一つとなる[3]。どのような行動基準が共有されるかは、それぞれの集団次第である。たとえば文化が異なる集団の間で、全く異なる規範が共有されていることもしばしばある。家に入る際には「靴を脱がなければならない」という行動基準が共有されている集団、「女性は他人に肌を見せてはならない」という行動基準が共有されている集団が存在する一方で、そうした行動基準が全く共有されていない集団も少なからず存在する。規範は文化依存性が高いとの指摘がなされるゆえんである[4]。

以上からも明らかなように、規範を分析する際にまず検討しなければならないのは、どのような集団によってその規範が共有されているのかという点である。国際政治における規範を扱う先行研究は、いかなる集団によって共有される規範を念頭に置いているのであろうか。フィネモアとシキンクは、国際政治における規範を「国家の適切な行動基準を設定する国際規範[5]」と表現している。集団を構成するアクターとして、国家を念頭に置いていることは確かであろう。しかし、同時に規範の形成過程における非国家主体の重要性なども指摘しており、非国家主体と国家が、その集団のなかでどのような関係性を持つものとして位置付けられているのかは自明ではない。詳しくは後述するが、国際

政治における規範を分析する論者の多くも同様である。規範を、社会や共同体などで共有されるものとみなしているにもかかわらず、その社会がいったいどのようなものなのか、という点については十分な検討を行っていない。

　国際政治学において主流であった合理主義国際政治学は、そもそも国際社会は存在せず、国際関係はアナーキーであるとみなしている。このような立場からすれば、国際関係に規範が影響を与えることはない。これに対して、コンストラクティヴィズムは、国際社会や国際共同体で共有される行動の基準である規範の重要性を指摘している。それにもかかわらず、こうした論者の多くが、規範が共有される国際社会や国際共同体がいかなるものなのかという点について十分な検討を行っていないのはなぜだろうか。それは、こうした論者の主たる関心が、合理主義国際政治学では十分に説明できない国家の行動を、アイデンティティや規範といったこれまで重視されてこなかった観念的な要因に注目して説明する、という点にあるからかもしれない。このことは、国際政治における規範研究者の多くが国家の存在を前提とし、そうした国家の行動を説明可能と考える合理主義国際政治学の立場を共有していることを意味する。このような穏健的コンストラクティヴィズム[6]と呼ばれる立場は、ポスト・モダンの研究と、合理主義国際政治学を架橋しようと試みている。そのため、多くの研究は、ある規範がいかに国家の行動に影響を与え、国家が「合理的」でない行動をとるのかを説明しようとする。コンストラクティヴィズム研究の多くは、いかなる社会において、いかに規範が構成されるのかという点は「括弧にくくってきた」のである[7]。

　規範が共有される国際社会そのものについて、比較的丁寧な議論を行っている論者として、オーディー・クロツ（Audie Klotz）があげられる。クロツは、規範を「行動の基準に関する共有された、社会的な理解」と定義し、そうした規範が共有される国際社会は「一つの国際社会」ではなく、「複数の共同体としての国際社会」であるとの見方を提示している[8]。その際念頭に置いているのは、国家間に複数の社会が存在し、全体としてグローバルに広がる国際社会を構成しているという見方である。クロツは反アパルトヘイト規範が南アフリカのアパルトヘイト政策撤廃に与えた影響を考察しているが、その際に検討している複数の社会とは、国際連合、コモンウェルス、アフリカ統一機構という、

いずれも国家によって構成される三つの社会である。

　各国の国内社会において共有される規範が、その国の行動に与える影響を考察しようとする研究もある。たとえば、合理主義国際政治学で説明することが困難とされる日本の安全保障政策は、日本の国内社会で共有される反軍国主義規範の影響との関連で考察される[9]。この立場の研究は、多様な国内アクターを分析射程にとらえることができる。また、国内社会において共有される規範が、国によって異なり得ることを指摘する。一方で、国家を超える領域における社会の存在を前提とする必要がない。そのため、アナーキーな国際関係を前提としたまま、そうした国際関係のなかで「合理的」行動をとらない国家の行動がうまく説明できる。しかし、このような立場に対しては合理主義国際政治学の立場から、次のような反論が可能である。国際関係がアナーキーである以上、各国は国際関係においては自国の国益を最優先に行動せざるを得ない。いかに各国国内社会で異なる規範が共有されているとしても、国家間の関係において、各国が、自国社会で共有される規範に従った行動を継続することは容易ではない。とりわけ自国の生存が脅かされる場合は、そうである。それゆえ、国際政治場裏における各国の行動を分析する際、各国内で共有される規範や文化・社会的相違は無視可能である、と。

　「合理的」に説明することが困難とされる日本の安全保障政策についても、実は日本の安全が極度に脅かされることがなかったからこそ、反軍国主義規範に従って行動することが可能だったとする見方もある[10]。この見方に従えば、日本を取り巻く安全保障環境が悪化し自国の生存が脅かされる状況になれば、日本も当然「合理的」に行動する、すなわち軍事力増強を図るということになろう。実際、近年の中国台頭を前に、日本の軍事力増強を唱える声は強まり、集団的自衛権をめぐる憲法解釈、武器輸出三原則、あるいは非核三原則などを見直す動きが顕著になりつつあるようにも見える。

　国際政治を考察するうえでは、各国内で共有されている規範のみに注目し、そこから各国行動を分析することには無理があるのかもしれない。国際政治とは、その字義からして、国家が複数存在する空間における秩序の形成や維持にかかわる営為のことを指す。国家が複数存在するなかで、国家がいかに行動をするのかを分析するにあたっては、国家が他国との関係において、いかなる行

動をとることを適切と認識しているのかを考察する必要がある。すなわち、国家間において、いかなる規範が共有されているのかを考察することが肝要と思われる。そのためには、国家間でいかなる社会が形成されているのか（あるいは社会がそもそも存在しないのか）という点について、検討することが不可欠である。この点は、国際政治における規範を考察するうえで、土台となる議論である。そこで、次節では国際社会について検討を進めていくこととする。

## 第二節　国際社会とはいかなる社会か

　社会とは何か。人々がただ居合わすだけでは社会は成立しない。社会に関する定義はさまざまであるが、たとえば富永健一は以下の4点を社会が成立するための必要条件としている[11]。第一に、成員相互の間に相互行為ないしコミュニケーション行為による意思疎通が行われること。第二に、それらの相互行為ないしコミュニケーション行為が持続的に行われることによって社会関係[12]が形成されていること。第三に、それらの人々が何らかの度合いにおいてオーガナイズされていること。そして第四に、成員と非成員とを区別する境界が確定していることである。この定義によるならば、グローバルな領域に社会は存在するといえるのであろうか。第一の条件については、言語の多様性により意思疎通が困難である。第二から第四の条件については、社会関係、オーガナイズの度合い、成員と非成員の区別、いずれもが限定的である。それゆえ、富永は、グローバルな領域には社会は存在せず、「準社会」が存在するにとどまると指摘している[13]。国境を越えるコミュニケーションはますます密になりつつあるし、国際的な制度や組織も増加している。とはいえ、国内社会と同様の社会が、グローバルな領域に存在するとまでは現段階ではいえないのかもしれない。

　国際社会の存在を強調する議論もある。たとえば、ヘドリー・ブル（Hedley Bull）は、「共通の利益や価値を自覚する複数の国家グループが、さまざまな共通の規則に拘束されるという意味での社会を形成し、諸制度を共有する」とき、国際社会は存在するとした[14]。そして、近代以降、常にそのような社会的要素は存在してきたと主張している。多くの国家は、①共存という価値を共有し、②その目的に沿った主権尊重や合意の遵守、実力行使の限定といった規則をあ

る程度尊重し、③国際法の定式と手続き、外交代表制度[15]、あるいは国際行政連合や国連などのような共通の制度に参加している。それゆえ、国家より上位の権威が存在しない無政府状態の国際関係においても、国家間の社会、アナーキカル・ソサイエティ（Anarchical Society）が存在すると主張した[16]。

　このような見方は、人間が社会を構成するように、擬人化された国家が、継続的な相互作用を通して、「国家間社会」を構成すると考えるものである。国際社会という用語自体、そもそも「国」と「国」の間の「社会」という意味である。「international society」という語にしても同様である。国家といってもきわめて多様であるし、またそれぞれの国家自体、さまざまなアクターが集まって構成されている。脱国境的アクターも少なからず存在する。それにもかかわらず、国際関係を機能的に同質な国家間の相互作用と見る見方は、国際政治学においては広く共有されてきた。合理主義国際政治学の立場の論者は、相互に影響を与え合う国家を構成単位とする国際システムとして国際関係をとらえた。国家間で相互作用が行われたとしても、それらの国家間で利益や価値が共有されたり、お互いに共通の諸規則に拘束されたりするようになるとは限らない。こうした見方に対して、ブルは、合理主義国際政治学の国家観を受け入れたうえで、なお国家間に一定の社会が存在し得ると主張したのである。

　実際、グローバルな領域における社会について論じるとき、「国家間社会」が想定されることが多い。近代ヨーロッパで生まれた主権国家という概念と、この主権国家を構成単位とする「国家間社会」が、世界大に広まっていったという見方である[17]。「力の格差のためにヨーロッパの国際社会が他の国際的な社会の形態を駆逐した[18]」といった言説は、こうした見方を端的に示すものである。むろん、一方的にヨーロッパの「国家間社会」が世界中に広まったのではなく、さまざまな国際社会が相互作用をしながら、徐々に「国家間社会」が形成、拡大されてきたという見方もある。ただし、バリー・ブザン（Barry Buzan）によれば、こうした見方をとる論者であっても、19世紀以降はヨーロッパの「国家間社会」が他に一方通行で広まる側面が強くなった点を認めざるを得ないという[19]。

　いずれにせよ、現在、国際政治学における規範研究の多くに欠落しているのは、規範が共有される集団が、どのようなアクターによって、どのように形成

されてきたのか、という視点である。合理主義国際政治学の代表的論者であるケネス・ウォルツ（Kenneth Waltz）のいうように、国家の内実がいかに変化したとはいえ、国家間関係には大きく変化していない側面があることは事実であろう[20]。しかし、それでも、国際政治を分析する際に、超歴史的な国家間の関係を想定することは、現実的な分析を行ううえで問題が少なくないと思われる。国家の数もメンバーも、時代とともに大きく変わってきたからである。ヨーロッパ諸国のみで国家間の相互作用を繰り返していた時代と、地域的にも文化的にも多様な背景を有する国家間で相互作用を繰り返している時代の、国家関係がはたして同様たり得るのだろうか。

　本書は、「国家間社会」で共有される規範が国際政治に無視し得ない影響を与えているのか否かという点について考察しようとするものである。「国家間社会」で共有される規範について検討するうえで、「国家間社会」の形成過程や変容、構成員の変化を見ることは不可欠であると考えている。これまでの国際政治学における規範研究は、このあたりを括弧にくくり、あたかも超歴史的な国際社会を前提に置くかのような議論をしたり、あるいは歴史的な経緯を無視して現在のみに焦点を当てた議論をしたりする傾向があるように思われる。しかし、メンバー間で相互作用を繰り返していくうちに、お互いの、お互いの行動に対する期待が徐々に形成・共有されるとするならば、それが時代とともに変容しないなどということがあり得るのだろうか。また、現時点の規範の形成や伝播を分析するうえでは、その時点ですでに共有されている規範を無視することはできないと思われる。そういった意味でも、規範の形成や伝播を分析する時点の「国家間社会」が、どのようなメンバーによって構成され、いかなる規範を共有しているのかを、明らかにする作業を軽視するべきではない。

　なお、本書でも、ヨーロッパ流の主権国家間の社会である「国家間社会」とは異なる社会が、グローバルな領域に存在しなくなったと考えているわけではない。グローバル化が深化するにつれて、国家以外のアクター間の国境を越える相互作用も増加した。このような相互作用を通じて、国家以外の主体も国境を越える社会を形成することは増えつつある。たとえば、オリンピックに出場する各種目の競技者の間には、ある種の社会が存在するともいえる[21]。あるいは、地球環境保護を訴える人々やNGO、企業などは、国境にとらわれない継

続的な相互作用を通して、一定の社会を形成するようになっている。グローバル化の進展に伴って、国家を含め、多国籍企業や、国際組織など多様な主体から構成される社会が立ち現れつつあるという議論もなされている[22]。

　こうした社会を「新しい中世」と呼ぶ論者もいる[23]。「新しい中世」とは、国家を含む多様な主体から構成される社会を、キリスト教会や国王、封建諸侯、自治都市などさまざまな主体によって形成されていた中世社会になぞられた社会観である。国際社会論を唱えたブル自身も、この「新しい中世」に言及している。ブルは、国家の地域統合の可能性、国家の解体、私的団体による国際的暴力の復活、脱国家主体の優越、そして世界の技術的統一化がさらに進めば、「新しい中世社会」が「国家間社会」に取って代わり得ると指摘した[24]。1977年当時、ブルはこのような5項目が近い将来満たされる可能性は低く、「新しい中世社会」が「国家間社会」に取って代わることはないと結論付けていた。

　ブルがあげていた5項目について、改めて見てみると、国家の地域統合は、地域間にテンポの差はあるものの、ヨーロッパ統合を始め、紆余曲折を経つつも進展しているようにも見える。また、ソ連の崩壊や、ユーゴスラビア連邦の崩壊など国家が現に解体される事例も出てきた。もちろん、これらの例は、より小さな複数の「国家」へと解体されたにとどまる。しかし、破綻国家と呼ばれるような国家が機能不全を起こす例も散見されるようになった。国家の「相対化[25]」、あるいは国家の「退場[26]」を指摘するものも少なくない。また、9.11同時多発テロ事件を始め、私的団体による国際的暴力は活発化し、国家の安全保障を脅かす重要な課題の一つとみなされるようになってきた。脱国家主体の優越という点については、たとえばグリーンピースのような年間1億ドルを超える予算規模を持つ国際NGOが出現し、国際的な環境問題において、国家以上に大きな存在感を持つような事例が増えつつある。多国籍企業の経済規模は中小国を凌駕し、世界経済に与える影響は、ときとしてそれら中小国よりもはるかに大きい。そして、インターネットなど通信技術の加速度的進歩により、世界の技術的統一は急激に進みつつある。自由主義的民主主義や人権尊重といった価値観、そうした価値尊重のための規則に拘束されるという考えは、国境を越えて共有されつつあるようにも見える。また、そうした価値の実現のため、たとえば国家以外のアクターさえも当事者となり得る国際刑事裁判所といった

制度も設立されている。とはいえ、主権国家が依然として消滅する気配はない。「新しい中世」的傾向を強めつつある地域とそうでない地域に分極化しているのかもしれない[27]。

　ブルは、「新しい中世社会」が「国家間社会」に取って代わることは近い将来ないと主張していたわけだが、一つの社会が他の社会に取って代わる必要は必ずしもない。日本という国家レベルの社会と同時に、関西社会といったよりローカルな社会や、アジア社会といったより大きな社会も存在し得る。本書では、グローバルな領域にも、複数の社会が同時に存在し得るという立場をとる。グローバルな領域には、「国家間社会」だけではなく、非国家アクター間の社会も、あるいは国家や非国家主体が入り混じる社会も存在し得る。また、「国家間社会」も世界大のもの一つだけではない。ヨーロッパといった一定の地理的範囲や、コモンウェルス諸国のような一定の歴史的紐帯を土台として、「共通の利益や価値を自覚する複数の国家グループが、さまざまな共通の規則に拘束されるという意味での社会を形成し、諸制度を共有する」場合もある。これまでの国際規範を扱う研究は、NGO を始めとする非国家主体を、「国家間社会」で規範伝播を補助する役割を担うものとして位置付けることが多かった。しかし、そのような位置付けを行う場合、非国家主体が支持を訴える規範が、いかにして国家間で支持されるようになっていくのかという点がうまく説明できない。それに対して、複数の社会が存在するという立場を採用することで、複数の社会間のダイナミックな相互作用を見ることが可能となる。そのようなダイナミックな相互作用は、規範変容を迫る一つの要因となり得ると思われる。

　本書では、お互いを国家として承認し合う国家による「国家間社会」がいかに形成され、いかなる規範を共有するようになったのかという点に焦点を当てて分析を行う。さらに、国家間の相互作用に加えて、「国家間社会」と他の社会との相互作用を通して、「国家間社会」における規範がいかに変容してきたのかについて分析する。分析の対象となるのは「国家間で共有される適切な行動の基準」たる規範である。「国家間社会」に焦点を絞るのにはいくつか理由がある。その第一は、国境を越えるさまざまな問題への対応にあたって、非国家主体が果たす役割が増大したとはいえ、依然として国家が中心的役割を担っているからである。とりわけ、本書が取りあげる安全保障分野においては、国家

が重要なアクターであり続けている。もちろん、国家が必ずしも暴力手段を完全に独占しているとはいえない。9.11同時多発テロ事件のような、非国家主体による国際的暴力も増加しつつある。このことが、「国家間社会」に与える影響については後述するが、こうした国際的暴力への対処も、今のところ国家が中心となって行われているのが現状である。

　合理主義国際政治学は、とりわけ安全保障分野においては、国家がその生存を最優先課題として「合理的」に行動するという見方をとっている。このような主張に対して、安全保障分野においても国家が必ずしも「合理的」に行動しているわけではなく、規範に影響されているのではないか、というのが本書が取り組む問いの一つである。国家の行動が、規範に影響されているのか否かを検証するためには、「国家間社会」で共有されている規範に焦点を当てることが重要となる。また、「国家間社会」の成員は、比較的確定が容易である。「国家間社会」においては、どのアクターが国家として承認されているのかを見ればよい。そして、この点については、国際法の分野ではすでに十分な研究蓄積が存在する。後述するが、国家承認の基準は時代とともに変化している。こうした、アクターの変化に伴って、「国家間社会」において共有される規範がいかに変化してきたのかを見ていくことが、本書のもう一つの目的である。

　社会の複数性を強調したのは、「国家間社会」で共有される規範といえども、国家間の相互作用のみから構成されるわけではないと考えているからである。すでに指摘したように、「国家間社会」における規範が、国家間の相互作用からのみ構成されるという見方をとると、非国家主体が規範の構成過程で果たす役割がとらえにくくなってしまう。非国家主体は、あくまで国家に特定の規範を受け入れさせることを通して、規範形成に間接的に関与するという見方をとらざるを得なくなるからである。しかし、NGOなどによって唱えられるようになった規範が、国境を越えて活動を行う企業などの行動を拘束するようになることもある。あるいは、非国家主体間で国境を越える問題に関する規範が共有され、国家を迂回するいわゆるプライベートレジームが形成されるケースも散見されるようになった[28]。国境を越える問題に関する非国家主体の行動の基準となっているこれらの規範が、国家行動に影響を与えることも少なからずある。

国家自体、さまざまなアクターからなる社会である。そして、それらの国家を構成する多様なアクターは、同時に複数の社会の構成員であることが多い。複数の社会に同時に所属するアクターを通して、さまざまな社会間の相互作用が促進され、異なる規範が注入される。そうしたプロセスが、「国家間社会」における規範を変化させる重要な一要因となり得る。もちろん、このような見方がこれまで皆無だったわけではない。各国国内社会において構成された規範と、「国家間社会」の規範の関係に注目する視点の重要性はたびたび指摘されている[29]。しかし、実際のところ、これらは、その重要性を指摘するにとどまり、実証研究にいかされることはあまりなかった[30]。

## 第三節　規範とは何か

### (1) 規範の機能

　本書では、従来の国際政治学における規範研究と同様に、規範を「ある社会のアクター間で共有される適切な行動の基準」と定義する。規範は、個々のアクターの意思決定の基盤になると同時に、規範により個々のアクターが相互承認的に自らの行為を制御することによって社会秩序を維持する機能を果たす[31]。「〜しなければならない」「〜してはならない」といった義務や禁止の形で典型的に表される行動基準の体系である規範体系に従うことで、個々のアクターは社会の一員として生きていくことができ、また社会秩序が維持される[32]。規範は、各メンバーの行動が、その社会において適切か否かを評価する基準も提供する。また、そうした評価基準を提供することを通じて、規範はアクターの行動を規範に従ったものへと収斂させる機能も有している。さらに、評価基準に従って行動していることを示すことで、自らの行動を正当化する機能も規範は有する。こうした規範の機能を通じて、規範は社会秩序を維持・安定化させる効果を有する。このことは、そのような社会秩序において権力を有するアクターが、その権力を維持する効果も生むことにつながるのである。

　特定の集団のなかで規範が認められているという状態は、以下の二点の特徴を有する。第一に、その規範が集団Aで承認されているということが、集団Aの共有信念になっているという特徴がある。第二に、集団Aのすべての構成員

は、その規範の適用が問題になる状況では、規範に従った行為を実行する、あるいは規範によって禁止される行為を実行しないように努める、という特徴がある[33]。規範にかなわない行動をとった一つの事例を示すことで、規範の存在を否定する議論がときに見られる。これは、殺人事件が一件でも発生したら、「人を殺すべきではない」という規範が存在しないと主張するのと同様に極端な議論といえる。規範はあくまで行動の基準である。規範が承認されている状態では、その規範の遵守に努めることが適切という信念がアクター間で共有されているのである。

　一定の集団において、規範が承認されているか否かという点をどのように判定するのか、という点は難しい問題である。その集団のメンバーが、規範への支持を言明し、規範に従った行動をとっているか否かという点は一つの指標になる。また、規範からの逸脱行為が見られた際に、集団のメンバーがどのような行動・発言をするのかという点も重要である。逸脱行為を行ったメンバーが釈明しようとするのであれば、そのメンバーも依然として規範を承認しているといえる。釈明をする必要性を感じるということは、逸脱行為を行ったメンバーが、規範を遵守しようと努め、あるいは少なくとも遵守しているよう見える工夫をしていることを意味するからである。逸脱行為をとったメンバーが、自らの行為を正当化しようとするのであれば、このメンバーは規範の正当性に疑問を投げかけているといえる。その際、他のメンバーが、どのような行動・発言をするかという点も重要である。他のメンバーが、逸脱行為を非難するのであれば、他のメンバーは少なくとも規範を支持し続けているといえる。こうした批判は、逸脱行為を行ったメンバーが規範に従った行動をとるように促す効果を持つ。一方、他のメンバーが、逸脱行為を承認あるいは黙認する場合、その規範はもはや集団によって承認されているとはいえなくなる。規範から逸脱する行為が続けば、規範は消滅していくことになる。

　ある集団のすべてのメンバーが、規範支持を明言するとは限らない。それでも多くのメンバーが規範を支持するようになると、後述するように、規範を支持をしていないメンバーが規範から逸脱する行為をとることには、社会的コストを伴うようになる。多くのメンバーが支持する規範には、規範を支持していないメンバーをも規範に従った行動をとるよう促す機能がある。どの程度の支

持があれば、規範への収斂機能が強まるのかという点は、ケース・バイ・ケースである。本書では、集団の過半数のメンバーが規範を明示的に支持するようになった状況を、「ある規範が支配的になった」と表現したい。ある集団で支配的となった規範は、当該集団において、規範を支持していないメンバーの行動にも、一定の影響を与えると思われる。

　ある規範に強く規定されるアクターがいたとしても、同じ規範にあまり規定されないアクターが同時に存在することもしばしばあり得る。それぞれの帰属する社会にずれがあればなおさらである。本書ではグローバルな領域には複数の社会が存在し得ると考えている。また、そうしたものの一つとして歴史的に徐々にメンバーが増加し、またそこで共有される規範も変容してきた「国家間社会」をとらえる。グローバルな領域を複数の社会の複合体としてとらえると、同一問題をめぐる規範が複数存在し得ることが明確となる。あるアクターが所属する複数の社会の間で、それぞれ支配的な規範にずれが存在することもしばしばある。各国国内社会で支配的な規範と、「国家間社会」で支配的な規範が、常に一致しているとは限らない。また、そうした国家間の社会も一つではない。たとえば、欧米諸国の国内社会や、欧米諸国家間では「人権侵害があれば是正すべき」という規範が共有されていたとしても、「国家間社会」においてそのような規範は共有されているとはいえないかもしれない。他国内で人権侵害があったとしても干渉すべきでないという規範を堅持する国は依然少なくない。もちろん、欧米諸国は、「国家間社会」の一員でもあるので、これらの国の受容する規範が、「国家間社会」における規範にも影響を与える。異なる多層的な社会の間の規範が、それぞれいかに影響し合うのかという視点が、国際政治における規範を考察する際には重要である。

### (2) 規範がアクターの行動に影響を与えるメカニズム

　規範は、いかにアクターの行動に影響を与えるのであろうか。規範の影響を認める議論のなかにも、規範自体が行動に与える影響を認める立場と、規範が利益認識を変え行動に影響を与えるとする見方がある。本書ではこれらを対立的なもの、二者択一的なものと見るのではなく、内在化のレベルの差としてとらえたい。つまり、規範の内在化が一定程度進んでくると、規範の存在が、各

アクターの利益認識を変える。それゆえ、規範が存在しなければとらないような行動をとることが出てくる。アクターの行動は、規範に従った行動をとる利益と、規範に従わない行動をとる利益との比較考量によって決まってくる。「人を殺すべきではない」という規範がある程度広まっていると、人を殺すことには実際の殺人に伴うコストに加えて、社会的コストがかかると認識されるようになる。それゆえ、このような規範が存在しなければ、殺人を実行することが利益にかなう場合であっても、殺人を行うことに伴う社会的コストを考慮して、殺人の実行が躊躇される。この段階では、そうした殺人に伴うコストおよび社会的コストを上回る利益が殺人によって得られると考えられるならば、人は殺人を躊躇しない。規範の影響は見られるものの、この段階では、依然アクターは「合理的」存在であるとみなすことが可能である。このような見方は、利益が所与のものではなく規範などに影響を受けて変容し得ると見る点で、合理主義国際政治学とは異なり、弱い認知主義と呼ばれることもある[34]。

　さらに内在化が進むと、規範に従うことが当然とみなされるようになる。規範に従った行動をとる利益と、従った行動をとらない利益との比較考量が行われることはもはやない。規範に従うことの是非すら問われなくなるのである。山奥に一人で暮らし、あなた以外誰にも存在を知られていない病弱な老人が大金を持っていたとしよう。病弱な老人の殺人を行うことは、その気になればきわめて容易であろう。あなたが殺人の事実を誰にもいわない限り、殺人の事実が露見する可能性もないとしよう。あなた以外誰も存在を知らない老人を殺害することによる社会的コストは、ほとんどないといえる。さらに、その老人を殺害することによって、そうしたわずかなコストを大きく上回る大きな財産が得られる。このような場合、あなたはこの老人を殺害するだろうか。もし、殺人を犯さないとするならば、もはやあなたは「合理的」行動をとっているとはいえない。「人を殺すべきではない」という規範が内在化され、この規範に従って行動をしているといえる。「人を殺すべきではない」という規範が内在化されたとしても殺人が皆無になるわけではない。ただし、その場合、規範が存在しなければとらないような追加的措置をとったり、釈明をしたりする。たとえば、「殺さなければ、自分が殺されそうだったから、殺した」「相手は死に値するような行動をとったから殺した」などといって、自らの行動が、例外的な

状況下のやむを得ない行動だったと釈明するのである。「人を殺すべきではない」といった規範が存在し、それを殺人を犯したアクターが共有していなければ、そもそもこのような釈明をする必要はないはずである。

　規範がアクターの行動に与える効果には、規制的効果（regulative effect）と構成的効果（constitutive effect）との二つが存在する。規制的効果とは、「…すべき」「…すべきではない」といった行動の基準を示すことで、アクターの行動を規制する効果のことである。規範への支持がある程度高まると、規範に従わない行動をとる社会的コストが高まる。さらに、規範の内在化段階に達すると、規範に従うことが当然とみなされるようになり、規範の規制的効果が強いものとなる。加えて、規範には、新たなアイデンティティや行動の基準を作り出す構成的効果もある。これは、規範が、それまで存在しなかった新たな行動を促し、新たな社会制度やゲーム、あるいはアクターのアイデンティティを形成する効果のことである。たとえば、名前を書いた紙を役所に提出するという行為自体には特別な意味はない。結婚という行為に伴う行動の基準がアクター間に共有され、そうした規範に従って結婚制度が形成されて初めて、婚姻届を役所に提出するという行為が意味を持つようになる。つまり、結婚規範の存在が、結婚という制度を構成し、婚姻届の提出といった行動を促すようになったのである。さらには、結婚をすることで、自分達が夫婦であるというアイデンティティが醸成される。そのようなアイデンティティが醸成されると、夫婦だから、こういう行動をすべき（すべきでない）といった具合に、アイデンティティと行動の基準が強く結び付くようになる。結婚している夫婦の行動の基準、すなわち規範の有する規制的効果は、自らのアイデンティティと結び付いているがゆえに非常に強いものとなる。

　国際関係においても、こうした構成的効果を有する規範は存在する。たとえば、「国家間社会」は、お互いに主権を尊重し合う国家からなる社会である。「主権を尊重すべき」「内政干渉すべきではない」といった規範を基に構成された社会、といえる。これらの規範が、「国家間社会」を構成する効果を持つ以上、これらの規範にそぐわない行動をとることは「国家間社会」の崩壊を招きかねない。それゆえ、自らを「国家間社会」の一員と認識する「国家」は、「主権を尊重すべき」「内政干渉すべきではない」といった規範を相当程度遵守しよう

としてきた。近年の人道的介入論の強まりは、こうした「国家間社会」が変容しつつあることを示している可能性があるが、この点は後述したい。同盟も、結婚と同様の構成的効果を有するのかもしれない。同盟は、脅威に対処するために軍事的な義務を含む条約などを結び提携することである。軍事的な義務、すなわち「○のような状況では、△の行動をしなければならない」といった行動の基準を共有することが、同盟を成立させる。こうして成立した同盟は、「われわれは同盟国である」といったアイデンティティをメンバー間に醸成することがしばしばある。リアリストがいうように同盟が敵に対抗するためだけに存在するものなのだとすれば、敵が消滅したり弱体化したりすれば同盟は崩壊するはずである。しかしながら、たとえば冷戦が終焉しても北大西洋条約機構（North Atlantic Treaty Organization：以下、NATO）は消滅しないどころか、拡大・強化されているようにすら見える。そうした同盟の存続、あるいは拡大についてはさまざまな要因がかかわっているものの、アイデンティティや価値の共有といったことが、その一因であると指摘するものは少なくない[35]。

　規範が、アクターの行動に影響を与えたのか否かを測定することは困難である。これまでの多くの研究は、国家が「合理的」とはいえない行動をとった事例を取りあげている。しかし、ある国家が、特定の規範に合致した、「非合理的」な行動をとったとしても、そのことが、その国家に対して当該規範が影響を与えたことを証明するわけではない。また、国家の行動のみを見れば、規範に従っていないように見える場合であっても、そのことが規範の影響が皆無だったことを示すわけでもない。政策決定者などの言説をたどることで、彼らの政策判断の背景に特定の規範が影響していたか否かを推察するなどして補うことが重要である。規範の共有や遵守をどう評価するのかという点も難しい。ここでも、やはり政策決定者の言説を確認し、加えて各国の行動を見ていくという作業を丁寧に重ねていくことが必要であろう。各国は、ある問題に対してどのような行動をとることが適切だと言及しているのか。また、各国の行動は、どの程度、その行動基準、すなわち規範に沿ったものとなっているのか。あるいは、規範から逸脱する行動をとった際に、その国の政策決定者はどのような発言をし、また他国がどのような対応をしているのか。こうした点を丁寧にたどることで、「国家間社会」において共有される規範と、その規範が各国の行

動にいかなる影響を与えているのかという点とを見ていく必要がある。

### (3) 規範、パワー、利益

　規範は物理的真空に存在するのではない。一定の物理的条件のもとで存在している。それゆえ、規範を完全にパワーや、利益から独立したものと考えることには無理がある。強国が支持する規範が、「国家間社会」で支配的になることは少なくない。しかし、そのことは、規範がパワーの派生現象であり、規範自体に独立した影響がないことを意味するわけではない。強国が支持するある規範がひとたび広まれば、たとえその強国の利益にかなわないときであっても、当該強国を含む各国に、その規範の規制的効果は及ぶ。強国によって広められた規範であっても、ひとたび広まるとパワーとは独立した影響を、規範自体が有するようになるのである。

　パワーと結び付いた規範は、強い規制的効果を有することは確かである。規範から逸脱した行動をとった際に、強国によって制裁を受ける可能性がある場合、規範からの逸脱行動をとるインセンティブはそれだけ低減する。しかし、強国の制裁の可能性がある規範が遵守されている状況を見て、単なるパワーの派生現象であると片付けるのは、乱暴な議論であろう。実際、当初はパワーによって押しつけられた規範を、戦略的に受け入れていただけのアクターも、時間の経過とともに、徐々にその規範を内在化するという事例も報告されている。トーマス・リッセ（Thomas Risse）とキャサリン・シキンクなどによる規範の螺旋モデル研究はそうした例である[36]。リッセらによると、人権抑圧国は、欧米諸国の制裁を避けるために戦略的に譲歩し、いったん公式に人権規範に従うことを受け入れる。しかし、ひとたび（表面的に）人権規範を受け入れると、人権侵害に対する外部の非難に対して内政干渉と反論することもできなくなる。その結果、外部の批判に対して対話を行わざるを得なくなる。こうして、対話を繰り返すうちに、表面的に受け入れていたに過ぎない人権規範が、次第に内在化されていくという。

　規範が、パワーバランスに影響を与えることもしばしばある。たとえば、1950年代、核戦力で劣勢のソ連が、しばしば核廃絶に積極的な姿勢を示したのはこうした例である。核兵器不使用規範が広まれば、核戦力の劣勢が問題とな

らなくなると考えたのである[37]。あるいは、貧者の核兵器といわれる化学兵器についても、その開発・使用が広がると、パワーバランスが大きく変わる可能性がある。そうした事態を恐れたからこそ、1980年代後半、イラン・イラク戦争での化学兵器使用を目の当たりにした米ソは、協調して化学兵器禁止に乗り出した面がある[38]。このように、パワーと規範の関係は、対立的なものというよりも、絡み合う複雑なものである。ただ、規範の構成過程や規制的効果の強さに、パワーがいかに大きな影響を与えるとしても、規範はパワーの派生物に過ぎないとして片づけることはできないというのが本書の立場である。ある規範が広まれば、パワーバランスが変わったり、パワーの源泉になったり、権力維持装置になることがあるからである。また、本章冒頭であげた例に見られるように、パワーによる強制がなくとも、人が自らが信ずる規範に従って行動をとることは少なからずある。国家間関係においても同様に、パワーによる強制がなくとも遵守される規範や、あるいはパワーによって強制される行動に反するとしても、遵守される規範も存在すると思われる。このあたりを確認するうえでも、自らの生存にかかわる兵器使用に関する規範の影響を検証することには意義がある。

　規範と利益の関係も、同様に絡み合っている。規範に従うことが利益をもたらすのであれば、その規範の規制的効果は強いものになる。規範がある程度受容されれば、その規範の存在が、アクターの利益考慮を変容させる。すでに指摘したように、規範がある程度受容されると、規範が存在しなければ、躊躇しなかった行動を躊躇するようになったりする。こうした行動は、たとえ規範に従う行動がとられなかったとしても、規範の存在や影響を示すものといえる。パワーや利益が規範に与える影響は無視しないものの、パワーや利益を独立変数、規範をその従属変数とは考えない。本書では、規範、パワー、利益は相互に影響を与え合いつつ構成されるものと見る。

　パワーや利益と結び付いていないときであっても、その規範が構成的効果を有する場合は、遵守される可能性が高くなる。ある規範に従った行動をとることが、自国の利益にかなわないとしても、その行動をとることが、「国家間社会」の一員として重要であると考えられているのであれば、国家は規範に従う可能性が高くなるといった具合である。たとえば、ある国への内政干渉に加わ

るよう大国に促され、そのような内政干渉を行うことが自国にとって大きな利益をもたらす場合であっても、その国が内政干渉を慎むことはしばしばある。こうした行動は、パワーや利益の観点のみからでは説明が困難である。「国家間社会」が主権尊重規範を共有し、お互いに主権を尊重し合う国家からなる社会であることが、当該国家の行動に大きな影響を与えたと思われる。すなわち、たとえ大国の意思に反し、自らにとっては不利な行動であっても、主権尊重規範を守ることは、当該社会の一員である国家としてのアイデンティティにかかわる問題となる。このような構成的効果を有する規範の規制的効果が、強いものとなるゆえんである。

## 第四節　規範ライフサイクル論

　規範はいかに広まるのであろうか。新たな規範の伝播過程の分析視角としては、規範ライフサイクル論が有名である[39]。フィネモアとシキンクは、規範の伝播を、規範の誕生、規範のカスケード、内在化の三段階のプロセスとしてとらえた。第一段階は、新たな規範が唱えられるようになる段階である。新たな規範は、突然生まれるわけではない。この段階では、新たな規範を積極的に広めようとするアクターの存在が重要である。たとえば、戦争によって負傷した兵士を保護すべきという規範（戦時傷病者保護規範）は、赤十字国際委員会（International Committee of the Red Cross：以下、ICRC）の創始者アンリ・デュナン（Henry Dunant）によって唱えられて広まっていったものである[40]。このようなアクターは規範起業家と呼ばれている[41]。規範起業家は、それまで問題視されなかったような問題に、新たな名前をつけたり（naming）、新たな解釈を与えたり（interpretation）、あるいは、それを劇的に表現する（dramatize）。そうすることで、当該問題に関心を引き付けようとする。たとえば、奴隷が問題視すらされなかった時代に、「奴隷問題」という語を用いることで、奴隷を用いることが問題であると主張するのはこうした例である。かつて、奴隷使用の是非は経済的合理性の観点から考慮されていた。これに対して、「人間を、モノとして扱うことは許されない」といった主張をするのは、新たな解釈を与えて問題に関心を引き付けようとする例である。すなわち、従来とは異なり人道性の観

点から奴隷問題を扱おうとしたのである。このように、新たな視点から問題を扱おうとする行為のことを、フレーミングという[42]。

　新たな規範を広めようとする際、このフレーミングがきわめて重要になる。多くのアクターに共感を得られるようなフレーミングを構築することに成功すれば、当該規範への支持が得られやすくなるからである。それまで、「適切」と考えられてきた事柄や行動に、問題があると説得することは容易ではない。「適切」とされている行動を、「適切ではない」と訴え、まずは、その主張を多くの人に聞いてもらうことが必要となる。ストライキやデモ行動、あるいは組織的な市民的不服従などは、こうした声を多くの人に伝えるための手段である。新たな規範を広めようとすることには大変な労力が必要となる。こうした時間的、人的、あるいは金銭的コストをかけてまで、規範起業家が新たな規範を広めようとするのはなぜであろうか。むろん、ケースによって規範起業家の動機はさまざまであろう。しかし、いわゆる合理主義国際政治学が想定するような利得計算のみから、規範起業家の行動を説明するのは困難なことが多い。共感や利他主義、理念などが、無視し得ない影響を及ぼしていると思われる[43]。

　規範起業家が規範を広めようとする際、新たな規範を受容することが、各アクターの利益にかなうことを強調することも少なくない。たとえば、戦時傷病者保護規範についても、それが広く受け入れられていく際には人道的考慮のみが重要だったわけではない。そのような規範が広まれば徴兵が行いやすくなり、軍にとっても利益にかなうと考えられたことが規範受容につながった面もある[44]。新たな規範の受容を説得することは容易なことではない。それゆえ、まずは利益認識の変容を促すことで、たとえ戦略的にであったとしても受け入れを促すことが、しばしば行われる。このことは、規範が無意味、あるいは結局のところアクターが「合理性」に従って行動している、ということを示すものではない。少なくとも、規範を媒介として、アクターの利益認識を変容させていると見る点で、利益を所与のものと考える合理主義国際政治とは一線を画する。また、表面的に受け入れられたに過ぎない規範であっても、時間の経過とともに内在化が進むと、利益の有無と関係なく規範が遵守されるようになる可能性があることは、すでに指摘したとおりである。

　規範起業家が、新たな規範を広めていくためには、組織的基盤も必要である。

特定の規範の伝播を目的として結成される NGO や NGO ネットワークなどはそうした組織的基盤の典型である。規範起業家は、そうした組織に依拠して新たな規範を広めようと活動する。規範起業家は、すでに存在する組織に依拠して活動することも少なくない。既存の組織基盤を利用して新たな規範を唱えることには、その組織の活動資源や組織の名声を利用できるというメリットがある。たとえば、すでに人道分野で高い評価を得ている ICRC が、人道問題に関する新たな規範を唱えた場合のインパクトは、新たな NGO を形成して同じ規範を唱える場合のインパクトとは比較にならないほど大きい。政策決定者も、ICRC の主張であれば耳を傾ける可能性が高い。しかし、新たに設立された NGO が同じ規範を唱えても、政策決定者にアクセスすること自体容易ではない。また、既存の組織基盤の活動資源を利用することもできる。人的ネットワーク、政策決定者へのアクセス、さまざまな国際会議などへのアクセスなど、既存組織の活動資源を利用できるメリットは大きい。

　規範起業家が、新たな規範の受容を各アクターに説得しようとする際に、重要な鍵となるのがその規範の適切さを示す「説得力ある根拠」を提示することである。この点でも組織的基盤がきわめて重要である。世界銀行や国連など、当該分野で信頼を得ている組織によって提供される専門知識や情報は、こうした根拠となり得るからである。当該分野で信頼を得ている専門家集団の提供する情報が、政策決定に多大な影響を与えることは、ピーター・ハース（Peter Haas）が指摘している。ハースは、こうした専門家集団を知識共同体（epistemic community）と呼んだが、こうした集団も組織的基盤となり得る。ハース自身、知識共同体を、純粋に専門知識を提供する集団ではなく、特定の政策的起業に従事するものであると定義している[45]。

　こうして、規範起業家が、何らかの組織的基盤に依拠しながら、新たな規範を唱え始めると、規範のライフサイクルが動き始める。規範を広めるために、規範起業家はさまざまなアクターに働きかける。その際、新たな規範を支持しないアクターを非難したり、あるいは新たな規範を受け入れたアクターを称賛したりすることを通して、新たな規範受容を迫ることを社会化という[46]。ときとして、そうした称賛や非難には物理的な利益供与や制裁が伴う[47]。あるいは、討議を通して、新たな規範の正しさを訴える「社会的学習」という戦略がとら

れることもある[48]。これらの戦略によって、一定数以上のアクターが新しい規範を受け入れると、規範の伝播過程は大きな転換点（tipping point/threshold point）を迎える。新たな規範を支持するアクターが、一気に増加する現象、ノーム・カスケード（norm cascade）がしばしば確認されるのである。フィネモアとシキンクは、こうした現象は、新たな規範を支持しないアクターを、支持者へと変えていく国際的な社会化過程の産物であるとしている。

　ノーム・カスケードの段階では、新たな規範を説得する主要メカニズムは、社会化である。フィネモアとシキンクは、これまで新たな規範を受け入れてこなかった国が、新たな規範を支持するようになる理由は「国家間の社会の一員としてのアイデンティティ」であるとしている。すなわち、一定以上の国家が、新たな規範を支持するようになると、「国家間社会」における「適切な行動」が再定義される。そうなると、この新たな規範に従って行動することが、国家として「適切」であるとみなされるようになり、国家である以上この規範に従おうとするようになる[49]。

　社会内における「適切な行動」をとらないことは、そのアクターの正統性を脅かす。「国家間社会」において、「ならず者国家」との烙印を押されることは、大きな社会的コストを伴う。加えて、「国家間社会」で多くの国が支持している規範に従わないことは、国内においてもその政権の正統性を脅かし得る。それゆえ、「国家間社会」内である規範への支持が広がると、規範支持が広がっているという理由から当該規範を受容する国が現れてくる。あるアクターが、社会内で受け入れられている規範に従うことは、アクターが所属する社会環境に適応していることを示す「社会的証明[50]」になる。また、その社会の一員であるという心理的欲求を満たすものでもある[51]。社会内のメンバーからの敬意を集めたり、自尊心を満たしたりするために、社会内において幅広い支持を得るようになった新たな規範に従うこともある。国家レベルで、敬意や自尊心がどの程度、規範の受容に関係するかを検討することは困難である。しかし、フィネモアとシキンクは、規範に従っていないことを他国から非難されることを避け、自国への敬意を高めるために、国家が規範を受容するという類推ができるかもしれないと指摘している[52]。

　いったいどの程度の数のアクターが新たな規範に同意すれば、このようなノ

ーム・カスケード現象が発生するのであろうか。この点、フィネモアとシキンクは、以下の二つの仮説を提示している。一つ目は、全体の３分の１が転換点になるというものである。そしてもう一つは、数ではなくて、どのアクターが新たな規範を受け入れたかという点に注目するものである。どのアクターが重要かは問題によって異なるが、その問題の解決のために実質的効果を与え得るアクターが、新たな規範を受け入れたかどうかということは、ノーム・カスケードを起こすうえで重要であるといえる[53]。また、国家間条約や国際機関内での合意文書やルールといった形で規範が制度化されれば、「国家間社会」における当該規範の規制的効果は高まる。また、その規範に従った行動が繰り返し行われることによって、さらに当該規範が強固なものとなっていく。規範ライフサイクルの最終段階である内在化に達すると、当該規範に従うことが当然視されるようになる。この段階まで来ると、社会内における行動の基準としての規範の影響力はきわめて大きいものとなる。

## 第五節　規範ライフサイクル論を越えて

### (1) 出現してくる規範の偏り

　前節で取りあげた規範ライフサイクル論は、規範の伝播過程を分析する有力な分析視角を提供している。しかし、この規範ライフサイクル論にはいくつか問題がある。一つ目は、規範起業家の活動開始から議論を開始している点である。規範が出現する社会を所与のものとして括弧にくくり、その性質を問うことを行っていない。しかし、いかなるアクターが、いかなるアイデンティティを共有している社会なのかという点を吟味することなしに、規範の出現を論じることはできない。すでにその社会においては、一定の規範が共有されている以上、それら規範と矛盾するような新たな規範が出現してくることは困難なのである。新しい規範は、規範的真空のなかに生まれてくるわけではない。それゆえ、新たな規範の出現を論じる際には、その時点の社会、およびその社会を構成する規範、そして当該社会の構成員間ですでに共有されている規範について検討することから始めなければならない。既存の規範との関係が新たな規範の出現を抑制したり、促進したりするからである。規範起業家の活動から議論

をスタートさせる規範ライフサイクル論では、このような論点が見えにくくなっているといえる。

新しい規範の出現に際して、既存の規範との間にどの程度関連性を示すことができるかが重要であるという点については、指摘されてはいる。たとえば、リチャード・プライス（Richard Price）は、すでに広く受け入れられている規範との関連性が高い規範であれば、それだけその新しい規範も受け入れられやすくなると主張している[54]。この議論は、規範の伝播段階における戦略に焦点を当てたもので、既存の規範と関連性が薄い規範が新たに出現しないといっているわけではない。しかし、新たに出現する規範には、既存の規範との関連性が高い規範のほうが多い可能性があると示唆しているといえよう。

さらに、その社会の構成員の間にある権力関係に留意することも重要である。たとえば、「国家間社会」において、大国が反対する規範の出現が抑制されることは少なくない。「国家間社会」でもピーター・バクラック（Peter Bacrach）とモートン・バラッツ（Morton Baratz）のいう非決定権力が作用している可能性がある[55]。非決定権力とは、潜在的争点の顕在化を阻止する権力の事をいう[56]。だが、大国の支持しない新たな規範が「国家間社会」の間で一切出現しないかというとそうではない。この点、さまざまな社会の間に存在し得るズレが重要となってくる。確かに、「国家間社会」においては、大国の反対する規範が出現し広まることは困難かもしれない。しかし、各国内においては、強国の支持しない規範が出現したり、幅広い支持を得ることがないわけではない。たとえば、対人地雷禁止を求める声は、アメリカ、中国、ロシアなどといった大国ではなかなか受け入れられなかった。しかし、対人地雷禁止を求める規範起業家の声が共感を得て、国内的に対人地雷禁止規範が支配的になる国が現れ始めた。そうした国が一致して「国家間社会」においても対人地雷禁止を求めると、「国家間社会」においても対人地雷禁止規範が出現し広まり始めた。「国家間社会」においては、大国が望まない規範が出現することは容易でない。しかし、一部の国の国内社会においてそうした規範の出現が先行し、支配的になることはあり得る。そして、そうした国が一定数以上存在すれば、大国がたとえ反対しているとしても、その新たな規範が、「国家間社会」においても無視し得ないものとして出現してくる可能性がある[57]。

すでに広まっている規範群との関係から、新たに出現する規範に偏りがある点について論じるものはあまり多くない。問題の性質によって規範出現の偏りがあることを指摘するマーガレット・ケック（Margaret Keck）とキャサリン・シキンクによる研究は、そうした数少ないものの一つである。彼女達によれば、弱者を身体的に傷つける問題、法的な機会平等にかかわる問題などが取りあげられやすいという[58]。また、規範起業家の存在から、出現する新たな規範の偏りを論じるものもある。フィネモアとシキンクが指摘するように、共感や利他主義、理念などが規範起業家の活動に無視し得ない影響を及ぼしている以上、あらゆる問題において規範起業家が出現するとは限らない。たまたま、その問題に共感し、さまざまなコストをかけてでも問題解決を訴えようとする規範起業家が現れなければ、その問題にまつわる新たな規範が出現することは困難なのかもしれない。

　問題の性質的に見ても新しい規範が出現しやすく、既存の規範との関連性も明確で、規範起業家が存在しても、規範が広まらない場合もある。戦時の性暴力によって生まれた子供の問題は、こうした例である。戦時の性暴力によって生まれた子供は、しばしば差別、虐待、無視の対象となっている。この問題は、弱者を身体的に傷つける問題であるし、子供の権利条約に体現されている既存の規範との関連性も高い。また、この問題を取りあげて活動するNGOは存在したし[59]、イギリス政府も一時、この問題に関心を示していたという[60]。メディアにも、しばしば取りあげられていたにもかかわらず、現時点ではこの問題への国際的関心が高いとはいえない。カーペンター（R.Charli Carpenter）は、こうした原因をNGOネットワーク内の政治的帰結に求めている[61]。既存の組織は、その組織構造や、メンバーの特色、他組織との関係などから、一定の規範的性向を有している。いくつかのNGOが新しい規範を唱えたとしても、そうした規範がNGOネットワーク内で受け入れられなければ、新たな規範は国際的に訴えられることなく、ネットワーク内で消滅する。その組織から生まれてくる新たな規範は、すでに一定のフィルターがかけられ取捨選択されたものであるといえる。

　NGOネットワークは、ヒエラルキーのない、水平的で互恵的なネットワークがイメージされることが多い。しかし、たとえば、アムネスティ・インター

ナショナルの分析をしたデビッド・レイク（David Lake）とウェンディ・ウォン（Wendy Wong）によれば、アムネスティ・インターナショナルのネットワークは、対等なNGO間の水平的ネットワークというよりも、むしろスケール・フリー・ネットワーク（scale-free network）であり、そのようなネットワーク形態が人権規範がいかに定義されるのかに大きな影響を与えたという[62]。ちなみに、スケール・フリー・ネットワークとは、多数のハブが、一部の主要なハブとつながっているような構造のネットワークのことである。空港間のネットワークは、まさにこうしたスケール・フリー・ネットワークの典型である。多くのNGOネットワークについても、現実には、中心的ないくつかのNGOが存在し、対等な水平的ネットワークではない場合が多い。どの問題を、NGOネットワークとして取りあげるのかを決定する際には、そうした中心的な位置にあるNGOの意向が無視し得ない影響を与える。

このようなNGOネットワーク内の力関係に注目して、新しい規範の出現・非出現を論じるのが、クリフォード・ボブ（Clifford Bob）によるゲート・キーパー論である[63]。ボブによれば、新たな規範は、当該問題で権威的な地位にある団体、いわゆるゲート・キーパーに受け入れられなければ、容易には広まらない。一方で、ゲート・キーパーが規範起業家を支持すれば、世界中の団体や個人の間でも、同様の活動が盛んになるという。こうした影響は、当該分野において長年にわたって積みあげてきたゲート・キーパーの信頼、影響力に対する評判によるところが大きい。さらには、ゲート・キーパーは、主要なNGOやジャーナリスト、政府関係者へアクセスできることが多く、情報を広く伝える能力にたけている。また、ゲート・キーパーが、たとえ直接的に他団体やジャーナリスト、政府関係者とやりとりをしなくとも、ゲート・キーパーが新たな規範への支持を表明すること自体が、他のアクターに影響を与える。ゲート・キーパーが、ある特定の新たな規範や運動を支持したことによって、その規範や運動の正統性が高まるからである。

こうしたゲート・キーパーの主導に従って、新たな規範が出現することはある。しかし、ゲート・キーパーの採択する規範にも、すでに広まっている規範群が無視し得ない影響を与えている。ゲート・キーパーは、国家から信頼され、政策決定者にアクセスできるという事実によって、その権威や影響力を高めて

いることが多い。そのため、「国家間社会」において広まっている規範と衝突するような新たな規範を唱えることには慎重にならざるを得ない。たとえば、戦時の文民保護に取り組むゲート・キーパーは、政府関係者からの信頼性を失うことを恐れ、戦争自体を否定するような言説からは距離をとる傾向があるという。そのため、反戦運動と関連があると思われるような問題に、取り組むこと自体にも慎重にならざるを得ない。カーペンターは、劣化ウラン弾問題は、その問題の性質というよりも、劣化ウラン問題に取り組むNGOに反戦団体が多かったことが理由となって、ゲート・キーパーが取りあげることに慎重になったのではないかと示唆している[64]。以上見てきたように、規範起業家の活動開始から規範の伝播過程の分析を始めることは適当ではないと思われる。規範の出現を論ずる際には、すでに共有されている規範群を確認し、その問題の性質を検討し、規範起業家が誰か特定し、規範起業家ネットワーク内の力関係やゲート・キーパーの選好などについても目を配ることが重要だと考えられる。

### (2) 規範起業家と規範守護者の相互作用

　規範ライフサイクル論の第二の問題は、規範起業家の活動に過度に注目するあまり、新たな規範を広めまいと活動するアクターが存在することをほとんど無視している点である。実際、規範ライフサイクル論は、規範が出現した後、規範がいかに伝播するのかという点について、あまり論じていない。フィネモアとシキンクは、規範起業家が何らかの組織基盤に依拠しつつ、フレーミングなどを駆使して、新たな規範の支持を訴えかけていくとしている。そして、新たな規範が一定の支持を得ることができればノーム・カスケードが発生することを想定している。しかし、新たな規範は、すでに別の規範が存在し、あるいは既存の規範の維持に既得権益を有するアクターが存在するなか、生まれてくる。それゆえ、いかに規範起業家が巧みにフレーミングを行ったとしても、新たな規範が常に広まるわけではない[65]。もちろん、既存の規範が維持されることに既得権益を有するアクターであっても、新たな規範がある程度広まると、戦略的理由から規範を表面的に受け入れることはあろう。そして、その結果規範が内在化されるという議論がある[66]。あるいは、規範が誤った形で援用されたとしても、そのことがかえって規範の明確化につながり、規範の浸透に役立

つとの議論もある[67]。また、規範が明確であるかどうかが規範の伝播に影響を与え[68]、規範の内容が込み入っていたり不適切に定義されたりしていると、規範伝播の速度は遅くなるという指摘もある[69]。これらの議論はいずれも、規範起業家によって唱えられた新たな規範が一定の支持を受けると、それが遅かれ早かれ国際的に広まっていくことを疑っていないかのようである。しかし、新たな規範の出現に際し、その規範内容に反対するアクターがいつも座視しているわけではない。ときとして既存の規範を守ろうとするアクターが、新たな規範を広めまいとして規範起業家に対抗する活動を行う[70]。このようなアクターを、本書では規範守護者と呼ぶ[71]。規範守護者の活動にこれまで焦点が当たることはほとんどなかった。しかし、新たな規範が既存の規範に挑戦する形で生まれることが多い以上、規範伝播／伝播失敗過程は、規範起業家と規範守護者の間の相互作用として分析しなければ適切に把握できないと思われる。

　異なる規範を支持するアクター間では、それぞれ自らの信じる規範を体現する言説を掲げて、支持獲得競争が行われる[72]。規範の伝播研究においては、規範起業家がとる戦略に関する研究が進んでいる。たとえば、規範起業家が新たな規範を訴える際、それまで問題視されてこなかったイシューを、新たな観点からとらえなおすことでその問題の所在を明確にしようとするフレーミングを行う。新たな規範への支持拡大を図る際には、すでに幅広く受け入れられている規範と新たな規範を結び付け、新たな規範の受け入れを迫る「規範の接ぎ木」がしばしば試みられる[73]。また、利益やパワー[74]、社会的圧力[75]を媒介とした規範への支持働きかけも頻繁に観察される。一方、既存の規範を支持するアクターがいかなる戦略をとるのかということは、これまでほとんど論じられていない。本書は、こうした既存規範を支持するアクター、規範守護者の活動も射程にとらえた、新たな分析枠組みを提示しようとするものである。

　規範守護者の活動はいかなるものなのであろうか。既存の規範を維持しようとする活動であるため、規範守護者の活動は規範起業家の活動に対抗する形態をとることが多い。規範起業家が新たな規範を訴え始める際、新たな観点からとらえなおすことでその問題の所在を明確にしようとするフレーミングを行う。これに対し、規範守護者はそのようなフレーミングによって当該問題を扱うことが不適切であることを示そうとする。本書では、このような戦略を「フレー

ミング破壊」と呼ぶ。たとえば、核兵器問題を人道の観点からフレーミングし、「核兵器を廃絶すべき」と訴える規範起業家に対し、規範守護者は核兵器問題を人道の観点からとらえるフレーミングの不適切さを強調する。すなわち、核兵器は国家の存亡にかかわる兵器であるため、人道の観点からフレーミングしてその是非を論ずることは不適切であると訴え、規範起業家の訴える規範への支持拡大を阻止しようとする。

規範起業家は、すでに広まっている規範と新しい規範の連関を示す「規範の接ぎ木」をしばしば行う。これに対して、規範守護者は、すでに広く受け入れられた規範と新たな規範との間の連関を否定することを試みる。本書ではこのような戦略を「接ぎ木の切断」と呼ぶ。たとえば、クラスター弾使用禁止規範を訴える際に、規範起業家はクラスター弾がいかに対人地雷と性質が類似しているかを示しつつ、「クラスター弾は事実上の対人地雷である」と訴えた。これは、広く受け入れられつつある対人地雷禁止規範に、クラスター弾使用禁止規範を「接ぎ木」しようとする試みである。これに対して、クラスター弾使用継続を求める規範守護者は、クラスター弾と対人地雷の相違を強調することで、「接ぎ木の切断」を試みた[76]。

規範起業家が、社会的圧力やパワー、利益を媒介として規範支持を働きかけるのに対し、規範守護者も同様に既存規範支持の働きかけを行う。新たな規範に賛同しないアクターを非難することで新たな規範への帰依を迫る規範起業家に対抗して、規範守護者は新たな規範を支持するアクターを非難したり、既存規範を支持するアクターを称賛したりして既存規範支持を働きかける。小型武器問題をめぐっては、「小型武器規制を強化すべき」と訴える規範起業家に対し、全米ライフル協会を始めとする規範守護者は、アメリカ政府に既存規範支持を訴えた。アメリカ政府の協力を得ることで、アメリカのパワーを背景に新たな規範が他国に伝播することを阻止しようとした[77]。

対抗キャンペーンがいつも開始されるわけではない。規範起業家の活動がうまくいかなければ、対抗キャンペーンを組織する必要はない。規範起業家は、社会のメンバーに対して、これまで受容していた規範とは異なる規範に従うよう訴える必要があり、支持獲得は容易ではない。実際には、あえて対抗キャンペーンを組織する必要がない場合も少なくない。規範起業家が新たな規範の伝

図 1-1：規範起業家と規範守護者の戦略

| 規範起業家の規範伝播戦略 | 規範守護者の規範伝播阻止戦略 |
|---|---|
| フレーミング | フレーミング破壊 |
| 規範の接ぎ木 | 接ぎ木の切断 |
| 社会的圧力、力、利益による働きかけ | 社会的圧力、力、利益による働きかけ |

筆者作成

播に成功する可能性が拡大したとき初めて、対抗キャンペーン形成が模索される。その際、対抗キャンペーンに参加するアクターに一定の人的、金銭的、時間的資源があることは不可欠である。また、参加するアクターをまとめるようなシンボルが存在することも重要である。個別の問題や個別の論点に固執し過ぎると、新たな規範に反対する勢力間でも意見の一致が見られなくなるからである[78]。対抗キャンペーンが形成されると、新たな規範を広めようとするキャンペーンとの間の激しいつばぜり合いが繰り広げられる。ここでの各キャンペーンの戦略は、上述のとおりである。一点留意が必要なのは、規範起業家と規範守護者は往々にして対等な土俵で争っているわけではない点である。規範が制度化、法制化されている場合、そうした制度を変更したり、法律を改正することは容易ではない。規範守護者は、制度や法律の改正を阻止するのに十分な数のメンバーが、新たな規範を受け入れないようにしさえすればよい。既存の規範を積極的に支持しているわけではないメンバーも、あえて新たな規範を支持するに至らなければ、規範守護者にとっては十分なのである。

　新たな規範の伝播過程は、規範起業家が活動し、規範を支持するアクターが増加すれば、規範のカスケードが発生し、伝播するというような単線的なものではない。新たな規範を広めようとするキャンペーンと、対抗キャンペーンの相互作用の行方が、新たな規範が広まるか否かを決める、というのが本書の主張である。規範起業家と規範守護者の相互作用の行方を決定付ける要因は一つではない。社会にいかなる規範が受け入れられるかは、パワーや利益、規範が複雑に絡み合って決まる。各陣営のパワーや利益、言説戦略に加えて、規範伝播を働きかけられるアクターの選好、すでに受け入れている規範を無視することはできない。また経路依存、タイミングといった歴史的な偶然の要素も影響

を与える。それゆえ、本書では、「国家間社会」がいかに形成され、そこでいかなる規範が共有されてきたのかという、長期的な歴史の流れのなかで、新たな規範の伝播過程を見る必要があると主張しているのである。

### (3) 解釈・適用をめぐる競合

規範のライフサイクル論の三つ目の問題としては、新たな規範の受容の問題を白か黒かの二者択一であるかのようにとらえている点である。新たな規範が広く受容されたとしても、すべてのアクターの行動や期待が完全に一つに収斂することはまれである。規範はあくまで「行動の基準」である。それゆえ、規範の妥当性を受け入れたとしても、なお規範の適用や解釈をめぐる争いが継続することがしばしばある[79]。この点と密接にかかわるのが規範の階層性である。規範には、原理・原則にかかわる行動の基準（原理）、より具体的な状況における行動の基準（規範）、そのなかでも個別具体的な行動の基準（ルール、手続きなど）といった階層がある。それゆえ、原理を共有していたとしても、個別具体的な状況での行動の基準に合意しないことは少なくない。また、個別具体的な状況における行動の基準を受け入れたとしても、より具体的な局面では規範の適用をめぐって争うことがあり得るのである。

後で詳しく見るが、たとえば、20世紀になって「不必要な苦痛を与える兵器を禁止すべき」という規範は広く受け入れられるようになっていった。これは原理・原則レベルの規範である。この規範を受け入れたアクターであっても、具体的にどの兵器が「不必要な苦痛を与える兵器」とみなされるのかをめぐっては争う余地がある。実際、対人地雷を不必要な苦痛を与える兵器とみなし、「対人地雷を禁止すべき」とする行動基準、すなわち対人地雷禁止規範が広まりつつあった際、それに反対する国も少なくなかった。これは、「不必要な苦痛を与える兵器を禁止すべき」という規範そのものに反対しているわけでは必ずしもない。多くの場合、対人地雷が「不必要な苦痛を与える兵器」か否かという、規範の適用をめぐって争っていたのである。

対人地雷禁止規範が広く受け入れられるようになっていくと、一部の国は「自己破壊装置付きの対人地雷の使用は許容される」と主張した。こうした言説も、対人地雷禁止規範そのものの妥当性を正面から否定するものではない。

対人地雷禁止規範を受け入れつつも、自己破壊装置が付いた対人地雷は戦争後文民に被害を与えることが少ないことを指摘し、自己破壊装置付き地雷がその禁止対象から除外されるべきことを主張したのである。すなわち、規範の妥当性そのものに異議を唱えるのではなく、その適用のされ方をめぐって争っている。このような適用や解釈をめぐる競合は、規範の意味内容を明確化させ、規範を強化するという積極的な意味を持ち得る[80]。すなわち、規範を逸脱する行動が見られたとしても、逸脱者が規範を受け入れている姿勢をとるならば、規範そのものの妥当性や正当性への懐疑が高まるとは限らない。実際、規範の逸脱行為が他のアクターから非難され、全体として規範が高いレベルで遵守されているならば[81]、依然として当該規範が適切な行動の基準であると考えられている証左となり得る。規範の逸脱行為の有無ではなく、規範の逸脱行為が発生した際に、逸脱者がどのような言説を用いるか、また他のアクターがどのような対応を行うかを検討することが重要であるといえる[82]。

　規範の内容が簡潔で明確であれば、解釈や適用をめぐる競合は起こりにくい。一方で、規範の内容が抽象的であったり、複雑であったりする場合には、こうした競合が起こりやすい。解釈や適用をめぐる競合は、アクターが規範の内容をより正確に理解するための学習機会となることは確かである。ただし、こうした競合を通して規範が常に強化、明確化されていくとは限らない。適用をめぐって争っているうちに、規範が変化を余儀なくされることもある[83]。あるいは、規範そのものの妥当性が疑われるようになり、いったんは広く受け入れられた規範が、競合状況に戻ったり、弱体化したり、あるいは衰退することさえあり得る。こうした解釈・適用をめぐる競合が、いかなる結果をもたらすのかについては、いまだ研究はほとんどなされていないが、本書ではこの点も視野に入れつつ分析を進めたい[84]。

### (4) 複線的な規範の伝播

　規範のライフサイクル論の四つ目の問題として、規範が出現し、ノーム・カスケードが発生し、規範の内在化へと進むというきわめて単線的な規範の伝播過程を想定している点が指摘できる。規範ライフサイクル論は、新しい規範が一定以上の支持を得るとノーム・カスケードが発生するとしている。だが、実

図 1-2：理念型ノーム・カスケードとグループごとのカスケード

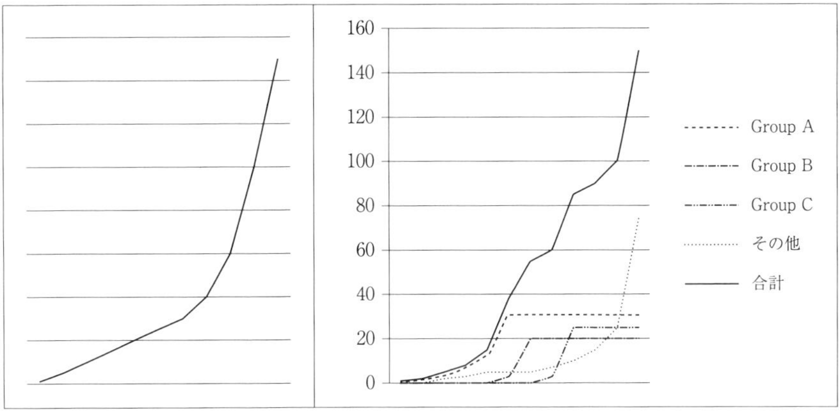

理念型カスケード　　　　　　国家グループごとのカスケード

　際のところ、新たな規範を支持する国が一定数に達すれば、それがどの国であってもノーム・カスケードが発生するわけではない。「国家間社会」全体としては、新たな規範を支持する国が少数であったとしても、「西側諸国」、「自由主義国」、「アジア諸国」など、「国家間社会」の一部で支配的な規範が変化する場合もある。国家数が限られているため、こうした国家グループに対して、各国がより強い帰属意識を有する可能性がある。「自由主義国」の間で新たな規範が支配的になると、アイデンティティに働きかけて新たな規範の受容を求める圧力は、いまだ新たな規範を受容していない「自由主義国」にとっては、「国家間社会」全体における圧力よりもずっと強いものとなる[85]。

　一部の国家グループ間で、ノーム・カスケードが先行し、そのグループに触発され、他の国家グループ間でも新たな規範を受容する国家が増加し、そのグループでもカスケードが発生し、徐々に「国家間社会」における新たな規範受容国家が増加して、「国家間社会」におけるノーム・カスケードへとつながっていく場合もある。図 1-2 のように、一部国家グループ間で新たな規範が一定程度広まると、その国家グループ内でノーム・カスケードが発生し、一気にグループ内で規範を受容する国が増加する。同様の国家グループ内でのノーム・カスケードがいくつか発生すると、「国家間社会」全体においても、新たな規範を受容する国家数が増加することになる。その結果、「国家間社会」におい

ても、ノーム・カスケードが発生していくといった具合である。ただし、そうした国家のグループが、他の国家グループと対立的な関係にある場合、一部の国家間で支配的となった規範が、他グループ内での規範の広がりを阻害してしまう場合もあり得る。西側諸国内で支配的になったがゆえに、東側諸国内で、ある規範が受け入れられにくくなるとか、先進国内で支配的になったがゆえに、途上国の反発を受けるといったものがそうした例である。国家のグループごとに、それぞれのアイデンティティに働きかけて、グループ内でのノーム・カスケードを戦略的に先行させようとする際には、この点に留意する必要がある。実際、対人地雷禁止規範を広めようとするとき、規範起業家は、どこかの地域に規範受容国が偏ったり、あるいは規範を受容しない国が偏ったりすることがないよう細心の注意を払った。彼らは、各地域の国に働きかけると同時に、さまざまな地域機構や国家グループの集まりで、対人地雷禁止規範支持を訴え、地域間対立や国家グループ間対立に陥らないよう心がけた[86]。

　また、規範が「国家間社会」で伝播していったとしても、それが各国内社会に受容される際に、変容することもしばしばある。アミタフ・アチャリヤ（Amitav Acharya）によれば、国外で唱えられた新しい規範は、自国内の既存の信念や実践と整合的なものとして、フレームしなおされたとき、受容されるという[87]。ここでは、国外から各国社会に伝播した新しい規範に、各国が適応するのではなく、国内にすでに存在する規範や実践と整合的なものとなり得た規範が、各国社会に受容されるという見方が提示されている。規範を受容する側の積極的な営為に光を当てる点で、規範ライフサイクル論を補完するものといえる。アチャリヤの議論も、依然として、規範起業家が国家アクターを説得し、規範を受容した国家の説得活動を経て、「国家間社会」でその規範が共有されるようになってくると、各国国内社会においてその規範の内在化が進むという流れを想定している。しかし、規範起業家が唱え始めた新たな規範が、スムーズに伝播、内在化まで常にたどり着くわけではない。ときには、伝播段階で修正を迫られることもある。

　規範が常にトップダウンで伝播するとも限らない。ローカルな地域で広まった規範が国際的に広まっていく、ボトムアップの規範伝播プロセスがあり得るとの指摘も近年なされている。たとえば、キャサリン・シキンクは、欧米以外

の「準周辺」の国で広まった人権侵害を行った個人の責任追及の動きが、国際機関や国際NGOへと広まっていく過程を分析している[88]。あるいは、個々の国で共有されているそれぞれ異なる人権規範がボトムアップで、グローバルな人権規範を構成するといった議論もある[89]。

「完成品」の規範ではなく、曖昧な規範が形成され、その妥当性が現場で検証され、その経験から学びつつ、徐々に規範の精緻化がなされる場合もある。この点について、企業の社会的責任規範の伝播過程を事例に分析したのが三浦聡である[90]。企業の社会的責任規範は、規範ライフサイクル論が想定するような、完成品としての規範が伝播するという過程をたどってはいない。そうではなく、多様なアクターが、協働学習、実践学習し、徐々に規範を明確化させる分散革新ととらえたほうがより適切であるという[91]。また、この企業の社会的責任規範は、ある国の国内社会や「国家間社会」で受容されても、それだけでは企業の行動を変える効果はあまりないかもしれない。たとえば、「企業活動において、環境に配慮すべき」という規範がある国の国内社会で広く受容され、環境汚染に関する規制強化がなされたとしても、企業は国境にとらわれず、そのような規制の少ない場所に移転することが可能である。そして、規制の少ない場所で生産された製品は、グローバルに販売することが可能である。「国家間社会」で広く受容され、その規範を体現する条約が締結されたとしても、条約に拘束されるのはあくまで国家であり、企業は条約の直接的な当事者になるわけでもない。それゆえ、このような規範は、その受容を国家アクターのみに働きかけるだけではあまり意味はない。企業経営者や企業の製品の消費者に働きかけていくことも重要となる。

実際、「国家間社会」以外の社会に規範伝播を試みることで、グローバルな問題に対処しようとする試みは増えつつある。「持続可能な森林利用を行うべき」という規範を広めようとする森林管理協議会（Forest Stewardship Council：以下、FSC）の活動はこうした例であろう。世界では違法伐採、過剰伐採が後を絶たず、森林が破壊され、森林生息生物の減少と絶滅を招いている。こうした状況は、気候変動の一因になったり、森に依存する人々の生活を奪うなどの社会的問題の原因になったりすらしている。こうした森林からの産物は、世界中で販売されているが、それを規制するのは容易なことではない。そこで、FSC

は「持続可能な森林利用を行うべき」という規範を、企業や消費者に訴えかけるとともに、持続可能な森林管理を行っている森林を認証している。企業や消費者は、認証ラベルの付された製品であれば、持続可能な森林管理のもと製造されていると知ることができる。このような形で、企業、消費者に「持続可能な森林利用を行うべき」という規範が広まってくれば、FSC 認証ラベルの付されていない製品は売れにくくなっていく。そうなれば、「持続可能な森林利用を行うべき」という規範はさらに広まっていく。FSC の活動に示唆を受け、近年では「持続可能な漁業を行うべき」という規範を広めようとする海洋管理協議会（Marine Stewardship Council：以下、MSC）の MSC 認証ラベルや、「適正な報酬で取引すべき」という規範を広めようとする国際フェアトレード認証機構による国際フェアトレード認証ラベルなど、同様の取り組みも数多く見られる[92]。

　規範が、まずは企業経営者や消費者の間で広まり、その結果「国家間社会」における規範に影響を与える場合もある。たとえば、1989 年のバルディーズ（Valdez）号原油流出事件を契機として[93]、「企業は地球環境保護に配慮して行動すべき」という新たな規範が唱えられるようになった。こうした中心になったのは、環境に責任を持つ経済のための連合（Coalition for Environmentally Responsible Economies：以下、CERES）という NGO ネットワークである。原油流出事故の半年後に立ちあげられた CERES は、環境問題に関する企業が遵守すべき原則として「バルディーズ原則（後に CERES 原則に改名）」を発表し、企業に環境保護に取り組むよう求めた。投資専門家集団と環境保護団体を中心に結成されたネットワークである CERES は、投資の判断基準とこの新しい規範の遵守をリンクさせることで、多くの企業に規範の受容を促した。「国家間社会」に新たな規範が受容され、具体的な国際条約などが採択されるまでには時間がかかることが多い。それゆえ、国家と同時に、企業に対して新たな規範の受容を働きかけ、一刻も早い行動変化を促そうとした。ちなみに、この問題については、事故翌年の 1990 年には「油による汚染に係る準備、対応及び協力に関する国際条約」が締結されている。これは、規範が企業経営者や投資家の間で先行して広まった結果、「国家間社会」でも当該規範への支持が広まっていったケースと見ることができるかもしれない。自国でなかなか受け入れられない規範を、

戦略的に「国家間社会」など他の社会に訴えかけて広めることで、翻って自国の国内社会にもその規範を受け入れさせようとする行動もある[94]。社会の複数性を意識することで、このような多様な経路での規範伝播過程を射程にとらえることができるようになると思われる。

### (5) 規範の衰退・消滅

　規範ライフサイクル論の五つ目の問題は、ひとたび伝播した規範が内在化された後のことをほとんど論じていない点である。規範ライフサイクル論は、新たな規範が社会内で支配的となると、その内容が当然視されるようになり、規範の妥当性が問われることすらなくなるとする。内在化に達した後の規範について論じていないということは、ひとたび内在化に達した規範が衰退・消滅することはないという考えが暗黙の前提とされているからだと思われる。しかし、内在化段階に達している規範が、別の規範の挑戦を受けることなく、衰退したり、消滅したりすることはあり得る。たとえば、環境が大きく変化すれば、規範に従うことがそもそも適切ではないと考えられるようになり、新たな規範の挑戦を受けずとも、アクターが規範に従わなくなることは十分に考えられる。また、たとえ環境変化がない場合であっても、徐々に規範に従わないアクターが増加することもあり得る。

　こうした規範の衰退・消滅について分析した先駆的な研究としては、ダイアナ・パンク（Diana Panke）とウルリッヒ・ペーターソン（Ulrich Petersohn）によるものがある[95]。彼らは、新たに受け入れられた規範から逸脱する行動をとるアクターが存在したとき、適切な制裁が加えられることが重要であると指摘する。この制裁には軍事的制裁、経済制裁に限らず、非難などの社会的制裁も含まれる。適切な制裁が加えられず、規範逸脱行動をとる国に追随する国が現れ、規範逸脱国が一定数に達すると、規範の不遵守カスケードが発生するという。これは、ノーム・カスケードをいわば裏返しにしたもので、一気に規範不遵守行動をとる国の数が増加して、規範の衰退・消滅が加速される状況を表す概念である。環境変化に伴い、一気に規範が消滅したり、環境変化がなくとも徐々に規範が衰退、消滅したりすることもある。パンクとペーターソンは、潜水艦への無差別攻撃禁止規範と傭兵禁止規範、反強制介入規範を例にあげ、規範の

衰退・消滅は、環境変化や規範の明確さなどに影響されるとしている[96]。規範がたとえ内在化された後であっても、規範逸脱行為に対して有効な制裁を加え続けられなければ、規範が衰退・消滅し得るという点は、これまでの国際関係における規範研究ではほとんどなされてこなかった。この点も視野に入れていくことは不可欠であると思われる。

　どのような状況になったときに、ある規範が消滅したのかを判定することも容易ではない。ある規範が消滅したか否かを判断するにあたっては、規範逸脱行為に対する各アクターの反応から見ていくほかないと思われる。規範からの逸脱行為をとったものが、逸脱を認めつつ、例外扱いを求めて釈明をする場合、逸脱者も規範は依然として適切な行為の基準であると考えているといえる。それゆえ、逸脱行為の増加、それ自体は規範の消滅を意味するわけではない。一方、逸脱行為をとったものが、その行為を正当化しようとし始めると、規範が揺らぎ始める。そうした正当化に対して、適切な反論や批判がなされないと、逸脱行為を正当なものとして承認、あるいは少なくとも黙認した、とみなされる状況になってしまう。そうした状況下で、「正当な行為」として規範逸脱行為が繰り返されると、もはやその集団において当該規範は、行動の基準を提供しているとはいえなくなり、当該規範が消滅した、といえる。

　以上見てきたように、グローバルな領域における規範の伝播過程は、規範ライフサイクル論が想定するよりもずっと複雑である。規範ライフサイクル論は、規範伝播メカニズムを非常にシンプルなモデルで示した点に意義がある。モデルを複雑にすればするほど、説明力が向上することは当然である。しかし、規範ライフサイクル論は、意識的、無意識的に多くの前提を設け過ぎていると思われる。「国家間社会」を前提とし、その社会内で出現しにくい規範は基本的に取り扱わず、ひとたび規範起業家が取りあげた規範が一定の支持を得ると、遅かれ早かれ「国家間社会」でその規範が支配的になるという想定を設けることで規範伝播メカニズムの重要な部分がかえってブラックボックスに入ってしまっていると思われる。もちろん、ここまで見てきたように、規範ライフサイクル論を補完したり、修正したりしようとする試みは少なからず見られる。しかし、こうした研究はこれまで個別的に、特定事例についてのみに行われるこ

第一章　国際政治における規範の分析枠組み　45

図1-3：国際政治における規範の分析枠組み

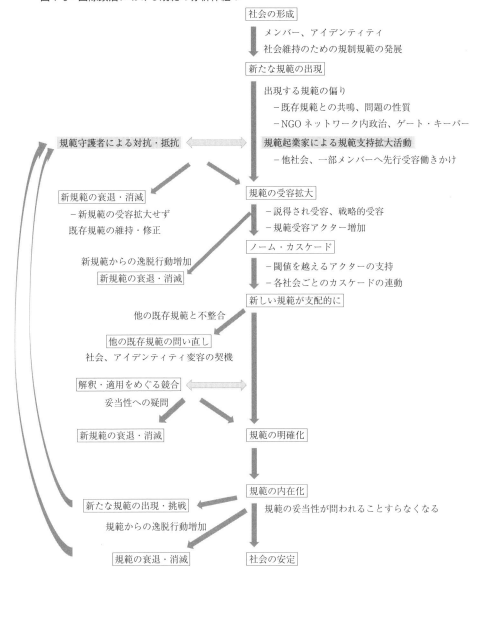

とが多く、こうした補完・修正の試みが、体系的に整理されることはなかった。それゆえ、本書では、こうした規範伝播メカニズムに関する先行研究を体系的にまとめ、さらにそこではいまだ見落とされていると思われる規範守護者という視角を加えた、図1-3のような分析枠組みを提示したい。

　この分析枠組みは、本書で検討してきたように、規範を分析するにあたって、第一に、その規範が共有される社会がいかなるものなのかというところから分析を開始する。そのうえで、新たな規範の出現について、新たな規範と既存の規範との関係や、アクター間の相互作用に留意しつつ見ていく。また、規範起業家によって新たな規範が提示された後は、規範起業家と規範守護者との相互作用に注目する。新たに提示された規範が支配的になった後も、早かれ遅かれ当該規範が内在化するとは考えない。その規範の解釈や適用をめぐる競合を通して、規範が衰退したり、明確化される過程にも光を当てる。また、規範が内在化した後も、依然として規範が衰退する可能性がある点に留意しつつ、規範が、アクターの行動に与える影響について見ていく。次章以降では、この分析枠組みを用いつつ、合理主義国際政治学の立場からすれば規範が作用することが最も困難と考えられる安全保障分野、とりわけ兵器使用をめぐる局面における規範の形成・伝播・内在化の過程について見ていくこととする。

1）Martha Finnemore and Kathryn Sikkink, "International Norm Dynamics and Political Change," *International Organization*, Vol. 52, No. 4, 1998, pp. 891. 他の論者も、ほぼ同様の定義を用いている。たとえば、Peter J. Katzenstein ed., *The Culture of National Security Norms and Identity in World Politics*, Columbia University Press, 1997, p. 5; Audie Klotz, *Norms in International Relations: The Struggle against Apartheid*, Cornell University Press, 1995, p. 14 など。
2）Martha Finnemore and Kathryn Sikkink, *ibid.*, pp. 891-2.
3）中山康雄『規範とゲーム―社会の哲学入門』勁草書房、2011年、128頁。
4）たとえば、中山康雄、前掲書、129頁。
5）Martha Finnemore and Kathryn Sikkink, *op. cit.*, p. 893.
6）もちろん、「国家の行動を説明する」ことを否定する研究者も少なからずいる。こうした研究者は、国家の存在を前提としなかったり、あるいは「説明する」ことが可能とは考えなかったりする。こうした立場の研究は、ポスト・モダン、批判的国際政治学などと呼ばれている。国際政治学においては、国家の存在を前提とし、国家行動が説明可能と考える存在論、および認識論を有するより穏健な立場の研究を、穏健的コンストラクティヴィズムと呼ぶことがある。
7）同様の指摘を行うものとして、Jeffrey T. Checkel, "The Constructivist Turn in International Relations Theory," *World Politics*, Vol. 50, No. 2, 1998, p. 337; Gregory Flynn and Henry Farrell, "Piercing Together the Democratic Peace: The CSCE, Norms, and the 'Constru-

ction' of Security in Post-Cold War Europe," *International Organization*, Vol. 53, No. 3, 1999, p. 511 など。
8) Audie Klotz, *op. cit.*, p. 35.
9) Thomas U. Berger, "From Sword to Chrysanthemum: Japan's Culture of Anti-militarism," *International Security*, Vol. 17, No. 4, 1993; Thomas U. Berger, "Changing Norms of Defense and Security in Japan and Germany," in Peter J. Katzenstein ed., *The Culture of National Security: Norms and Identity in World Politics*, Columbia University Press, 1996; Akitoshi Miyashita, "Where do Norms Come from? Foundations of Japan's Postwar Pacifism," *International Relations of the Asia-Pacific*, Vol. 7, No. 1, 2007 など。
10) たとえば、Akitoshi Miyashita, *ibid.*
11) 富永健一『社会学講義』中央公論社、2003 年、13-17 頁。
12) ここでいう社会関係とは、「人Aと人Bの間に相互行為が繰り返し行われ、その結果、今日会って一度別れても、明日か来週か来月か、ともかく将来とも同じような様式で相互行為が持続するのが当然という期待が当事者のあいだに共有されている状態のこと」である。富永健一、前掲書、16 頁。
13) 富永健一、前掲書、20 頁。
14) Hedley Bull, *The Anarchical Society: A Study of Order in World Politics*, Columbia University Press, 1977, p. 13.
15) Hedley Bull, *ibid.*, p. 40.
16) Hedley Bull, *ibid.*, pp. 44-49.
17) 15 世紀後半から、ヨーロッパに国家間の継続的な関係が維持されるようになり、そうしたヨーロッパ流の「国家間社会」の範囲は、ヨーロッパがヨーロッパ外へと進出を続けるなかで拡大していったという見方を提示する代表的なものとして、Adam Watson, "European International Society and Its Expansion," in Hedley Bull and Adam Watson eds., *The Expansion of International Society*, Clarendon Press, 1984 など。
18) 篠田英朗『国際社会の秩序』東京大学出版会、2007 年、8 頁。
19) Barry Buzan, "Culture and International Society," *International Affairs*, Vol. 86, No. 1, 2010, pp. 10-13.
20) Kenneth H. Waltz, *Theory of International Politics*, McGraw-Hill, 1979, p. 67.
21) 篠田英朗、前掲書、14 頁。
22) 小倉充夫「国際社会学の構想」廣瀬和子・綿貫譲治編『新国際学—変容と秩序』東京大学出版会、1995 年。
23) 田中明彦『新しい「中世」— 21 世紀の世界システム』日本経済新聞社、1996 年。
24) Hedley Bull, *op. cit.*, pp. 245-247, pp. 254-266.
25) 坂本義和『相対化の時代』岩波書店、1997 年。
26) Susan Strange, *The Retreat of the State: The Diffusion of Power in the World Economy*, Cambridge University Press, 1996.
27) 田中明彦は、世界を、新しい中世的特徴が強まる「新しい中世圏」と、近代の特徴を色濃く残す「近代圏」、そして「混沌圏」の三つに分類した。田中明彦、前掲書。同様の分類を行うものとして、Robert Cooper, *Post Modern State and the World Order*, Demos, 1996.
28) 山本吉宣『国際レジームとガバナンス』有斐閣、2008 年、第 13 章。
29) この相互関係の重要性を指摘するものとして、Jeffrey T. Checkel, *op. cit.*
30) こうした点を分析しようと試みる研究がないわけではない。たとえば、各国内社会と「国際社会」の相互作用を通して、対人地雷禁止規範が伝播していく過程を分析するものとして、拙著『オタワプロセス—対人地雷禁止レジームの形成』有信堂、2004 年がある。

31） 中山康雄、前掲書、131 頁。
32） 中山康雄、前掲書、71 頁。
33） 中山康雄、前掲書、88 頁。
34） 知識共同体論（Epistemic community）が、こうした見方の典型例である。Peter M. Haas, "Do Regimes Matter?  Epistemic Communities and Mediterranean Pollution Control," *International Organization*, Vol. 43, No. 3, 1989.
35） たとえば、NATO の東方拡大を、いわゆる合理主義国際政治学から説明することは困難であると指摘し、NATO 内で自由主義的民主主義や多国間主義といった価値や規範が共有され、共同体意識が醸成されていたことが、NATO の東方拡大において重要な役割を果たしたとするものとして、Schimmelfennig Frank, "NATO Enlargement: A Constructivist Explanation," *Security Studies*, Vol. 8, No. 2, 1998 がある。
36） Thomas Risse and Kathryn Sikkink, "The Socialization of International Human Rights Norms into Domestic Practices: Introduction," in Thomas Risse, Stephen Ropp, and Kathryn Sikkink eds., *The Power of Human Rights: International norms and Domestic Change*, Cambridge University Press, 1999, pp. 1-38. また、パワーを用いた規範伝播に焦点を当てて論じるものとしては、Renee De Nevers, "Imposing International Norms: Great Powers and Norm Enforcement," *International Studies Review*, Vol. 9, No. 1, 2007 を参照。
37） Nina Tannenwald, *The Nuclear Taboo: The United States and the Non-Use of Nuclear Weapons since 1945*, Cambridge University Press, 2007, pp. 163-165.
38） Richard M. Price, *The Chemical Weapons Taboo*, Cornell University Press, 1997, pp. 134-145. この点については、第四章で詳しく見る。
39） Martha Finnemore and Kathryn Sikkink, "International Norm Dynamics and Political Change," *International Organization*, Vol. 52, No. 4, 1998.
40） デュナンの訴えた新たな規範が伝播し、1864 年に「戦地軍隊に於ける傷者の状態改善に関するジュネーブ条約」が締結されるに至る過程については、吹浦忠正『赤十字とアンリ・デュナン―戦争とヒューマニティの相剋』中央公論社、1991 年、55-96 頁を参照。
41） Ethan A. Nadelmann, "Global Prohibition Regimes: the Evolution of Norms in International Society," *International Organization*, Vol. 44, No. 4, 1990.
42） Martha Finnemore and Kathryn Sikkink, *op. cit*., p. 897. フレーミングについて詳しくは、David Snow, E. Burke Rochford, Jr., Steven K. Worden, and Robert D. Benford, "Frame Alignment Processes, Micromobilization, and Movement Participation," *American Sociological Review*, Vol. 51, No. 4, 1986, p. 464 を参照。
43） Martha Finnemore and Kathryn Sikkink, *op. cit*., p. 898.
44） John F. Hutchinson, *Champions of Charity: War and the Rise of the Red Cross*, Westview Press, 1996, pp. 52-52. この点については、第二章で詳しく見る。
45） Peter M. Haas, "Introduction: Epistemic Communities and International Policy Coordination," *International Organization*, Vol. 46, No. 1, 1992, p. 3.
46） Alastair Iain Johnston, "Treating International Institutions as Social Environments," *International Studies Quarterly*, Vol. 45, No. 4, 2001, pp. 487-515.
47） Martha Finnemore and Kathryn Sikkink, *op. cit*., p. 902.
48） Martha Finnemore and Kathryn Sikkink, *ibid*.; Jeffrey Checkel, "Why Comply?  Social Leaning and European Identity Change," *International Organization*, Vol. 55, No. 3, 2001, pp. 553-88.
49） この点、女性参政権の広まりの事例をとりあげ統計分析を行ったものとして、Ramirez, Francisco, Yasemin Soysal, and Susanne Shanahan, "The Changing Logic of Political Citizen-

ship: Cross-national Acquisition of Women's Suffrage Rights, 1890 to 1990," *American Sociological Review*, No. 62, 1997 がある。本論文の分析結果は、女性参政権を認める国がある程度増加した後は、自国の国内状況以上に、国際情勢に影響されて各国が女性参政権を認めるようになることを示している。

50) Robert Axelrod, "An Evolutionary Approach to Norms," *The American Political Science Review*, Vol. 80, No. 4, 1986, p. 1105.
51) Martha Finnemore and Kathryn Sikkink, *op. cit.*, p. 902.
52) Martha Finnemore and Kathryn Sikkink, *ibid.*, pp. 902-903.
53) Martha Finnemore and Kathryn Sikkink, *ibid.*, pp. 903-904.
54) Richard Price, "Reversing the Gun Sights: Transnational Civil Society Targets Land Mines," *International Organization*, Vol. 52, No. 3, 1998.
55) Peter Bachrach and Morton S. Baratz, *Power and Poverty: Theory and Practice*, Oxford University Press, 1970; Steven Lukes, *Power: A Radical View $2^{nd}$ edition*, Palgrave Macmillan, 2005, pp. 20-25.
56) Matthew A. Crenson, *Un-politics of Air Pollution: Study of Non-decision Making in the Cities*, Johns Hopkins University Press, 1971. 特に p. 145.
57) 対人地雷禁止規範が、大国の反対にもかかわらず「国家間社会」で広まっていく過程を分析したものとして、拙著、前掲『オタワプロセス』がある。
58) Margaret E. Keck and Kathryn Sikkink, *Activists Beyond Borders: Advocacy Networks in International Politics*, Cornell University Press, 1998, p. 27.
59) War and Children Identity Project というノルウェーの NGO はそうした例である。
60) R. Charli Carpenter, "Setting the Advocacy Agenda: Theorizing Issue Emergence and Nonemergence in Transnational Advocacy Networks," *International Studies Quarterly*, No. 51, 2007, pp. 111-112.
61) R. Charli Carpenter, *ibid.*
62) David A. Lake and Wendy H. Wong, "The Politics of Networks: Interest, Power, and Human Rights Norms," in Miles Kahler ed., *Networked Politics: Agency, Power, and Governance*, Cornell University Press, 2009, pp. 127-150.
63) Clifford Bob, *The Marketing of Rebellion: Insurgents, Media, and International Activism*, Cambridge University Press, 2005, pp. 18-20; Clifford Bob ed., *The International Struggle for New Human Rights*, University of Pennsylvania Press, 2009.
64) R. Charli Carpenter, "Vetting the Advocacy Agenda: Network Centrality and the Paradox of Weapons Norms," *International Organization*, Vol. 65, No. 1, 2011, pp. 97-98.
65) こうした点を指摘するものがないわけではない。たとえば、既存の規範の強固さ（robustness）が、新たな規範伝播に影響があることを指摘するものとして、Michael Contarino, Melinda Negron-Gonzales and Kevin T. Mason, "The International Coriminal Court and Consolidation of the Responsibility to Protect as an International Norm," *Global Responsibility to Protect*, Vol. 4, No. 3, 2012 など。
66) Thomas Risse and Kathryn Sikkink, *op. cit.*, pp. 1-38.
67) Cristina G. Badescu and Thomas G. Weiss, "Misrepresenting R2P and Advancing Norms: An Alternative Spiral?" *International Studies Perspectives*, Vol. 11, No. 4, 2010.
68) たとえば、ジェフレイ・レグロ（Jeffrey Legro）は、規範の明確度、持続度、一致度が、規範の伝播や、アクターの行動を規定する程度、遵守にとって重要であると指摘している。Jeffrey Legro, "Which Norms Matter? Revisiting the 'Failure' of Internationalism," *International Organization*, Vol. 51, No. 1, 1997.

69) Noha Shawki, "Responsibility to Protect: The Evolution of an International Norm," *Global Responsibility to Protect*, Vol. 3, No. 2, 2011.
70) Mayer N. Zald and John D. McCarthy, *Social Movements: In an Organizational Society*, Transaction Books, 1987, pp. 257-265. 本書と類似の問題意識から対抗キャンペーンを分析するものとして、Clifford Bob, *The Global Right Wing and the Clash of World Politics*, Cambridge University Press, 2012 がある。
71) 拙稿「新たな規範の伝播失敗―規範起業家と規範守護者の相互作用から」『国際政治』第176号、2014年。
72) こうした観点から対人地雷禁止規範の伝播を分析するものとして、拙著、前掲『オタワプロセス』を参照。
73) Richard Price, "Reversing the Gun Sights," *op. cit.*
74) パワーを用いた規範伝播については、Renee De Nevers, *op. cit.* を参照。
75) 社会的圧力とは、規範を支持するアクターを賞賛する一方で、規範不支持アクターを非難したり貶めるといった社会的賞罰を通して、規範適合的な行動をとるよう迫ることである。社会的圧力については、Alastair Iain Johnston, *op. cit.*, p. 499 を参照。
76) こうした経緯については、拙稿「オスロ・プロセス―クラスター弾に関する条約成立の含意」『国際安全保障』第36巻4号、2009年を参照。
77) 小型武器規制強化を求める規範起業家と小型武器規制強化に反対する規範守護者の関係については、Peter Batchelor, "NGO perspectives: NGOs and the small arms issue," *Disarmament Forum*, 2002, pp. 37-40 を参照。
78) Mayer N. Zald and John D. McCarthy, *op. cit.*, pp. 253-355.
79) 規範の妥当性をめぐる競合と、適用をめぐる競合を分ける必要性を指摘するものとして、Nicole Deitelhoff and Lisbeth Zimmermann, "Things We Lost in the Fire: How Different Types of Contestation Affect the Validity of International Norms," *PRIF Working Paper No. 18*, Peace Research Institute Frankfurt, December 2013.
80) Antje Wiener, "The Dual Quality of Norms and Governance beyond the State: Sociological and Normative Approaches to 'Interaction'," *Critical Review of international Social and Political Philosophy*, Vol. 10, No. 1, 2007, p. 56; Antje Wiener, "Normative Baggage in International Encounters: Contestation All the Way," in Oliver Kessler, Rodney Bruce Hall, Cecelia Lynch and Nicholas Onuf eds., *On Rules, Politics and Knowledge: Friedrich Kratochwil, International relations and Domestic Affairs*, Palgrave Macmillan, 2010, pp. 204-212.
81) 何をもって高いレベルで規範が遵守されている、許容できるレベルで規範が遵守されているというのかという点は、事例や、ときと場所によって異なり得る。Abram Chayes and Antonia Handler Chayes, "On Compliance," *International Organization*, Vol. 47, No. 2, 1993, pp. 201-204.
82) こうした関心を持つ研究も近年現れつつある。たとえば、拷問禁止規範から逸脱する行動をとったアメリカの正当化戦略と、それへの他国の反応について詳細に分析するものとして、Vincent Charles Keating, "Contesting the International Illegitimacy of Torture: The Bush Administration's Failure to Legitimate its Preferences within International Society," *The British Journal of Politics and International Relations*, Vol. 16, 2014 がある。
83) 規範そのものを、常に変化し続ける過程であるととらえる見方もある。たとえば、Mona Lena Krook and Jacqui True, "Rethinking the Life Cycles of International Norms: The United Nations and the Global Promotion of Gender Equality," *European Journal of International Relations*, Vol. 18, No. 2, 2012.

84) こうした研究に取り組もうとするものとして、Nicole Deitelhoff and Lisbeth Zimmermann, *op. cit.* がある。実証研究の面では初期段階ではあるが、本稿では保護する責任規範と商業捕鯨禁止規範を事例に取りあげつつ分析を行っている。
85) 同様に、地域レベルにおいて、規範の伝播効果が強くなることを指摘しているものとして、Beth Simmons, *Mobilizing for Human Rights: International Law in Domestic Politics*, Cambridge University Press, 2009 を参照。
86) 拙著、前掲『オタワプロセス』160-167 頁。
87) Amitav Acharya, *Whose Ideas Matter?: Agency and Power in Asian Regionalism*, Cornell University Press, 2011, pp. 9-23.
88) Kathryn Sikkink, *The Justice Cascade: How Human Rights Prosecutions are Changing World Politics*, Norton, 2011.
89) アチャリヤは、人権規範に限定しているものの、各国国内社会のさまざまな規範が「国家間社会」の規範の構成に影響を与えるパターン(バンヤン・モデル:Banyan Model)もあり得ることを指摘している。Amitav Acharya, "New Perspective on Norm Diffusion"、2013 年度第 2 回グローバル市民社会研究会、於立命館大学衣笠キャンパス、2013 年 7 月 5 日。
90) 三浦聡「複合規範の分散革新―オープンソースとしての企業の社会的責任(CSR)」『国際政治』第 143 号、2005 年。
91) 三浦聡、前掲論文、97-99 頁。
92) 阪口功「市民社会」大矢根聡編『コンストラクティヴィズムの国際関係論』有斐閣、2013 年を参照。
93) 原油タンカーのバルディーズ号が、アラスカ州プリンスウィリアム湾で座礁し、大量の原油が流出した事故。この地域はラッコ、アザラシ、海鳥などの生息地であるが、この原油流出によって著しく環境が破壊され、海上における過去最大級の人為的環境破壊とみなされている。
94) このような効果をブーメラン効果という。ブーメラン効果については、Margaret E. Keck and Kathryn Sikkink, *Activist beyond Borders: Advocacy Networks in International Politics*, Cornell University Press, 1998 を参照。
95) Diana Panke and Ulrich Petersohn, "Why International Norms Disappear Sometimes," *European Journal of International Relations*, Vol. 18, No. 4, 2012. 国内規範についてではあるものの、規範の消滅について論ずる先駆的研究として、Ryder McKeown, "Norm Regress: US Revisionism and the Slow Death of the Torture Norm," *International Relations*, Vol. 23, No. 1, 2009 がある。
96) Diana Panke and Ulrich Petersohn, *ibid*.

# 第二章 「ヨーロッパ国家間社会」の誕生

## はじめに

　合理主義国際政治学は、国家よりも上位の権威が存在しないアナーキーな国際関係において、国家にとって自らの生存が最重要課題となると想定する。そのような状況下において、国家が特定兵器の使用を慎むといったことがあり得るのだろうか。これまで、特定兵器の使用規制や使用禁止を定めた国際条約はいくつか形成されている。これらは、いかなる理由で生まれてきたのであろうか。しばしば代替兵器が存在する兵器や、軍事的有効性が低い兵器は禁止され得るとの指摘がなされる[1]。しかし、たとえ代替兵器が存在したり、軍事的有効性が低かったりしたとしても、その兵器をあえて禁止する必要はあるのだろうか。アナーキーな国際関係にあっては、ありとあらゆる兵器使用の可能性を残す方が有利なはずである。これまで使用禁止が定められた兵器は、必ずしも軍事的有効性が低いものに限られるわけではない。いったいなぜ、そうした兵器の禁止条約が国家間で結ばれたのであろうか。それらの条約形成がなされた背景には、「国家間社会」で共有される規範が何らかの影響を与えたのであろうか。こうした本書の問いに答えるための準備作業として、本章では現在の「国家間社会」の土台となった「ヨーロッパ国家間社会」がいかに形成されてきたのかという点に焦点を当てる。また、その際「ヨーロッパ国家間社会」ではいかなる規範が共有されてきたのかという点について、特に兵器使用にかかわる規範を中心に、前章で提示した分析枠組みを用いて考察していく。

## 第一節　兵器使用をめぐる規範

　特定の兵器を規制、あるいは禁止しようとする試みは歴史上広範に見られた。たとえば、ギリシャにおいても、都市国家間で投射物の使用禁止が合意されていたという[2]。あるいは、古代インドにおいて、マヌ法典は毒矢や火矢の使用を禁ずる条項を有していた。武力行使の方法に一定の制限を加える試みは、特定地域、特定文化圏に限られたものではなかった[3]。狭い範囲の社会に限られるにせよ、特定兵器の使用禁止・規制が行われたのはなぜだろうか。たとえば、さまざまな地域で見られた毒の使用禁止の試みについて見てみよう。敵対する勢力の重要人物を毒殺し、その勢力を弱体化させられるのならば、毒の使用は費用対効果にもきわめてすぐれた攻撃手段とみなされるはずである。実際、歴史上、君主が毒殺された例は枚挙に暇がない。では、なぜ毒の使用規制が試みられたのであろうか。その背景には、毒への恐れがあるという[4]。毒は、弱者が強者に対抗する手段となる。いかに強大な力を有しているものであっても、毒の使用に対しては脆弱である。自分よりも弱いものであっても、自分の生存を脅かし得るという脅威は幅広く共有されるものであった。弱者が強者に対抗することを可能とする兵器の使用を禁止することは、強者の権力維持に資する。それゆえ、ある社会において、支配的立場にある人々は、自らの支配を強化し権力を維持するため、そうした兵器の禁止規範を広めようとする。

　ある社会において支配的立場にあるメンバーが、規範起業家として特定の兵器使用規制・禁止規範を広めようとするとき、彼らの力が及ぶ範囲には規範が一定程度広まるかもしれない。むろん、規範起業家の活動に対して、規範守護者が対抗キャンペーンを開始することはあり得る。とはいえ、社会における支配的立場にあるメンバーに対して、有効な対抗キャンペーンを行うことは容易ではない。一方、力のみによって規範を押し付けようとしても、その規範は簡単には内在化されない。現在の社会秩序を、消極的にであっても支持していなければ、現行の秩序維持機能を持つ特定兵器の使用規制・禁止規範を社会のメンバーが支持することはない。力によって規範支持を強制しているに過ぎないならば、強制する側の力が弱体化すれば規範は遵守されなくなる。また、自ら

の身を守る手段にもなる兵器の使用を禁止したり規制したりする規範に従うことには大きなリスクを伴う。自分がその兵器の使用を慎んだとしても、他者がその兵器を使用すれば大きな損害をこうむる可能性が高い。安全保障に直接的にかかわらない規範に比べると、兵器使用にかかわる規範を他者が遵守しないことの影響は格段に大きい。それゆえ、兵器使用禁止・規制規範が内在化されることは、他の規範に比べても困難である。

この点、特定兵器の使用禁止が明示的に唱えられた初期の例であるクロスボー（crossbow）禁止規範をめぐる状況を見ることで確認してみよう。クロスボーとは、専用の矢を板ばねの力を用いて、これに張られた弦に引っ掛けて発射する弓である。クロスボーは、安価で素人にも扱いやすいにもかかわらず、金属製の甲冑を容易に貫くほどの威力があった。弱者が強者に対抗することを可能とし、秩序をくつがえしかねない兵器だったといえる[5]。それゆえ、「中世ヨーロッパ社会[6]」において、騎士達からクロスボー使用に対する反発の声があがることとなった。「中世ヨーロッパ社会」を構成するアクターのなかで、戦闘に従事するものの中心は騎士であった。重い甲冑を身にまとい馬を操って戦闘に従事することは誰にでもできることではない。一定の経済力がなければ、そのような装備をそろえることも、馬を養うこともできない。主君に封土を与えられ一定の経済力を持ったものが、主君に対して奉仕と忠誠を誓い武術の鍛錬に励むようになった。封建制が発達するに従って、「戦争は、若いときからそのために習練をつんだ裕福な専門家」たる騎士の仕事になっていった[7]。

クロスボー使用は、こうした騎士の立場を脅かすものであった。騎士によるクロスボー禁止を求める訴えは、安全保障を騎士に依存している教皇にも共有された。その結果、1139 年、ローマ教皇インノケンティウス 2 世（Innocentius II）が召集した第 2 ラテラノ公会議において、クロスボーの「キリスト教徒への使用」を禁止する典礼 29 が出された[8]。ローマ教皇の権威を背景に、秩序維持効果のあるクロスボー禁止規範が唱えられたのである。典礼では、「キリスト教徒への使用」が禁止され、「違反すれば破門に処す」とされていた[9]。ローマ教皇は、あくまでキリスト教的価値観を共有する「中世ヨーロッパ社会」内における権威的存在に過ぎない。また「中世ヨーロッパ社会」と、その外の領域との間には、いまだ社会と呼べるほどの継続的なコミュニケーションに基づ

く社会関係は成立していなかった。いずれにせよ、ローマ教皇は、その権威を背景に「中世ヨーロッパ社会」内でクロスボー禁止規範を広めようとした。「中世ヨーロッパ社会」においては、教皇に明示的に反対を唱えることは困難で、規範守護者による対抗キャンペーンが展開されることはなかった。

しかし、クロスボー禁止規範が広まることはなかった。いくら教皇の権威を背景にしているといっても、きわめて軍事的有効性が高い兵器の使用を禁止することは容易なことではなかった。多くの人々にとって、費用対効果が高いクロスボーは非常に魅力的な兵器だった。クロスボーの使用を脅威に感じるのは騎士であるのに対して、クロスボーを使用するのは主として歩兵であり、使用者と、使用により脅威を感じるアクターとの間にずれがあったこともクロスボー禁止規範が容易に広まらなかった要因の一つかもしれない。インノケンティウス２世によって、クロスボーの使用が禁止された後も、異教徒に対してのみならずキリスト教徒に対してもクロスボーが使用されることは少なからずあったようである。第３回十字軍を指揮し、獅子心王として知られたイギリスのリチャード１世（Richard I）は1199年にクロスボーによって受けた傷で死亡したとされている[10]。規範からの逸脱行為、すなわちクロスボー使用はきわめて広範に確認された。規範からの逸脱行為を効果的に取り締まることができなかったため、規範からのさらなる逸脱行為を防ぐことは困難となった。

## 第二節　騎士道と毒使用禁止規範

クロスボーの事例に見られたように、自らの身を守る道具ともなる兵器を、実際に使用禁止・規制することは容易なことではない。規範からの逸脱行為をとったものを有効に取り締まることも簡単ではない。一方、暴力に訴えることを抑制する規範は、各地で徐々に広まるようになっていった。騎士の適切な行動の基準、すなわち騎士道はこうした例といえる。この騎士道は、その後の国際社会における兵器使用をめぐる規範の土台となったというのが本書の見方である[11]。それゆえ、ここでは少し丁寧に騎士道の形成・伝播過程について見ていくこととする。「中世ヨーロッパ社会」において、戦闘に従事する騎士は高い戦闘力を有していた。「中世ヨーロッパ社会」が外部からの侵入に悩まされ

ているとき、異教徒に対する戦争では、「聖戦」の名のもと何の妨げもなく皆殺しが行われたという[12]。しかし、騎士が仕えた教皇を始めとする支配者層は、そうした騎士の戦闘能力が自らに向けられることを恐れずにはおられなかった[13]。一方、自給自足の領地に住んでいた独立した騎士達も、徐々に封建体制に組み込まれていくなかで、ある程度行動を抑制せざるを得なくなっていった。「絶えず気を使ったり、行動をより厳しく規制したり、―特に彼らが依存している宮廷の主君の奥方との交際においては―情感をより強く抑制したり、衝動状態を変えることを余儀なくされ」たのである[14]。こうして、教会の圧力やローマ法の影響などを受けつつ数世紀かけて構成されてきた騎士の行動に関する基準が、いわゆる騎士道である[15]。

騎士道は多くの著作物などを通して、「中世ヨーロッパ社会」で広まっていった[16]。騎士道の具体的内容は、かなりのグラデーションを含むものであるし、時代とともに変容している。しかし、おおむね騎士が守るべき重要な徳目として、正義、勇気、礼節、高潔性といったものがあげられていた。騎士道自体は、人道主義に基づいて行動を拘束するような類のものではなく、あくまで「為してもよいこと」と「為してはいけないこと」を示すものだった。それゆえ、一定の手続きを踏めば、捕虜の虐殺なども許されていた[17]。こうした行動の基準が整備されていった背景には、戦争によって正当な報酬を得るという経済的利益の追求があったとの指摘もある[18]。いずれにせよ、騎士達は、荒々しい行動を控え、徐々に一定の規準に従って振る舞うようになっていった[19]。騎士道を広める際に重要な役割を担った聖職者達は、騎士に対して自らの生命の保証も求めた。その結果、騎士道が広まっていく過程で、聖職者に限らず戦場において戦闘に従事しない人々を、騎士は攻撃すべきではないという文民保護規範も生まれてきた[20]。1179年の第3ラテラノ公会議において、司教、修道士、聖職者、商人、小作人の保護が明文化された[21]。騎士道とともに、文民保護規範も「中世ヨーロッパ社会」において広まっていった。

二つの大きな社会変動のなかで、騎士の性質が変容し始め、彼らによる暴力行使はさらに抑制されるようになっていった。その一つは、貨幣経済の拡大である。貨幣経済の拡大は、商業活動の発達、市民階層の台頭をもたらした。彼らからの租税取立てを通して、王家が中央権力を強大化させ興隆していった一

方で、騎士階層は経済的に困窮していった。もう一つの変化は、銃の普及である。銃が普及してくると、銃を使用する歩兵集団が戦場において騎士よりも重要な存在になっていった。戦闘集団としての独占的な地位、武器の独占が崩れ、裕福な騎士が持っていた戦闘集団としての優越した地位や重要性が消滅した。こうして、騎士達はヨーロッパ各地で絶対王政を確立しつつあった君主達への従属を強めていった[22]。君主への従属を強めていった騎士は、いっそう情感を抑制することを余儀なくされた。君主も、騎士への支配を強めるために、彼らの戦闘能力を奪い統制を強めようとした。たとえば、フランスのルイ13世（Louis XIII）のもとで宰相を務めたリシュリュー（Richelieu）枢機卿は、決闘を禁止し、禁を犯したものを処刑したという[23]。暴力抑制を求め、統制を強めようとする君主に対して、騎士達が抵抗することは困難であった。むしろ、貨幣経済拡大と銃の普及によって、君主への従属を強めていた騎士達は、君主の寵を求め服従を競い合った。騎士達は、宮廷における地位と栄誉と年金の獲得競争を行うなかで、感情を抑制し、情念と衝動を押し隠すことを迫られ、また積極的にそうしたすべを身につけていった[24]。ここでも、騎士達が暴力を抑制したのは、人道的な考慮からではなく、経済的利益や栄誉などを追求したからであった[25]。こうして、騎士の廷臣化、宮廷貴族化が進んだ[26]。

　君主達も、台頭する市民階層に対する平衡錘として貴族階層の存在が重要であったため、貴族階層の維持に関心を持っていた。貴族階層が衰微し過ぎると、君主自身の存在意義を失う恐れがあったからである[27]。貴族階層を、市民階層から際立ち、分け隔たった階層と印象付け、そして、その第一人者としての君主の権威を強化するべく、支配の道具として用いられたのが「礼儀」であった[28]。騎士が廷臣化していくなかで、騎士の行動基準とされた騎士道は、徐々に絶対主義宮廷における貴族の行動基準へと引き継がれていった。騎士的封建的な性格の強かった「礼節（courtoisie）」という振る舞いの基準を表す概念は次第に廃れ、「礼儀（civilité）」という概念が用いられるようになっていた[29]。「礼儀」は、騎士道やその中核概念の一つである「礼節」と同様、依然としてキリスト教的な要素を色濃く有するものだった[30]。ただし、騎士、戦闘集団からは切り離され、より広い人々に適用可能な概念でもあった。

　この礼儀という概念を、貴族階層を支配するための道具として、意識的に

「利用し、堅固にし、強化した」のは、フランスのルイ 14 世（Louis XIV）であった[31]。ルイ 14 世は、豪華なヴェルサイユ宮殿を建設し、そのヴェルサイユ宮殿における行動に際し、「礼儀作法に従うべき」という礼儀規範を広めた[32]。貨幣経済拡大と銃の登場によって、その存在意義が脅かされつつあった貴族・騎士達は、暴力抑制を求めるものであれそれ以外のものであれ、積極的に礼儀規範に従った。ルイ 14 世による強制だけではなく、騎士達の間にあった上流階層に属しそこにとどまりたいという欲求も作用した。すなわち、宮廷社会における礼儀規範に従うことによって、宮廷社会の一員とみなされたい、市民階層と距離を保ちたいという欲求である[33]。礼儀規範に従い、市民階層とは異なる行動様式をとることは、市民階層と自らとを区別し、威信を保つのに役立った。礼儀規範は、構成的効果も有していたため、いっそう強い規制的効果を発揮した。そうした宮廷貴族の威信や愛顧をめぐる意識を利用し、ルイ 14 世は礼儀規範をきわめて融通の利く支配手段として用いた[34]。また、ルイ 14 世は貴族達に地位や栄誉などを競わせるべく、ヴェルサイユ宮殿に常駐することを求めた。これは、彼らを領地から切り離し、君主による統制を強めるための手段でもあった。ルイ 14 世統治下で、貴族の反乱が生じなくなった要因の一つとして、こうしたヴェルサイユ宮殿を中心とする統制システムの重要性が指摘されている[35]。ルイ 14 世は、「ヴェルサイユ宮廷では礼儀作法を遵守すべき」という礼儀規範を広めて、貴族による反乱、暴力を抑制しようとした。ルイ 14 世は、秩序維持、権力維持を目的として、礼儀規範を広めようとしたといえる。高い戦闘能力を誇った騎士達は、この礼儀規範を受容し、戦場を離れ行政的、事務的な業務を行う廷臣へと変貌していった。

　礼儀作法に従うべきという礼儀規範は、フランスにとどまらず、広くヨーロッパ中の広義のエリート間で共有されていった。フランス宮廷が、規範起業家として積極的に、礼儀規範を広めようとしたわけではなかった。太陽王とも呼ばれ、ヨーロッパにおいて絶大な力を誇っていたルイ 14 世治下のフランスの、ヨーロッパ諸国に対する影響力が小さくなかったことは事実である。しかし、より重要なのは、貨幣経済の拡大や銃の普及に伴い、当時のヨーロッパにおいては、どこも多かれ少なかれフランスと同様の社会変化を経験しつつあったことである。フランス以外の地域で絶対王政確立を目指していたものにとって、

フランス式礼儀作法は、「自分達の威厳を表明し、社会に階層差のあることを意識させ、他のすべての者達、とりわけ宮廷貴族自身に彼らの生活が支配者に依存していることをさとらせる、そういう目的のための絶好の道具[36]」となった。フランスの宮廷には各国の宮廷貴族が集っていた。彼らは共通の言語（フランス語）を話し、同じ本を読み、同じ趣味を持ち、同じような振る舞い方を心得、同じ生活様式を持つ、「ヨーロッパ貴族社会」を形成していた。ヨーロッパ各国の宮廷貴族間の社交的な付き合いは、同じ国の内部での宮廷と他の階層との付き合いや接触以上に親密だったという[37]。ルイ14世が強化した礼儀規範は、フランス宮廷で支配的となり、フランス宮廷を媒介にした交流を通してヨーロッパ各国の貴族達の間で共有されるようになっていった。

　暴力を抑制しようとする規範が広まったのは、「ヨーロッパ貴族社会」に限られたことではない。ノルベルト・エリアス（Norbert Elias）は、人々の間で相互に依存し合う人間関係が密になるにつれて、あからさまな暴力行使を控えることが必要になってくると見ていた。とりわけ、暴力が独占・集権化されるようになっていくと、人間が人間に対する脅威となり得る状態が減少し、その社会内で肉体的暴力を抑制する規範が育まれると見ていた。エリアスは、暴力を抑制する規範は「お互いに依存しあい、肉体的暴力が独占化されたために激情に支配されない協同作業が可能に、あるいは不可欠になっているところならどこでも存在する」と指摘している[38]。そうだとするならば、「ヨーロッパ貴族社会」で広まった礼儀規範には、より普遍的に適用可能な要素を含んでいる可能性がある。ヨーロッパでは、ヨーロッパの広義のエリートを構成メンバーとし、フランス宮廷を中心とした継続的なコミュニケーションが行われた。そして彼らは、キリスト教的な価値観、そして何より礼儀規範を共有する、「ヨーロッパ貴族社会」を形成していった。

　この「ヨーロッパ貴族社会」の成員が恐れたものの一つとして毒がある。毒は、弱者が強者に対抗する有効な手段であることから、歴史的にもたびたびその禁止が試みられてきた。しかし、実効性のある禁止や規制が成功したことはほとんどなかった。ヨーロッパ各地で中央集権が進むなかで、暴力を独占し絶対的な権力を誇るようになった君主達は、この毒が自らに向けて使用されることを恐れた。いかに暴力を独占し、多くの兵士で守りを固めたとしても、君主

は毒使用の前には無力だったからである。絶対王政を確立しつつあった君主達には、毒は自らの命を脅かし、そして絶対主義のもとで確立した秩序を脅かすものとして認識された。毒の使用は高潔ではなく、尊敬できない行為であるとの言説がしきりに流布された。毒使用禁止規範を、「ヨーロッパ貴族社会」で受け入れられていた礼儀規範や騎士道に接ぎ木することが試みられた。正々堂々武器をとって敵と戦うという騎士にふさわしい行為の対極にあるものとして、コソコソと敵を殺害する毒の使用をイメージづけ、毒使用を抑制しようとした[39]。こうした考えはヨーロッパ各国の君主間では共有されるものであった。暴力を独占する絶対主義君主が主導し、毒使用禁止規範が唱えられるようになると、「ヨーロッパ貴族社会」において毒使用禁止規範が徐々に広まっていった。毒を用いた兵器の禁止が君主間で最初に明文化されたのは、1675年にフランスと神聖ローマ帝国の間で締結されたストラスブルグ合意とされている[40]。その後、遅くとも18世紀初めまでには、ヨーロッパの君主間で毒使用禁止規範が広範に受容されるようになった[41]。

## 第三節　武士道と銃使用禁止規範

　本節では、江戸時代・日本における銃規制を見ていくこととする。これまで、ヨーロッパにおける暴力行使抑制規範の発展を見てきたため、突然日本の事例へと目を移すことに違和感を持たれるかもしれない。しかし、日本における事例は、戦闘集団の行動を抑制させることを目的とする行動規範が広められ、またそれと接ぎ木する形で特定兵器の規制が試みられたことが、決してヨーロッパに特有の現象ではなかったことを教えてくれる。実際、暴力行使抑制規範や兵器規制規範が広まったのは、ヨーロッパに限られたわけでも、キリスト教世界の専売特許なわけでもなかった[42]。本書で、ヨーロッパにおける暴力行使抑制規範や兵器規制規範の発展に焦点を当てているのは、「国家間社会」における武力紛争法や兵器規制の起源を探るうえで、それが重要と考えているからである。ただ、日本の事例は、国内外の秩序の安定と、兵器使用禁止・規制規範の関係を考えるうえでも示唆的と思われるため、ここで取りあげたい。

　16世紀末の日本は、世界のどの国よりも大量に銃を保有していたとされる[43]。

それにもかかわらず、17世紀から19世紀にかけて、日本では銃はほとんど使用されなくなった。銃規制が行われるようになった背景には、銃が弱者が強者に対抗することを可能とする武器であったという面がある。農民であっても、鉄砲を手にすれば最強の武士を遠距離からでもたやすく撃ち殺すことが可能となった。それゆえ、支配者達は銃使用を嫌悪した。むろん、こうした状況は日本に限られたことではない。たとえば、フランスやイタリアの将軍達も銃を蔑視していたという[44]。しかし、ヨーロッパではその後も銃の使用・生産が拡大し続けたのに対して、日本では銃がほとんど使用されなくなった。なぜか。

その背景にはいくつかの要因が指摘されている[45]。一つ目は、銃使用を嫌悪する武士階級の人口が、日本はヨーロッパに比べて大きかったことである。日本の武士は、全人口の7から10％を占めており、この割合はヨーロッパのどの国の騎士団よりも文字通り桁違いに規模が大きかったという[46]。二つ目は、日本が、侵略が困難な地理的条件に恵まれていたことである。他国に侵略征服される可能性はきわめて小さいという地理的条件下では、銃を使用せずとも国家の安全が比較的容易に確保できる。それゆえ、支配者階級の人々は、銃などの武器が大量にあることがむしろ秩序を脅かすと恐れた。実際、日本においては16世紀末豊臣秀吉が日本統一を達成する前後あたりから刀狩など、武器削減が試みられるようになっていた。刀狩を力づくで行ってはかえって反発を生む。豊臣秀吉は方広寺大仏殿の材料となる鉄と鎹（かすがい）、釘を作るために、銃などの武器を差し出すよう求めた。銃の規制を大々的に推し進めた徳川綱吉の場合は、その根拠として「生類憐みの志」を掲げた[47]。社会に広く共有される宗教的な価値規範に結び付けながら、銃を始めとする武器回収を進めようとしたのである。キリスト教やヨーロッパの商人への反感が、ヨーロッパ伝来の銃への嫌悪へとつながったとの指摘もある[48]。

自らの身を守ることに資するうえ、敵をより効果的に殺傷できる銃使用を抑制するようになったことを、こうした要因のみによって十分に説明することができるのであろうか。農民達だけではなく、武士のなかにも現行秩序に不満を抱くものは少なからず存在したはずである。彼らのなかには、銃によって現行秩序を変革することを望むものが存在したとしてもおかしくない。武士達が銃規制を受け入れた背景には、戦闘集団を制御するために発達した一定の行動規

範、すなわち武士道の存在が与えた影響があることを無視できないと思われる。武士道は、武士に「仁義」「忠孝」などを求めるもので、倫理道徳規範としては江戸時代に確立された[49]。武士道は、徳川幕府が中央集権を強めていくなかで広まっていった。中央集権的制度の整備と武士道という行動基準の伝播を通して、徳川幕府は有力大名の臣従化を徹底させた[50]。支配者が中心となって、秩序を安定化させるため暴力抑制規範を広めようとしたのである。ヨーロッパで広く観察されたのと同様、中央集権化が進むなかで戦闘集団の廷臣化が進展し、その際、ヨーロッパの騎士道と類似した、武士道が広められたといえる[51]。こうして広まった武士道に照らせば、主君に忠誠を尽くすことが武士としてのふさわしい行動である。徳川将軍が銃規制を推し進めた以上[52]、それに従うことが武士としてふさわしい行動と考えられたのかもしれない[53]。

　刀が持つ象徴的意味が非常に大きかったことも指摘できる。帯刀の権利を持たないものは、名字も持てないなど、刀が持つ社会的な意味は非常に大きかった。また、武士道において、刀は力と武勇の象徴とされ、「刀は武士の魂」という有名な表現もある[54]。いずれにせよ、日本においても、中央集権が進むなかで、主君に対して自律性を持つ家臣を否定して、「主君丸抱えの家臣に、不羈奔放ならぬ温和従順の徳を求める」「文治政治」が追求された[55]。その際、銃使用が抑制されることが支配者側にとって望ましかったというだけではなく、実際に銃使用の必要性が低かったことも重要であろう。こうした要因が相まって、江戸時代の日本社会において銃はほとんど使用されなくなった。

　以上見てきたように、毒やクロスボー、あるいは銃といった兵器規制の試みは、社会の支配者が自らを脅かし得る兵器を規制しようとしたものだったといえる。いかに社会の支配者といえども、兵器規制を徹底することは困難をきわめた。弱者が強者に対抗できる、すなわち秩序を脅かし得る兵器は、一般に安価で、弱者にも入手容易な兵器である。弱者にとって、自らの身を守る手段となり得る兵器の規制を受け入れることはできれば避けたいことである。支配者の力によって兵器規制を強制するだけでは反発を生み不安定になりやすい。しばしば重要な役割を果たしたのは、その社会で共有されていた暴力抑制を求める規範であった。前述のとおり、ノルベルト・エリアスは、人々の間で相互に依存し合う人間関係が密になるにつれて、あからさまな暴力行使を控えること

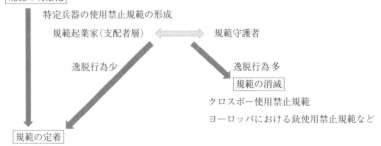

図 2-1：兵器禁止規範の出現

が必要になってくると指摘した。そして、暴力が独占・集権化されるようになっていくと、人間が人間に対する脅威となり得る状態が減少し、その社会内で肉体的暴力を抑制する規範が育まれていくという。各国で中央集権が進むなかで、戦闘集団の暴力抑制を求める規範が生まれ、広まっていった。

毒使用禁止規範はヨーロッパにおいて広く受容されていた騎士道と結び付けられ、銃の使用禁止規範は、日本において広まりつつあった武士道と結び付けられ、それぞれの社会で受容されていった。ただし、このような規範の接ぎ木がなされても、兵器使用規範が必ず広まるわけではない。ヨーロッパでは銃使用禁止規範が広まらなかった一方で、日本では銃使用禁止規範が広く受容された。こうした相違の存在は、規範起業家の活動や規範の接ぎ木といった戦略の

みから、兵器使用禁止規範の伝播が説明できないことを示している。日本において銃使用禁止規範が広く受容された背景には、武士道への接ぎ木に加えて、さまざまな他の要因も影響した。いずれにせよ、こうした初期の兵器使用禁止規範は、各国内社会における戦闘集団の暴力抑制規範を始めとするさまざまな規範に接ぎ木される形で広められた。それゆえ、その規制が及ぶ範囲は、一定の価値や規範を共有する狭い範囲の社会にとどまっていた。

## 第四節　「ヨーロッパ国家間社会」の誕生

　ヨーロッパにおいて、中世末期以降、教皇の普遍的権威が弱体化していった。それに伴って、教皇の普遍的権威のもとで多様な主体が一定の秩序を形成していた政治状況は崩壊していった。三十年戦争を始めとする激しい戦争を経て、教皇や皇帝の権威はいっそう限定的なものとなり[56]、代わって絶対王政を確立した国家を主体とする国際体系がヨーロッパ内に生成されていった。こうした体系は、1648年のウェストファリア条約を分水嶺として立ち現れたとする見方がなされることが伝統的で、しばしば「ウェストファリア体系」と呼ばれる。近年の研究では、このような国際体系の生成の時期をより相対化する傾向にある。本書も、いわゆるウェストファリア体系は、15世紀後半から19世紀にかけて徐々に形成されたという立場をとる[57]。教皇の権威が衰退したからといって、ヨーロッパ諸国が「万人の万人に対する闘争」状態に陥ったわけでは必ずしもない。むしろ、ヨーロッパ諸国の君主達は、「ヨーロッパ貴族社会」の一員意識を依然として有し、礼儀規範を土台として、相互に尊重し合う関係にあった。14世紀から15世紀後半にかけてイタリアで発達した宮廷社会間の外交ルールが基礎となり、ヨーロッパ各国間では、各国がお互いに常駐使節を置き国家間のコミュニケーションを維持していた[58]。常駐外交使節のネットワークの密度には、ヨーロッパ各国間で濃淡があった[59]。また、依然帝国諸領邦やハンザ都市など、さまざまな主体が外交関係を結んでいた[60]。外交関係ネットワークの利害調整を全体として行う国際会議にもさまざまな主体が参加していた。しかし、三十年戦争後のウェストファリアの講和を経て、国際会議への参加資格の確定作業が進められていった[61]。国際主体間の競争が激化するなかで、18

世紀には「他の国家との関係で独立かつ自由な主権国家」という概念が登場した。18世紀半ばには、相互に主権を尊重すべきとする主権尊重規範が共有され、国際体系を構成するのは主権国家であるとの考え方が広まっていた[62]。一点留意が必要なのは、主権国家間は法的に平等であるという主権平等規範は、この時点では国家間の行動の基準としては十分に浸透していなかったことである。主権平等規範が、国家間で支配的となっていくのは時代が下ってからのことである[63]。

　ヨーロッパの主権国家間では、さまざまな暗黙の了解、慣習、規範が共有されていた。それは「中世ヨーロッパ社会」で共有されていたキリスト教的な文化、価値観に根ざしたものであった。キリスト教的な文化的背景を土台にする騎士道や、あるいはそれを引き継いだ礼儀規範が、広く「ヨーロッパ貴族社会」内で共有されていたことは既述のとおりである。この礼儀規範を背景として、ヨーロッパ各国間においては、お互いの国民の生命や財産、移動や通商の自由などが保障されていた。またそうした状況がヨーロッパ各国間のコミュニケーションや相互交流を促進した。礼儀規範は、ヨーロッパ各国間で外交を行う際に重要な要素の一つとなっていった。ルイ14世統治期に自らも大使として活躍し、1715年に『外交談判法』を著したフランソア・ド・カリエール（François de Callières）は、国王の代理として行動する大使に求められる資質として、「礼儀正しさ」を繰り返しあげていた。食卓や面前でのマナーや品性なども重要であると指摘し[64]、「礼儀にかなった方法、理性と説得による方法」による外交を行うことが重要であると説いた[65]。教皇の権威が衰退し「中世ヨーロッパ社会」の一体感が弱まった後も、ヨーロッパ諸国家間ではコミュニケーションが持続的に行われることによって社会関係が形成されていた。カリエールの著書の英語版を編集したキーンズソーパー（H. M. A. Keens-Soper）とシュヴァイツァー（Karl W. Schweizer）は、序章において「ヨーロッパ諸国各国は、自らをキリスト教共和国（respublica christiana）たるヨーロッパ社会を継承する国家の一つであると考えていた」、そして、「一つの文明に属するものの間にある強固な絆ゆえ、ヨーロッパ諸国間では、文明的な手段で制御、調整することが可能になった（強調は筆者による）」と指摘している[66]。ヨーロッパ諸国間の関係は、共有されていた礼儀規範のもと、一定程度オーガナイズされたものであっ

た。また国際会議の参加資格を確定していくなかで、徐々に相互作用を行う成員と、非成員の境界線も明確になっていった。すなわち、お互いの主権を尊重しあう主権国家が成員となっていった。本書第一章で見た社会の定義に照らしてみると、ヨーロッパには、主権尊重規範を構成規範とし、礼儀規範を共有するヨーロッパ諸国間の社会、すなわち「ヨーロッパ国家間社会」が形成されつつあった。

15世紀後期から徐々に「ヨーロッパ国家間社会」が形成されつつあった当時、ヨーロッパ以外の地域にも、ある程度広範囲にわたる継続的な社会関係は存在した。たとえば、スペインからペルシャにわたる地域、インド亜大陸、ユーラシア・ステップ地域、東アジア地域などには、ヨーロッパ地域とは異なる文明に基づいて、ある程度広範囲に及ぶ社会が形成されていた[67]。中国を中心として東アジアに形成されていた朝貢体制もそうしたものの一つである。当時、そうした社会間の接触は、その密度も頻度も非常に限定的であった。遠距離の移動や通信には長い時間がかかったし、遠隔地との交易は散発的に行われる程度であった。もちろん、このことは、それぞれが独立して社会を発展させてきたということを意味するわけではない。これらの社会間では、従来考えられていたよりもはるかに密接な交流が行われていたことが、近年明らかになりつつある[68]。そうした相互作用の密度は、「ヨーロッパ国家間社会」が形成され始めた15世紀以降さらに高まった。というのも、当時、航海技術の進歩に伴い、ヨーロッパの人々が海外進出を加速させていたからである。このいわゆる大航海時代に、ヨーロッパの人々は積極的に航海を行い、17世紀ごろには、世界のほぼすべての地域に到達したという[69]。ヨーロッパ諸国が海外における領土拡大競争を激化させるなか、異なる地域社会間の接触が増加した。異なる社会間の接触が、成熟した社会と十分に成熟していない社会で行われる際、それはしばしば一方による他方の吸収や一掃という形をとる[70]。アフリカ大陸やアメリカ大陸においても、ヨーロッパ諸国は、次々と原住民を征服し、植民地化していった。これらの地域はヨーロッパ諸国の植民地となることで、「ヨーロッパ国家間社会」の一部に組み込まれた。

ヨーロッパ諸国がアジアへと進出した際、ヨーロッパ諸国は、植民地化を目指すのではなく、道徳的、法的に対等な関係性を模索した[71]。たとえば、「ヨー

ロッパ国家間社会」のメンバーと、中国が最初に公式の継続的関係を持つようになったのは、1689年、ロシア帝国[72]との間のネルチンスク条約締結によってである。この条約はロシア帝国と中国の清の間で国境を定める条約であった。中国とヨーロッパ諸国との間には、文化的にも地理的にも大きな距離感が存在した。実際、中国には、独自の世界観や文明観、国際システムが存在した。自らの文明観に従い、中国はネルチンスク条約以前に中国を訪れたロシア使節を朝貢使節として扱っていたという[73]。しかし、中国とロシアの交渉において通訳を務めたイエズス会士を通して、ヨーロッパ諸国において発達しつつある国際法の精神にふれたようである。そうしたなかで、中国はヨーロッパ諸国の間で共有されていた国家間の相互作用のルールを理解するようになった。また、露清6年戦争を経て、中国は、ロシアの実力を知ることとなった。その結果、「互恵平等を基本とするヨーロッパ流の国際法によって問題を処理」することに同意した[74]。露清6年戦争は、1689年に締結されたネルチンスク条約によって終結し、「両国は対等の国交を結ぶようになった」のである[75]。

とはいえ、中国は依然として、ロシアを対等の国とはみなしていなかった。漢文の条約では、両国の対等性を表すような用語の使用は避けられ、ロシアとの関係を朝貢制度の枠組みにとどめようとしていたという[76]。中国との優先的な貿易を望んでいたロシアにしても、ネルチンスク条約締結によって、その目的が達せられていた。そのため、ロシアが、中国に対してそれ以上、「ヨーロッパ国家間社会」のルールを押し付けることもなかった。交易による実利を優先し、その後の使節には、中国の礼法に従うようにとの訓令を与えていたという[77]。1727年、より綿密に露中関係を定めたキャフタ条約が締結され、露中関係は安定した。この条約も互恵平等の精神を基本とするものであるが、両国の文書の往復は理藩院(りはんいん)[78]を通して行うこととするなど、朝貢制度と矛盾しないよう配慮されていた[79]。また、中国国内向けには、この条約内容は公開されなかった。条約締結後70年余り経過してから「条例」の形で公開された内容は、中露が対等であることを示す文言や外交文書であることを示すすべての箇所を故意に除去していたという[80]。中国は、「ロシアの国は外藩の小国」であるという立場を、国内向けには維持していた[81]。こうして、中国とロシアの間では、法的には対等な、しかし中国の立場からすると朝貢関係の枠内という建前を繕った関

係が開始された。ロシア側も、そうした中国側の事情について口出しをすることもなく、異なる社会に属する対等な存在として中国を扱った。

## 第五節　戦争被害の拡大と反戦規範の出現

　合理主義国際政治学の観点からすれば、自国の生存にとって有益な兵器であれば、いかなる兵器であれその使用をためらう理由はない。「ヨーロッパ国家間社会」が形成されつつあった時期、戦争は不可避とされ、戦争を行うこと自体が疑問視されることはあまりなかった。戦争は「人間にとっての常態」、あるいは「輝かしい活動」とさえみなされていた[82]。ただし、戦争を当然視する見方に疑問を投げかける人々が増え始めたのもこのころからである。三十年戦争など、17世紀の戦争は宗教対立を背景に持つものが多く、苛烈をきわめた。また、兵器の性能が向上したこともあり、多くの人的被害を生むようになった。ピトリム・ソローキン（Pitirim Sorokin）による戦争の烈度指標によれば、17世紀のヨーロッパにおける戦争は従来と比べても、格段に激しさを増した[83]。このような状況を受けて、徐々に戦争に否定的な見方をする人々が増え始めた。

　1650年代に活動を開始したクエーカーは、反戦を継続的に最初に唱えるようになった団体の一つである[84]。クエーカーによる反奴隷活動が目覚ましい成果をあげたことと比べると[85]、反戦活動は目立った成果をあげられなかった。その間、兵器の性能が向上を続け、戦争被害の悲惨さは増す一方であった。18世紀に入ると、徐々に戦争を否定的にとらえる見方も強まっていった。印刷技術の向上により出版が盛んになったことも、反戦運動を後押しした[86]。戦争がなくなったわけではないものの、戦争を行う際に君主達には「自らの平和を愛する気持ちや、戦争による悲劇を避けんとする願望を表明することが期待されるようになった」という[87]。ナポレオン戦争後、ヨーロッパのみならず、北米でも反戦運動は徐々に広まっていった[88]。

　その際、重要な役割を果たしたのが「文明[89]」という概念であった。すでに見てきたとおり、「ヨーロッパ国家間社会」においては、一定の規範が共有されていた。そうした規範の一つである礼儀規範は、暴力の抑制にとどまらず、日常のさまざまな振る舞い方にかかわるものであった。礼儀規範の実践を通し

表 2-1：戦争の烈度

| 12世紀 | 13世紀 | 14世紀 | 15世紀 | 16世紀 | 17世紀 |
|---|---|---|---|---|---|
| 18 | 24 | 60 | 100 | 180 | 500 |

（出典）Quincy Wright, *A Study of War*, Chicago University Press, 1964, p.56.

て、恥や当惑といった観念が変化し、裸体やテーブルマナーに対する敏感さの変化、暴力や残酷さに対する人々の態度の変化が見られるようになっていった[90]。宮廷貴族階層の人々と、市民階層の人々の交流が増加するにつれて、礼儀規範は宮廷社会を超えて広がるようになっていった。その際、教会がしばしば「礼儀作法のモデルを下流階層へ伝達するきわめて重要な」役割を果たした[91]。礼儀規範が特定の社会階層にとどまらず広く伝播していくに従って、「礼儀」という概念は徐々に使用されなくなり、「文明化」という概念に引き継がれていった。その際、この概念は「人間性」と同一化され、「自然の法則」であるとの見方すらされるようになっていった[92]。かつて、騎士の暴力を抑制すべく生まれた騎士道は、宮廷社会におけるふさわしい行動基準を提供する礼儀となり、そして、いまや人間にとってふさわしい行動基準へと引き継がれたのである。「乱暴で抑制することを知らない風習」は、「『和らげられ』、『洗練され』、『文明化された』[93]」のである。

そうしたなかで、戦争を「不快」「非文明的」とみなす人々が増加し[94]、戦争を忌避する言説が現れ始めた[95]。たとえば、イギリスの歴史家であったヘンリー・トーマス・バックル（Henry Thomas Buckle）は、「好戦的な精神は、徐々に減退している」「人間の知性が増すにつれ、人間の戦争への愛はなくなっていくであろう」と書いている[96]。アメリカの思想家ラルフ・ワルド・エマソン（Ralph Waldo Emerson）も、「文明が野蛮を凌駕するのと同様に、普遍平和が訪れることは確実です。問題は、それがどのくらいすぐかということにすぎません」と記している。戦争を非人道的、あるいは野蛮というフレーミングでとらえ、「戦争をやめるべき」と訴える規範起業家が現れ始めた。こうしたフレーミングは、自らを「文明的」とみなす人々、「文明国」とみなす国の指導者を説得するうえでは効果的であった。

19世紀になると、アメリカ、イギリスなどで平和協会が設立され、世界平和を目指した活動が行われるようになった[97]。ただし、平和協会は、あくまで知

識人の間の、人道的、非政治的活動という立場をとっていた。これは、保守派の反発を抑えるという意味もあった。そうした発想は各国共通だったようで、実際ロンドン平和協会において、一般大衆に働きかけようという提案がなされた際には、にべもなく拒否されたという[98]。各国における平和協会の活動が盛んになるなか、1843年には、ロンドンで第1回の国際平和会議（International Peace Congress）が開催された。会議にはアメリカや、イギリスを始めとするヨーロッパ諸国から参加者が集った。その後も1853年までに都合7回の会議が開催された。彼らは平和を希求する活動を行っていたものの、実は兵器規制、軍縮に対しては消極的であった。自衛のために軍事力・兵器を保有することは必須との考え方が根強く、社会秩序を維持する他の手段がないなかで軍縮を行うことはあり得ないと、強く非難するものすらあったという[99]。彼らの主たる主張は、軍縮ではなく国際紛争に際して仲裁を採用することであった[100]。実際、戦争よりも調停の有用性を訴える言説を支持する知識人は少なくなかった[101]。

## 第六節　「文明的」な戦争？

　ヨーロッパ諸国や北米で反戦規範を訴えるものが現れてきた。しかし、国家よりも上位の権威がない「ヨーロッパ国家間社会」において、自国のみが戦争を放棄したり、特定の兵器の使用規制をしたりすることは自殺行為である。戦争は「異なる手段をもってする政治の継続にほかならない[102]」とされ、国益追求の重要な一手段とされていた。19世紀半ば、ヨーロッパで政治情勢が不安定になると、反戦運動の勢いはさらに弱まった。1853年を最後に、国際平和会議も開催されなくなってしまった。ただし、反戦規範支持者がいなくなったわけではない。このころ、当初の聖職者や知識人中心の反戦運動から、より多くの人々を巻き込んだ反戦運動へと変質しつつあった[103]。19世紀中ごろから、ヨーロッパ各国では国民軍が一般化した。戦争に従事する人の数が増大すると、戦争に従事することへの恐怖感を抱くものが増えることは自然なことであった。
　ヨーロッパ各国で国民軍が一般化すると、彼らの恐怖を軽減することが、戦争を継続するうえでも重要な課題となった。こうした課題に対応することは、「戦争が戦争目的につり合わないほどの悲惨な被害を引き起こす」と訴える反

戦規範に対抗するうえで重要だった。とりわけ、自らを「文明的」と考えるヨーロッパ諸国の政府関係者からすれば、「戦争目的につり合わないほどの悲惨な被害を引き起こす戦争は文明的ではない」といった批判は無視できないものであった。自国を「文明国」とみなし、「ヨーロッパ国家間社会」は「文明国」によって構成されていると考えるものにとって、自国が「文明的」ではない行動をとることは、自らのアイデンティティと「ヨーロッパ国家間社会」の構成規範を否定することになる。反戦規範を唱える規範起業家のフレーミングを破壊し戦争への支持を高めるうえでも、また「文明国」としてのアイデンティティを堅持するうえでも、戦争を一定のルールのもとで「文明的」に行うことが目指されるようになったのである[104]。

　こうした嚆矢となったのは、いわゆるリーバー法である。1863年、アメリカ南北戦争時、当時一般的に認められていた陸戦における慣習を基礎として陸戦訓令が作成され、リンカーン大統領によって署名された（General Order No. 100）[105]。執筆にあたったフランシス・リーバー（Francis Lieber）にちなみ、この訓令はリーバー法と呼ばれている[106]。リーバー法は、いかに軍事的必要性があろうとも、あらゆる行為を行うことを認めるわけではない点を明記する最初のものである。第16条では、毒の使用禁止が明記されている。また、復讐のために危害を加えることや拷問、攻撃地域を過度に荒廃させることや平和への回帰を不必要に困難にする敵対行為などを禁止している（第16条）。戦争目的に照らして適切ではない行為は、たとえ戦争中であっても認められないとした。戦争の悲惨さに照らして反戦規範を唱える規範起業家に対抗し、そのフレーミングを破壊すべく、戦争時に認められる行動を戦争目的に照らして必要な範囲にとどめようとした。リーバー法自体が実際の戦闘でどの程度、行動指針として機能したのかについては懐疑的な見方も少なくない[107]。しかし、その後の戦争に関するルール形成に大きな影響を及ぼしたと考えられている[108]。

　同様に、兵士が従うべきルールを定める動きが、ヨーロッパ各国で現れてきた。ただし、戦争がなくならないなかで、ある国の軍隊のみが一定のルールに従うことは、その国の軍隊を不利な立場に置く可能性がある。そのため、具体的なルール作成はなかなか進展しなかった。国家よりも上位の権威がない「ヨーロッパ国家間社会」において、そもそも国家間でルールを定めて、その履行

を確保することは容易なことではない。国家間の戦争に関するルールとなればなおのことである。だが、「国家間の戦争の悲惨さを軽減すべき」という考え方は、戦争がもたらす悲惨な被害の軽減を訴える人々のみならず、「戦争は外交の一手段として用いるべき」という規範を維持したい規範守護者にも共有され得るものであった。そして何より、「ヨーロッパ国家間社会」の成員が、自らを「文明国」と位置付けていただけに、戦争を「文明的」に行うことは、自らのアイデンティティにかかわる問題と考えられた。戦争に関する国際法形成はきわめて困難と考えられていたにもかかわらず、「ヨーロッパ国家間社会」を律する法を整備する法典化の試みは、戦争に関するルールから始まった[109]。

とはいえ、国家間の戦争に関するルールを定めることは困難である。そこで、まずは可能な限り戦争被害の緩和に努めるよう主張する規範起業家が現れた。「戦争の悲惨さの緩和に努めるべき」という原理レベルの規範に対しては、さほど強い反対はなかった。「文明国」によって構成される「ヨーロッパ国家間社会」においては、反対することが困難ともいえる。このように、社会の構成規範と親和的な規範は受け入れられやすい。ただし、一般論として「戦争の悲惨さの緩和に努めるべき」という原理レベルの規範を受け入れたとしても、個別具体的な状況でいかなる行動をとるのかをめぐっては争いがある。この点、規範の明確化に大きく貢献したのは、ICRCの創設者であるアンリ・デュナンであった。1859年、ソルフェリーノの戦いにおける負傷した兵士の扱いに衝撃を受けたデュナンは、すべての傷病者の治療にあたるべきであると考えるようになった。デュナンは、1862年に出版した『ソルフェリーノの思ひ出』において、戦闘場面を克明に描写して、その悲惨さを訴えた[110]。そのうえで、「戦争における傷病者を保護すべき」「すべての傷病者の治療にあたる専門機関の結成すべき」と訴えた。「戦争の悲惨さの緩和に努めるべき」という原理レベルの規範を、具体的規範へと落とし込もうとしたのである。『ソルフェリーノの思ひ出』は各国語に翻訳され、デュナンは自らの提案実現のため、各国の皇帝や国王、軍司令官などにこれを贈呈した。デュナン自身の説得活動もあり、ロシア、オランダ、ベルギー、プロイセン、ザクセンの王室の人々やナポレオン3世（Napoléon III）などが助力を約束した[111]。とりわけ、プロイセンのヴィルヘルム1世（Wilhelm I）はデュナンの考えに強く共感していたという[112]。デュ

第二章 「ヨーロッパ国家間社会」の誕生　73

ナン自身による規範起業家としての精力的活動を受けて、ヨーロッパ各国においてデュナンの訴えに対する支持が広がっていった。そうしたなか、スイス政府は 1864 年に外交会議を開催した。会議において、「戦地軍隊に於ける傷者の状態改善に関するジュネーブ条約」が採択され、具体的規範は明文化、ルール化され、その内容が明確化された[113]。

　デュナンが訴えるようになった戦時傷病者保護規範が各国政府に受け入れられ、条約採択が可能となった背景の一つには、この規範と、「中世ヨーロッパ社会」で共有されていた文民保護規範との間に親和性が存在したことがあげられる。もちろん、傷病者は文民そのものではない。しかし、負傷して戦闘に加わることができないものを保護すべきという訴えは、文民保護規範を受容している「ヨーロッパ国家間社会」においては説得力があった。また、この時代に強まった「文明的」な戦争を求める風潮も無関係ではない[114]。彼の規範支持拡大活動に共鳴する人々が増えつつあったからこそ、当初条約に反対の立場であったフランスも、戦場での疾病者保護活動に対して消極的であるとみなされることを嫌い賛成に転じた[115]。戦場において一定の人道的配慮を行うことは、反戦規範に対抗するうえでも、一般国民を兵士として徴用するうえでも有効であった。こうした要因が絡み合った結果、デュナンによって唱えられた規範は各国政府関係者からも支持を得ることとなり、「戦地軍隊に於ける傷者の状態改善に関するジュネーブ条約」が採択された。条約を採択することで、徴兵に対する理解を得やすくなることが期待された。一方、履行確保条項などは含まれておらず、条約は、依然として実践における各国の裁量の余地を残すものであった。デュナンとともに ICRC を設立し、本条約形成に尽力したグスタヴ・モアニエ（Gustave Moynier）とルイ・アッピア（Louis Appia）の言葉を借りれば「人道主義が、好戦国の利益と幸運にも偶然一致した」[116]。すなわち、反戦規範に対抗しようとした規範守護者達の思惑と、戦争被害を和らげるべく「戦争における傷病者を保護すべき」と唱えたデュナンら規範起業家の訴えが結びつき、本条約が採択されたといえる[117]。

　会議に参加し、本条約に 1864 年に署名した国は、ヨーロッパ諸国に限定されていた[118]。ただし、18 世紀末前後からヨーロッパ諸国との継続的同盟関係に組み込まれるようになっていたオスマン帝国も、本条約に 1865 年に加入した。

戦争に規制を加えようとする本条約に、キリスト教を共有する国々だけでなく、イスラム教徒中心のオスマン帝国が加入したことの意味は小さくない。当初から会議に出席していたわけではなかったことからは、19世紀半ばの時点でのオスマン帝国の微妙な立ち位置・態度がうかがわれる。しかし、結果としてオスマン帝国も本条約に加入していることに鑑みると、「ヨーロッパ国家間社会」の構成メンバーが、キリスト教を共有するヨーロッパ諸国を越えて、広がり始めていたとはいえそうである[119]。

　反戦規範に対抗すべく、特定兵器を規制しようとする動きも現れてきた。こうした主張は、戦争によって被害をこうむった兵士やその関係者、あるいは医療関係者ではなく、政府関係者から出てきた。最初に、兵器規制を呼びかけたのは、ロシアのアレクサンドル2世（Aleksandr II）であった。アレクサンドル2世はクリミア戦争のさなか、ニコライ1世（Nicolai I）の死去に伴い即位した。クリミア戦争敗北を受けてロシアの立ち遅れに危機感を抱いたアレクサンドル2世は、さまざまな面で改革を急いだ。軍事面では兵器の近代化に努めた。標的に接触した際、爆発し破片を飛散させる弾丸を改良し、人間などのやわらかい標的に接触しても機能する同様の弾丸がロシアで開発されたのもこのころである。この弾丸を兵士に使用しても、一人の兵士を殺傷するに過ぎず従来の弾丸と比べて効果が大きいわけではなかった。一方、兵士に対して使用された場合、その傷は悲惨なものとなった。それゆえ、アレクサンドル2世はこの兵器の輸出などを制限するとともに、同様の兵器規制を議論するために、ヨーロッパ各国を、1868年12月、サンクト・ペテルブルクの会議に招いた[120]。

　ヨーロッパ諸国に対する立ち遅れを自覚し危機感を抱いたピョートル1世が、西欧化を推し進めたのを一つの契機として、ロシアは17世紀後半から「ヨーロッパ国家間社会」に自ら参入していったという経緯があった。そのロシアにとって、他のヨーロッパ諸国に比して立ち遅れているという事態は、早急に克服すべきものとアレクサンドル2世は考えた。兵器の近代化を急ぐロシアにしてみれば、ヨーロッパ各国の兵器開発規制を行うことは、立ち遅れの早急な解消に資する。逆に、ヨーロッパ諸国にしてみれば、そのような兵器規制は受け入れがたい。クロスボーや、毒の規制などに見られたように、兵器規制は支配者が現行秩序の維持を目指して行われることが多かった。しかし、ロシアは、

第二章　「ヨーロッパ国家間社会」の誕生　75

「ヨーロッパ国家間社会」の構成規範に訴えかけることで、「ヨーロッパ国家間社会」のメンバーに兵器開発規制の議論への参加を促した。すなわち、アレクサンドル2世は、会議目的として、文明国間で、戦時において特定の投射物の使用を禁止することの適切性を検討することを掲げた[121]。自らを「文明国」と認識しているヨーロッパ各国にとって、こうしたフレーミングで会議参加を呼びかけられると、それにあからさまに反対することは困難となった。また、ロシアにとっても、ロシアが「ヨーロッパ国家間社会」の一員で、紛れもない「文明国」であることを内外に示すうえでも、こうした呼びかけを行うことは好ましいことと思われた。

　サンクト・ペテルブルク宣言の前文では、文明の進歩は戦争の惨禍を可能な限り和らげる効果を持つべきとしたうえで、すでに戦闘外に置かれたものの苦痛を無益に増大したり、その死を不可避にしたりする兵器の使用は戦争目的を逸脱する、と明記された。「文明国」間で広く受け入れられつつあった「戦争の悲惨さの緩和に努めるべき」という規範に接ぎ木する形で、「不必要な苦痛を与える兵器を禁止すべき」という規範が訴えられ、受け入れられた。不必要な苦痛を与える兵器使用禁止規範は、「戦争の悲惨さの緩和に努めるべき」という規範を受け入れつつあった「文明国」にとって、反論することが困難な原理レベルの規範であった。ただし、具体的にどの兵器が「不必要な苦痛を与える兵器」とみなされるのかという点をめぐっては大いに議論の余地が残っていた。サンクト・ペテルブルク会議では、特定形態の兵器に焦点を絞って議論がなされた。その結果、各国は、量目400グラム以下の爆発性または燃焼性発射物の使用放棄を宣言することに合意した[122]。不必要な苦痛を与える兵器禁止規範という原理レベルの規範に合意するとともに、具体的規範にも合意し、それを明文のルール化することに成功したのである。この宣言は、国家間の合意に基づいて、特定兵器の使用を禁止しようとしたものの嚆矢とされる。国家間の合意に基づいて、兵器使用禁止を行おうとしていることからも、国家が軍事行動を行う主要アクターとしての地位をほぼ確立していたことがうかがわれる。また、会議参加国は、ペルシャを除けば、すべてヨーロッパ諸国であった。

　このような宣言が合意された背景として、規制対象となった兵器が広く使用されるには至っていなかったこと、兵器の有効性は従来の弾丸と変わらないと

考えられていたことが指摘できる。つまり、ここで規制対象とされた兵器を禁止しても、軍事的な影響は小さいと判断されていた点は重要である。ただし、合理主義国際政治学の観点からすれば、たとえ軍事的マイナスが小さいとしても、それをあえて禁止する理由はない。国家の生存にかかわる安全保障問題、兵器問題においては、国家としては可能な限り多くの選択肢を残しておくことが望ましいはずである。それにもかかわらず、ヨーロッパ諸国が、悲惨な被害を引き起こす兵器を禁止した理由は、「ヨーロッパ国家間社会」における「文明化」言説の広まりを抜きに説明することは困難であると思われる。

サンクト・ペテルブルク宣言は、人道性に配慮して特定兵器を禁止した点を強調していた。「戦争ノ必要カ人道ノ要求ニ一歩ヲ譲ルヘキ」「此ノ如キ兵器ノ使用ハ、人道ニ反スル」「戦争ノ必要ト人道ノ法則トヲ調和」といった表現が見られ、人道的な配慮から本宣言がなされたことが繰り返し述べられている[123]。サンクト・ペテルブルクでは、秩序維持を目的とする従来の兵器禁止や兵器規制とは異なる形で、兵器禁止の議論が行われた。強者が、自らに有利な兵器禁止規範を広めようとすることは、パワーの派生現象に過ぎないと見ることも可能かもしれない。しかし、このサンクト・ペテルブルク会議は、どちらかといえば弱者であるロシアが、「ヨーロッパ国家間社会」の構成規範に接ぎ木して、兵器禁止を検討する会議開催を呼びかけた。こうした呼びかけに対しては、「文明国」を自認するヨーロッパ列強も応じざるを得なかった。そして、秩序維持というよりは、むしろ人道性への配慮を目的に掲げて、特定兵器の禁止を行った。爆発性または燃焼性発射物を禁止することのデメリットがそれほど大きくなかったことは確かであろう。また、その禁止によって、国民の徴用が容易になったり、反戦規範に対抗できたりするというメリットもあったのかもしれない。そういう意味では、サンクト・ペテルブルグ宣言自体は「合理的」なものだったのかもしれない。しかし、本宣言の前文で掲げた「既ニ戦闘外ニ置カレタル人ノ苦痛ヲ無益ニ増大シ又ハ其落命ヲ必然ニスル兵器ノ使用ハ此ノ目的ノ範囲ヲ超ユル」という部分は、ここで規制対象とした爆発性・燃焼性発射物などにとどまらず援用可能な考え方であった。当時としては「合理的」な行動だったとしても、サンクト・ペテルブルクにおいて、「不必要な苦痛を与える兵器を禁止」すると宣言したことは、国家間の兵器をめぐる規範のあり方を

根本的に変容させる契機を各国に埋め込むものであった。ただし、各国がその事実を認識するようになるのは、もう少し後のことである。

　1874 年には、やはりロシア皇帝のアレクサンドル 2 世の呼びかけによって、ブリュッセルで戦争に関するルールを話し合うための会議が開催された。アレクサンドル 2 世が会議開催を呼びかけた背景には、この年からロシアが徴兵制を開始していたことも関係している。職業軍人中心の軍だった時代と異なり、広く国民から徴兵する軍隊においては、兵士の権利と義務を明示することが重要となる。ブリュッセル会議でも活躍したロシアの法律家、フリードリッヒ・フォン・マルテンス（Friedrich von Martens）は、「徴兵制を始めるにあたって、軍隊の権利と義務を法律の形で定めることが必須」と述べている[124]。当初、このような呼びかけに対する各国の反応は鈍いものであったという[125]。フランスなどは、ドイツが普仏戦争後の現状維持を狙って会議開催を働きかけたのではないかと見ていた。また、フランスのみならず、その他の多くの国は、普仏戦争において圧勝したドイツが自らに有利なルールを定めようとするのではないかと疑心暗鬼になっていた。これらの国は、会議前の 1874 年夏にロシアが各国に配布した条約案を、攻撃側に有利となるものと見ていた。「条約案は、攻撃側を有利にし、防衛手段を奪うもので、実のところ『防衛のためのルール』ではなく、『征服のためのルール』である」とは、駐英フランス大使の言葉である[126]。実際のところ、ドイツがそのような会議を働きかけたわけではなく、むしろドイツも会議に参加することには消極的であった。普仏戦争後、統一を果たしヨーロッパ随一の強国となったドイツにとっては、戦時のルールを明文化するよりも、「力が正義」という不文律のほうが望ましかったからである[127]。

　ロシアの招きに対して消極的な態度をとっていたにもかかわらず、結局、ヨーロッパ各国はブリュッセル会議に参加した[128]。その大きな理由の一つは、ヨーロッパ各国内で戦時国際法の整備を求める声が高まっていたことである。フランス閣僚は、「とりわけ、このテーマについて、絶え間なく評論家達が問題提起をし続けていたことを考えると、われわれがロシアの提唱する会議への招待を断ることが不可能なことは明白であった[129]」と述べている。「ヨーロッパ国家間社会」において、戦時国際法を整備しようとする動きは依然として弱かった。一方で、ヨーロッパ各国内社会においては、戦争への反感が高まりつつ

あった。ヨーロッパ各国の国内社会における「文明化」の進展が、「ヨーロッパ国家間社会」における無制限な戦争への反感へとつながっていた。こうした認知的不協和の拡大を受けて、反戦規範を唱える規範起業家が出現してきたことはすでに述べたとおりである。これに対し、各国政府関係者は規範守護者として、戦争が戦争目的につり合わないほどの悲惨な被害を引き起こすわけではないことを示すことで、規範起業家のフレーミングを破壊しようとしていた。しかし、こうした取り組みは十分ではないと考える人々のなかから、戦争のいっそうの規制、戦時国際法整備を求める声が上がるようになっていた。

「戦時国際法を整備すべき」と唱える規範起業家に対して、ヨーロッパ各国内では支持が高まりつつあった。これは、戦争被害の悲惨さが増しつつあったことに加え、国民皆兵制を導入したり、導入を検討する国が増加しつつあったことも影響した。1871年、普仏戦争において国民皆兵制をとっていたプロイセンがフランスに圧勝したことを受けて[130]、ロシアに限らず、各国は国民皆兵制に追従する動きを見せていた。国民すべてが戦争に参加する可能性がある以上、国民からすれば戦争方法に一定の規制がなされることを望むのは自然なことかもしれない。ヨーロッパ各国政府にしても、反戦規範が強まることを避け、国民をスムーズに徴用するためにも、戦時国際法を整備することは避けて通れないことであった。以上のような要因を背景に、各国内で「戦時国際法を整備すべきである」という規範への支持が高まるなかで、各国政府はブリュッセル会議にしぶしぶ参加することになった。

ブリュッセル会議ではロシア政府が提出した条約案をもとに議論が進められ、若干の修正を施したブリュッセル宣言が採択された[131]。兵器使用の禁止・規制については、第13条(a)で毒および毒を施した兵器の禁止が、第13条(e)ではサンクト・ペテルブルク宣言で禁止された投射物および不必要な苦痛を与える兵器の禁止がうたわれた。議事録を見る限り、これらの禁止についてはほとんど議論にならなかったようである[132]。このことは、サンクト・ペテルブルク宣言の前文で示された不必要な苦痛を与える兵器使用禁止規範、そして毒使用禁止規範については、ヨーロッパ各国間では共有されつつあったことを示している。とはいえ、この宣言が各国によって批准されることはなかった。宣言の内容に異論がないにしても、その内容を国際法化してその法に服することに抵抗

のある国が少なくなかった。

　ブリュッセル宣言は批准されなかったものの、その後の各国の行動に大きな影響を与えた。実際の戦闘においてブルッセル宣言で合意されたルールはおおむね遵守され、「文明国」間の戦時国際法の根幹をなすルールとみなされるようになったという[133]。また、「戦時国際法を整備すべき」と唱える規範起業家の活動が弱まることはなかった。万国国際法学会（Institute of International Law）はそうしたアクターのなかでも特に重要な役割を果たしたものの一つである。万国国際法学会は、1873年、各国から集まった11人の国際法学者によって創設された。この万国国際法学会は、国際法の発展に寄与することを目的として、さまざまなトピックについて審議を行い報告書や決議を採択した[134]。ブリュッセル宣言の内容についても、1874年、すぐさま委員会を設置して検討を開始した[135]。1880年にオックスフォードで開催された会議において、戦争の実行方法について検討を行い、「陸戦に関する規則についての決議」を採択した。その前文には、本決議が、1874年のブリュッセル宣言で試みられたことをさらに発展させようとするものであることが明記されている。このいわゆるオックスフォード・マニュアルでは、使用禁止すべき兵器として、ブリュッセル宣言と同様、毒（第8条(a)）と、サンクト・ペテルブルク宣言で対象とされた投射物および不必要な苦痛を与える兵器（第9条(a)）があげられている。この点では、ブリュッセル宣言を踏襲するものといえる。一方で、このオックスフォード・マニュアルは、戦争に関する規則を国際法化するにはいまだ機が熟していないことを認めたうえで、各国が国内法を整備する基礎となるマニュアルを提供しようとするものであった。また、こうした法整備を行うことが、軍にとっても有益であることを繰り返し強調している[136]。各国が交戦マニュアルを定め、戦時国際法を整備していくことが、各国の軍事的目的に照らしても利益になると訴えることで、「戦時国際法を整備すべき」という規範を各国政府が受容するよう説得しようと試みていた。

　採択されたオックスフォード・マニュアルは各国政府に送付され、同様の軍の行動ルール（Instruction）を整備するよう各国に求めた。しかし、このマニュアルはほとんどの国に無視された。プロイセンの戦争相は、公的な返信において「文明化された戦争など、理解不能」「戦時における絶対的な戦争行為は、軍

事的成功にとって欠くことができない」「戦時国際法という考え方自体、あらゆる戦争の目的と本質に相容れない」と激しく批判した[137]。「戦時国際法を整備すべき」と訴える国際法学者達による規範起業家としての活動を受けて、ヨーロッパ各国の国内社会では徐々に「戦時国際法を整備すべき」という規範が支持を集めるようになっていた。とはいえ、依然「ヨーロッパ国家間社会」においては、ほとんど支持されていなかった。一方で、モアニエによれば、オランダとフランスが幹部学校で用いる非公式のマニュアルを定めたり、スイスを始め、各国が戦争のマニュアルの検討を始めていたという[138]。国民皆兵制が広がるなか、戦争に関するルールを兵士間で共有することは有益であったし、戦場において一定のルールが存在することを示すことは一般国民を兵士として徴用するうえでも重要であった。規範起業家の訴えを表向きは無視、あるいは拒否しつつも、ヨーロッパ各国政府は内々に交戦マニュアルの検討を開始した。

　兵器の性能が向上し、戦争の悲惨さが増すなか、徐々にヨーロッパ各国、あるいは北米で反戦規範への支持が高まっていった。反戦規範を広めようとする規範起業家は、戦争が非人道的な悲惨な被害をもたらしていること、目的に照らして合理的ではないことなどを強調し規範支持を訴えた。これに対抗すべく、「戦争は異なる手段をもってする政治の継続」と考え、「戦争は国益追求のために不可欠な手段」と信じる規範守護者は、戦争がいかにすばらしい効用をもたらすかを訴えた。しかし、各国政府関係者は、多くの被害が出ている戦争の効用を唱えるだけでは、反戦規範に十分に対抗できるとは考えていなかった。規範守護者は、戦争が戦争目的につり合わないほどの悲惨な被害を引き起こすわけではないことを示すことで、反戦規範を唱える規範起業家のフレーミングを破壊しようとした。すなわち、特定兵器の使用禁止・規制、戦争犠牲者の保護、交戦マニュアルの整備などを行うことで、戦争を「文明的」なものにしようと試みたのである。

1) Richard Price, *The Chemical Weapons Taboo*, Cornell University Press, 1997, p. 2.
2) Josiah Ober, "Classical Greek Times," in Michael Howard, George J. Andreopoulos, and Mark R. Shulman eds., *The Laws of War: Constraints on Warfare in the Western World*, Yale University Press, 1994, p. 12.
3) Leslie C. Green, *The Contemporary Law of Armed Conflict 3$^{rd}$ edition*, Manchester

University Press, 2008, pp. 26-32; Dieter Fleck ed., *The Handbook of International Humanitarian Law 2<sup>nd</sup> ed.*, Oxford University Press, 2009, pp. 15-20.
4) Richard Price, *op. cit.*, p. 25.
5) 佐藤彰一・池上俊一『西ヨーロッパ世界の形成』中央公論社、1997年、197-198頁。
6) 中世とは、おおむね5世紀半ばから15世紀半ば、西ローマ帝国滅亡（476年）から東ローマ帝国滅亡（1453年）の間の時期とされる。この時期、西ヨーロッパ地域では、徐々にカトリックの宗教的価値観を共有する人々の間で「中世ヨーロッパ社会」が構築されていった。第一章で見た社会の定義に照らせば、「中世ヨーロッパ社会」は、カトリック的価値観を背景に、西ヨーロッパ地域の多様な主体が持続的にコミュニケーションを行い、ローマ教皇、および神聖ローマ皇帝のもとで一定の秩序が形成され、地理的、宗教的要因から成員と非成員の境界は比較的明確であった。「中世ヨーロッパ社会」の形成については、たとえば、佐藤彰一・池上俊一、前掲書を参照。ただし、当時「ヨーロッパ社会」という意識はなく、むしろ「キリスト教世界（Christendom）」と認識されていた。世界のなかの「ヨーロッパ社会」という概念が広まってくるのはもっと時代が下ってからのことである。このあたりについては、Denys Hay, *Europe: The Emergence of an Idea Revised Edition*, Edinburgh University Press, 1968を参照した。ただし、ヨーロッパ地域の社会である点を明示するため、本書では「中世ヨーロッパ社会」という語を用いる。
7) マイケル・ハワード『改訂版 ヨーロッパ史における戦争』中央公論社、2010年、18頁。
8) James A. Brundage, *Richard Lion Heart*, Charles Scribner's Sons, 1974, pp. 223-224.
9) "Second Lateran Council - 1139 A. D." Papal Encyclopedia Online, http://www.papalencyclicals.net/Councils/ecum10.htm#canons（最終閲覧日、2013年8月1日）。
10) John Gillingham, *Richard the Lionheart, Second Edition*, Gerge Weidenfeld and Nicolson, 1989, pp. 276-277.
11) G. I. A. D. Draper, "The Interaction of Christianity and Chivalry in the Historical Development of the Law of War," *International Review of the Red Cross*, No. 46, 1965, pp. 6-23.
12) マイケル・ハワード、前掲書、20-22頁。
13) 教会、君主達支配者層の人々が騎士を必要とすると同時に、騎士の力を恐れていたことが、騎士道の発展に大きな影響を与えた。この点については、Richard W. Kaeuper, *Chivalry and Violence in Medieval Europe*, Oxford University Press, 1999.
14) ノルベルト・エリアス『文明化の過程・下—社会の変遷／文明化の理論のための見取り図 改装版』法政大学出版局、2010年、377-378頁。
15) Dieter Fleck ed., *op. cit.*, pp. 18-19.
16) たとえば、Geoffroi de Charny, *A Knight's own Book of Chivalry* (Introduction by Richard W. Kaeuper, Translation by Elspeth Kennedy), University of Pennsylvania Press, 2005; また騎士道の複雑な発展過程については、Richard W. Kaeuper, *op. cit.* を参照。
17) マイケル・ハワード、前掲書、24頁。
18) マイケル・ハワード、前掲書、24-25頁。
19) ノルベルト・エリアス、前掲『文明化の過程・下』103-138頁。
20) James Turner Johnson, *Just War Tradition and the Restraints of War: A Moral and Historical Inquiry*, Princeton University Press, 1981, pp. 124-150.
21) "Third Lateran Council - 1179 A. D." Papal Encyclopedia Online, http://www.papalencyclicals.net/Councils/ecum11.htm（最終閲覧日、2014年9月12日）。
22) ノルベルト・エリアス、前掲『文明化の過程・下』11-15頁。
23) 長谷川輝夫・大久保桂子・土肥恒之『ヨーロッパ近世の開花』中央公論社、1997年、227-228頁。

24) ノルベルト・エリアス『宮廷社会』法政大学出版局、1981 年、292-296 頁；長谷川輝夫・大久保桂子・土肥恒之、前掲書、258 頁。
25) 竹本正幸『国際人道法の再確認と発展』東信堂、1996 年、160 頁。
26) 騎士の廷臣化は、11 から 12 世紀からゆっくりと始まったが、その終焉を見たのが 17 世から 18 世紀にかけてであった。ノルベルト・エリアス、前掲『文明化の過程・下』377 頁。
27) ノルベルト・エリアス、前掲『宮廷社会』319-323 頁。
28) ノルベルト・エリアス、前掲『宮廷社会』189-192 頁。
29) ノルベルト・エリアス『文明化の過程・上―ヨーロッパ上流階層の風俗の変遷改装版』法政大学出版局、2010 年、232-233 頁。
30) ノルベルト・エリアス、前掲『文明化の過程・上』232 頁。
31) ノルベルト・エリアス、前掲『宮廷社会』138-140 頁。
32) 騎士の廷臣化は、11 から 12 世紀からゆっくりと進行していた。ただし、徐々に形成されていた「礼儀作法」を、騎士を支配する道具として積極的に利用するようになったのはルイ 14 世であった。ノルベルト・エリアス、前掲『文明化の過程・下』377 頁。
33) ノルベルト・エリアス、前掲『文明化の過程・下』386-389 頁。
34) ノルベルト・エリアス、前掲『宮廷社会』139-140 頁。
35) 長谷川輝夫『聖なる王権ブルボン家』講談社、2002 年、131-134 頁。
36) ノルベルト・エリアス、前掲『文明化の過程・下』7 頁。
37) ノルベルト・エリアス、前掲『文明化の過程・下』7-8 頁。
38) ノルベルト・エリアス、前掲『文明化の過程・下』333-354 頁。引用部分は、354 頁。
39) Richard Price, *op. cit.*, pp. 18-26.
40) Richard Price, *ibid.*, p. 22.
41) Georg Schwarzenberger, *The Legality of Nuclear Weapons*, Stevens & Sons Limited, 1958, pp. 30-31.
42) 信夫淳平『戦時国際法講義 第一巻』丸善、1941 年、55-57 頁。
43) Noel Perrin, *Giving up the Guns: Japan's Reversion to the Sword 1543-1879 $5^{th}$ printing*, David R. Godine, 2010（第一版は 1988 年）, p. 25.
44) Noel Perrin, *ibid.*, p. 32.
45) Noel Perrin, *ibid.*, pp. 33-45.
46) たとえば 16 世紀末のイギリスの騎士階級は総人口の 0.6％に過ぎず、ヨーロッパのどの国をとっても 1％を超えるような国はなかったという。Noel Perrin, *ibid.*, p. 33.
47) 塚本学『生類をめぐる政治―元禄のフォークロア』平凡社、1993 年、46-74 頁。
48) また、ノエル・ペリンは、日本人は、純粋に美的感覚としても銃使用を好まなかったことを指摘している。Noel Perrin, *op. cit.*, pp. 42-45.
49) 戦国時代には兵法としての「武士道」が存在したが、江戸時代になり平時の封建社会となると、より倫理道徳規範としての色合いが強い新たな武士道が確立されていった。多田顕著、永安幸正編集・解説『武士道の倫理 山鹿素行の場合』麗澤大学出版会、2006 年、16-68 頁、および 198-202 頁。
50) 塚本学、前掲書、49-57 頁。
51) 騎士道と武士道、いずれも暴力を抑制したり、弱者を保護したりすることを、適切な行動としており、類似点も多い。一方で、それぞれの文化的、歴史的背景を反映して、たとえば騎士道のほうが武士道よりも個人主義的側面が強いなど相違も少なくないという。武士道と騎士道の類似点と相違については、信夫淳平、前掲書、52-55 頁を参照。
52) 徳川幕府は、慶長 12 年（1607 年）、国友鉄砲鍛冶を事実上幕府御用の兵器製作機関とするなど銃製造の取り締まりを強化した。有馬成甫『火砲の起源とその伝流』吉川弘文館、1962 年、

667-679頁。また、すでに社会に出回っていた銃の取り締まりにおいては、貞享4年（1687年）、「生類憐みの志」を掲げて行われた諸国鉄砲改めが重要だった。塚本学、前掲書、10-31頁。
53） 江戸幕府の安定を、銃を始めとする武器が上位権力者へ集中していったことに求める議論は一般的である。たとえば、佐々木潤之助『幕藩権力の基礎構造：「小農」自立と軍役　増補・改訂版』御茶の水書房、1985年など。
54） この表現自体は、新渡戸稲造による『武士道』で使われ広く知られるようになったものである。Inazo Nitobe, *Bushido The Soul of Japan*, 1904 (Kindle 版)。
55） 塚本学、前掲書、57頁。
56） 神聖ローマ皇帝の地位、主体性、権威などがいかに変容・消滅していったのかを論ずるものとして、久保田徳仁・光辻克馬・鷲田任邦「神聖ローマ皇帝の消長とその理論―国際主体としての皇帝の地位はどのように変遷したのか」山影進編『主権国家体系の生成―「国際社会」認識の再検証』ミネルヴァ書房、2012年。
57） 国家間関係が確立されるうえでのウェストファリア条約の意義を相対化しようとする近年の試みとしては、Benno Teschke, *The Myth of 1648: Class, Geopolitics and the Making of Modern International Relations*, Verso, 2003；明石欽司『ウェストファリア条約―その実像と神話』慶應義塾大学出版会、2009年；山影進編、前掲書などがある。
58） 14世紀から15世紀後半に、イタリアで発達した外交の仕組みについては、Daniela Furigo, "Prudence and Experience: Ambassadors and Political Culture in Early Modern Italy," *Journal of Medieval and Early Modern Studies*, Vol. 38, No. 1, 2008, pp. 15-34. また、杉田大輔「中世後期ヨーロッパの先進地域イタリア―主権国家体系の素材はいかに用意されたのか」、鈴木絢女「イタリア国際体系の展開―主権国家体系の雛形はどんなものであったのか」（ともに山影進編、前掲書に収録）も参照した。近年、イタリアにおける外交の発展過程については再評価や再検討が進んでいる。そのあたりについては、Daniela Furigo, (translated by Adrian Belton), *Politics and Diplomacy in Early Modern Italy: The Structure of Diplomatic Practice, 1450-1800*, Cambridge University Press, 2011を参照。
59） 特に東ヨーロッパ、北ヨーロッパ地域の国の間では、こうした新しい外交制度はまだ散発的で、中世的な慣行が依然根強く残っていたという。M. S. Anderson, *The Rise of Modern Diplomacy, 1450-1919*, Longman, 1993, pp. 27-28.
60） 光辻克馬、前掲論文。
61） 久保田徳仁「ウェストファリア国際体系の実像― 1648年とはどのような意義を持つ年なのか」山影進編、前掲書。
62） 古屋純「近代主権国家体系の確立へ―主権国家平等と勢力均衡の二大原則はいかに組み込まれたのか」山影進編、前掲書、209-210頁。
63） 主権国家間の平等という概念を唱えた初期の人物の一人として、ザミュエル・フォン・プーフェンドルフ（Samuel von Pufendorf）があげられる。国家間の関係は、国家内の個人間の関係から類推可能であると考え、国際社会における国家は自然状態においては平等であると主張したという。同様の見方は、その後の国際法学者にも引き継がれていった。国家平等概念の出現と広まりについては、田畑茂二郎『国家平等観念の転換』秋田屋、1946年、123-143頁；田畑茂二郎『国家平等思想の史的系譜』有信堂、1958年、43-107頁を参照。ただし、そうした概念が「国家間社会」で支配的となるのは、後述のとおり20世紀以降のことである。Robert A. Klein, *Sovereign Equality among States: The History of an Idea*, University of Toronto Press, 1974, p. 6。実際、主権平等概念に対する批判は少なくなかった。それら批判は、主として①国家間の大きな能力格差が存在することに鑑みると、このような概念は現実にそぐわないとの主張（実質的な意味での主権平等への反論）、②国家の法形成能力において、大国の主導を認め、主権平等ではない方が望ましいとの主張（形式的な意味での主権平等への反論）、の

2点であった。田畑茂二郎、前掲『国家平等観念の転換』205-238頁。19世紀の中頃までは、「国際社会全体に関係のある一般的な問題については、指導的な大国に決定の権利があり、小国は当然それに従うべきだといった観念が、現実政治の面ではむしろ支配的であった」という。田畑茂二郎、前掲『国家平等思想の史的系譜』161頁。

64) カリエール（板野正高訳）『外交談判法』岩波書店、1978年、111頁など。
65) カリエール、前掲書、59頁。
66) H. M. A. Keens-Soper and Karl W. Schweizer eds., *François de Callières The Art of Diplomacy*, Leicester University Press, 1983, p. 35.
67) Hedley Bull and Adam Watson eds., *The Expansion of International Society*, Clarendon Press, 1984, pp. 2-3.
68) 増田義郎『図説 大航海時代』河出書房新社、2008年、8頁。
69) 増田義郎『大航海時代』講談社、1984年、8頁；増田義郎、前掲書、101-102頁。
70) 佐藤誠三郎「文明の衝突か、相互学習か―冷戦後の世界秩序を展望して」『アステイオン』第45号、1997年、32頁。
71) Hedley Bull and Adam Watson eds., *op. cit.*, p. 5.
72) ロシア帝国自体も、当初より「ヨーロッパ国家間社会」の一員だったわけではない。ヨーロッパ諸国に対する立ち遅れを自覚し危機感を抱いたピョートル1世が、西欧化を推し進めたのを一つの契機として17世紀後半、ロシア帝国は自ら「ヨーロッパ国家間社会」に参入していった。Adam Watson, "Russia and the European States System," in Hedley Bull and Adam Watson eds., *op. cit.*, pp. 67-71. ロシアは、それまでも何世紀にもわたってヨーロッパ諸国と相互作用を重ねてきた経験があった。また、地理的にも近接していたこともあり、「ヨーロッパ国家間社会」の暗黙の了解、慣習、規範を受け入れることにも積極的で、比較的スムーズに受け入れが可能であった。Gerrit W. Gong, *The Standard of 'Civilization' in International Society*, Clarendon Press, 1984, pp. 100-106.
73) 1618年、ロシアから初めて中国に派遣されたイワン・ペトリン（Ivan Petlin）らの使節団は朝貢使節として扱われ、何も成果をあげられぬまま帰国させられた。17世紀中頃になると、中国との貿易を望むロシアは、バイコフ（Fedor Bikov）を大使に任命して中国に派遣した。しかし、バイコフの先発隊は朝貢使節とみなされた。そして、1656年にバイコフが北京入りした際には、中国の習慣である叩頭を迫られた。バイコフは、ロシアの外交儀礼に従って行動するよう訓令で指示されていたためこれを拒否したところ、清皇帝への謁見もかなわぬまま北京から追放されたという。その次にロシアから中国に派遣されたニコライ・ミレスクー（Nicolai G. Milescu）（通称スパファリ〈Spafarii〉）大使も、やはり朝貢使節として扱われた。叩頭の礼を受け入れ皇帝への謁見は実現したものの、大きな成果をあげることはなかった。以上、吉田金一『近代露清関係史』近藤出版社、1974年、44-70頁。
74) 吉田金一、前掲書、97頁。
75) 吉田金一、前掲書、前掲所。
76) 吉田金一、前掲書、98-100頁。
77) 吉田金一、前掲書、112頁。
78) 理藩院とは、モンゴルなど中国の辺境の地である藩部における、朝貢を始めとする行政を担うために設置された官署である。
79) 吉田金一、前掲書、144頁。
80) 野見山温『露清外交の研究』酒井書店、1977年、151頁。野見山は、中国国内で公開された「理藩院則例」とキャフタ条約を比較検討した。野見山によると、「理藩院則例」では、ロシアと中国が対等であることを示す表現が取り除かれ、中国がロシアに「命令」する形をとる表現に改められているという。181-188頁。

81) 吉田金一、前掲書、146-148 頁。
82) Evan Luard, *War and International Society: A Study in International Sociology*, Yale University Press, 1986, pp. 346-354; John Mueller, *Retreat from Doomsday: The Obsolescence of Major War*, Basic Books, 1989, pp. 38-41.
83) ソローキンは、戦争の数、長さ、戦闘に従事した軍の規模、被害者数、戦争への参加国数、人口に対する戦闘員の割合によって戦争の烈度を指標化した。
84) John Mueller, *op. cit.*, pp. 24-25.
85) Ethan A. Nadelmann, "Global Prohibition Regimes: the Evolution of Norms in International Society," *International Organization*, Vol. 44, No. 4, 1990.
86) J. E. Cookson, *The Friends of Peace: Anti-Wear Liberalism in England 1793-1815*, Cambridge University Press, 1982, pp. 84-114.
87) John Mueller, *op. cit.*, p. 18; Evan Luard, *op. cit.*, p. 361.
88) Sandi E. Cooper, *Patriotic Pacifism: Waging War on War in Europe, 1815-1914*, Oxford University Press, 1991, p. 15.
89) 本書で括弧つきで「文明」と表記するとき、騎士道や礼儀規範を基礎としてヨーロッパで生まれた特定の文明観を指すこととする。
90) ノルベルト・エリアス、前掲『文明化の過程・上』137-392 頁。
91) ノルベルト・エリアス、前掲『文明化の過程・上』232 頁。
92) ノルベルト・エリアス、前掲『文明化の過程・上』233-235 頁。
93) ノルベルト・エリアス、前掲『文明化の過程・下』9 頁。
94) John Mueller, *op. cit.*, pp. 25-26.
95) Geoffrey Best, *Humanity in Warfare*, Columbia University Press, 1980, p. 35.
96) 以上、John Mueller, *op. cit.*, 1989, p. 26 で引用されていたものを参照した。
97) 詳細については、Sandi E. Cooper, *op. cit.*, pp. 15-29 を参照。
98) Sandi E. Cooper, *ibid.*, p. 17.
99) Sandi. E. Cooper, *ibid.*, pp. 23-27.
100) André Durand, "Gustave Moynier and the Peace Societies," *International Review of the Red Cross*, No. 314, 1996.
101) たとえば、スタンフォード大学学長のデヴィッド・スター・ジョーダン（David Starr Jordan）や、ウィリアム・マッキンレー（William McKinley）、セオドア・ルーズベルト（Theodore Roosevelt）両政権に戦争相として仕え、ノーベル平和賞を受賞したエリフ・ルート（Elihu Root）など。こうした言説の広まりについては、Ralph D. Nurnberger, "Bridling the Passions", *Wilson Quarterly*, Vol. 11, No. 1, 1987, pp. 99-101.
102) カール・フォン・クラウゼヴィッツ『戦争論　上』岩波書店、1968 年、58 頁。なお、本書の内容が執筆されたのは 1818 年から 1830 年にかけてである。
103) Sandi. E. Cooper, *op. cit.*, p. 29.
104) Michael Howard, "Constraints on Warfare", in Michael Howard, George J. Andreopoulos, and Mark R. Shulman eds., *op. cit.*, 1994, pp. 5-7.
105) Leslie C. Green, *op. cit.*, p. 36.
106) リーバー法は以下で全文を確認できる。US War Department, *The War of the Rebellion: A Compilation of the Official Records of the Union and Confederate Armies*, (Washington, D. C.: Government Printing Office, 1899), Series III, Volume 3, pp. 148-164.
107) John Fabian Witt, *Lincoln's Code: The Laws of War in American History*, Free Press, 2012, Chapter 9. ただし、リーバー法が必ずしも遵守されたとはいえなかった南北戦争においても、多くの兵士の戦争経験がリーバー法に影響されたという立場を本書はとっている。

108) リーバー法は、あくまでアメリカ南北戦争に従軍していた兵士を対象とするものであったが、後に諸国の軍事提要の作成に影響を及ぼし、さらに戦争に関するルールの法典化を試みた国際会議においても参考にされたという。藤田久一『新版 国際人道法 増補』有信堂、2000 年、13 頁；ジャン・S・ピクテ『赤十字の諸原則』日本赤十字社、1958 年、36 頁。
109) こうした最初の法典化条約は、1856 年の「海上法の要義を確定する宣言（パリ宣言）」であったという。この宣言は、海上捕獲の原則を定めた条約で、戦争時の中立国の被害を最小限にとどめようとするものである。坂元茂樹「武力紛争方の特質とその実効性」村瀬信也・真山全編『武力紛争の国際法』東信堂、2004 年、29 頁。
110) アンリー・デュナン『ソルフェリーノの思ひ出』白水社、1947 年、139-157 頁。
111) アンリー・デュナン、前掲書、前掲箇所。
112) John F. Hutchinson, *Champions of Charity: War and the Rise of the Red Cross*, Westview Press, Boulder, 1996, p. 55.
113) デュナンの訴えた新たな規範が、人々に受け入れられていき、1864 年に「戦地軍隊に於ける傷者の状態改善に関するジュネーブ条約」締結に至る過程については、Caroline Moorehead, *Dunant's Dream: War, Switzerland and the History of the Red Cross*, Carroll & Graf Publishers, Inc., 1998; 吹浦忠正『赤十字とアンリ・デュナン―戦争とヒューマニティの相剋』中央公論社、1991 年など。また、その後、赤十字国際委員会が、文民保護を強化すべく行った活動と、その成果については、Martha Finnemore, "Rules of War and Wars of Rules: The International Redo Cross and the Restraint of State Violence," in John Boli and George M. Thomas, eds., *Constructing World Culture: International Nongovernmental Organizations Since 1875*, Stanford University Press, 1999 を参照。
114) クリミア戦争で活躍したフローレンス・ナイチンゲール（Florence Nightingale）、アメリカ赤十字を設立したクララ・バートン（Clara Barton）、フランシス・リーバーなどが、デュナンと同時代に活躍をしている。デュナンは、19 世紀中ごろ、とりわけヨーロッパを覆っていたこうした風潮の一翼を担っていたといえる。David P. Forsythe, *The Humanitarians: The International Committee of the Red Cross*, Cambridge University Press, 2005, p. 16.
115) この点を指摘するものとして、John F. Hutchinson, *op. cit.*, p. 49.
116) John F. Hutchinson, *ibid.*, pp. 52-56.
117) Pierre Boissier, *History of the International Committee of the Red Cross: From Solferino to Tsushima*, Henry Dunant Institute, 1985, p. 119.
118) 会議に参加し条約に署名したのは、バーデン、ベルギー、デンマーク、フランス、ヘッセン、イタリア、オランダ、ポルトガル、プロイセン、スペイン、スイス、ヴュルテンベルクの 12 カ国。また、アメリカ、イギリス、スウェーデン、ザクセンは会議には参加したものの会議の席では署名はせず、後に加入した。アメリカが会議に参加していた点からも、この時期には、アメリカは「ヨーロッパ国家間社会」の一員とみなされつつあったといえるのかもしれない。
119) オスマン帝国が「ヨーロッパ国家間社会」に本格的に組み込まれたのは、1856 年のパリ条約締結がきっかけであるとされることが多い。このあたりの経緯については、次章で詳しくふれる。いずれにせよ、「戦地軍隊に於ける傷者の状態改善に関するジュネーブ条約」へオスマン帝国が署名したことは、オスマン帝国が「ヨーロッパ国家間社会」の一員に組み込まれていたことに鑑みれば、ある意味自然なことといえるのかもしれない。
120) Gary D. Solis, *The Law of Armed Conflict: International Humanitarian Law in War*, Cambridge University Press, 2010, p. 49.
121) サンクト・ペテルブルク宣言前文。以下、サンクト・ペテルブルク宣言の（英語）全文については、ICRC のホームページ（https://www.icrc.org/ihl）に掲載されているものを参照した。（最終閲覧日 2014 年 5 月 10 日）。また、日本語訳については、大沼保明・藤田久一編集代表

『国際条約集』有斐閣、2003 年を参照した。なお、以下でも、適宜上記『国際条約集』を参照した。とりわけ第二次世界大戦前の条約の日本語の公定訳はカタカナ文語体となっているので、本書でもそうした表記方法に従った。
122) サンクト・ペテルブルク宣言。なお、会議に参加したのは、オーストリア＝ハンガリー、バイエルン、ベルギー、デンマーク、フランス、イギリス、ギリシャ、イタリア、オランダ、ペルシャ、ポルトガル、プロイセン、北ドイツ連邦、ロシア、スウェーデン、スイス、トルコ、ヴュルテンベルクであった。北ドイツ連邦の盟主となっていたプロイセンに加えて、北ドイツ連邦も会議に代表を送っている。このことは、この時点でもまだ主権国家を主体とする「ヨーロッパ国家間社会」は確立しきってはいなかったともいえる。
123) サンクト・ペテルブルク宣言。
124) Karma Nabulsi, *Traditions of War: Occupation, Resistance, and the Law*, Oxford University Press, 1999, P. 7. また、ブリュッセル会議開催のアイディアも、もともとマルテンスによるものだったという。Doris Appel Graber, *The Development of the Law of Belligerent Occupation 1863-1914*, Columbia University Press, 1949, p. 20.
125) Karma Nabulsi, *ibid.*, p. 5.
126) Karma Nabulsi, *ibid.*, pp. 6-7.
127) Karma Nabulsi, *ibid.*, pp. 5-6.
128) 会議に参加し、ブリュッセル宣言に署名したのは、オーストリア＝ハンガリー、ベルギー、デンマーク、フランス、ドイツ、イギリス、ギリシャ、イタリア、オランダ、ポルトガル、ロシア、スペイン、スウェーデン＝ノルウェー、スイス、トルコの 15 カ国であった。Dietrich Schindler and Jiri Toman eds., *Laws of Armed Conflicts: A Collection of Conventions, Resolutions & Other Documents*, Brill Academic Publishers, 2004, p. 23.
129) Karma Nabulsi, *op. cit.*, p. 8.
130) 普仏戦争の詳細については、Michael Howard, *The Franco-Prussian War: The German Invasion of France, 1870-1871 Second Edition*, Routledge, 2001 を参照した。特にプロイセンの国民皆兵制や動員方法の重要性については、pp. 19-21.
131) 詳しい会議の経緯については、Percy Bordwell, *The Law of War between Belligerents: A History and Commentary*, Stevens & Sons, 1908, pp. 100-108.
132) James Brown Scott, *The Proceedings of the Hague Peace Conferences: translation of the Official Text: The Conferences of 1899*, Oxford University Press, 1920, reprinted 2000, p. 50, p. 415.
133) Doris Appel Graber, *op. cit.*, pp. 26-27.
134) 万国国際法学会のホームページ、http://www.idi-iil.org/idiE/navig_history.html（最終閲覧日、2013 年 10 月 1 日）を参照した。また、「国際法学会」国際法学会編『国際関係法辞典―第2 版』三省堂、2005 年、314-316 頁も参照。
135) 万国国際法学会での検討の経緯については、Percy Bordwell, *op. cit.*, pp. 110-113.
136) The Laws of War on Land. Oxford, 9 September 1880, Preface.
137) Karma Nabulsi, *op. cit.*, pp. 8-9.
138) Percy Bordwell, *op. cit.*, pp. 115-116.

# 第三章 「国家間社会」の誕生

## はじめに

　ヨーロッパ各国内で、戦時国際法整備を求める声が高まり始めた背景の一つに、戦争がますます破壊的になったことがある。前章で見たとおり、ブリュッセル会議における戦時国際法整備の試みはうまくいかなかった。しかし、蒸気船や電信といった新たな技術の普及によって、国境を越えた交流、通商が劇的に増加していた。そうした継続的な交流の増加によって、「ヨーロッパ国家間社会」は、社会としての一体性をいっそう高めつつあった。一方で、1890 年にドイツ宰相オットー・フォン・ビスマルク（Otto von Bismarck）が失脚すると、ビスマルクの卓越した外交手腕によって戦争に至ることを防いできた、いわゆる「ビスマルク体制」の継続は困難となりつつあった。ヨーロッパにおける戦争勃発の危険がひしひしと感じられるようになっていた。1853 年を最後に中断していた、各国の平和協会による国際平和会議が 1889 年に再開され、その後頻繁に会議が開催されるようになったのも、こうした空気の変化と無縁ではない。ビスマルクが死去し一月と経たないタイミングで、ロシアのニコライ 2 世（Nicholai II）が、戦時国際法整備を行うことを目的とするハーグ会議開催を呼びかけたのは、象徴的でさえある[1]。

　ヨーロッパ主要国間の戦争勃発の危険性が認識されるようになるなかで、反戦規範を唱える規範起業家が再び活発に活動を行うようになった。それに呼応する形で規範守護者達も動き出した。さらにこの時期、「ヨーロッパ国家間社会」は大きな変容を迫られつつあった。ヨーロッパ諸国が世界各地へ進出するようになり、ヨーロッパ諸国がヨーロッパ外の地域と継続的に関係を持つようになった。そして、ヨーロッパ外のアメリカや日本が、国際政治上の重要なア

クターとして登場してきた[2]。ヨーロッパ諸国とヨーロッパ外の地域との継続的相互作用が増すなかで、「ヨーロッパ国家間社会」は、ヨーロッパ諸国とは必ずしも文化的、社会的、宗教的価値観を共有しない国をメンバーに加えた「国家間社会」へと変容しつつあった。その際、成員受け入れ基準として機能したのが「文明」基準と呼ばれるものである。この「文明」基準は、20世紀初頭に明示的な法原則になっていった[3]。「ヨーロッパ国家間社会」から「国家間社会」へと変容し、「国家間社会」の成員受け入れ基準である「文明」基準が明確化されるなか、兵器をめぐる規範がどのように発展していったのか、本章で見ていくこととしよう。

## 第一節　「文明」基準の明確化

　19世紀後半になると、ヨーロッパ諸国は、ヨーロッパという地理的境界線やキリスト教を基礎とする文化的境界線を越えた地域との相互作用をいっそう活発化させるようになった。キリスト教や、それに根ざした文化的慣習、騎士道や礼儀規範を共有しない非ヨーロッパの地域では、「ヨーロッパ国家間社会」で共有されていた慣習は通用しない。「ヨーロッパ国家間社会」におけるコミュニケーションを支えた外交上の「暗黙の了解」も、非ヨーロッパ地域の政治体との間では共有されていない。前章で見たとおり、ある程度成熟した社会との相互作用において、当初、ヨーロッパ諸国は道徳的、法的に対等な関係を構築しようとしていた。しかし、ヨーロッパ諸国は、徐々に「ヨーロッパ国家間社会」で共有されている規範を守ることが「文明」的な行為であり、人間として望ましい行為であると考えるようになっていった。そして、ヨーロッパ諸国は、非ヨーロッパ地域においても「文明的」な行為を求めるようになった。非ヨーロッパ地域には、その地域の歴史、文化によって育まれた固有の文明観が存在する。そのため、非ヨーロッパ地域において、ヨーロッパで「文明的」とされる行動をとるよう求めることは、しばしば軋轢を生んだ。
　ヨーロッパ諸国は、こうした軋轢を異なる文明観の衝突ととらえるのではなく、「文明」と「野蛮」との衝突ととらえがちであった。それゆえ、「野蛮」とみなした人や国に対しては、しばしば高圧的に接した。そして、非ヨーロッパ

地域の政治体と取り決め等を結ぶ際、ヨーロッパ諸国は優勢な軍事力を背景に、ヨーロッパ諸国間の「暗黙の了解」を守るよう求める明示的な条項を加えるようになった[4]。ヨーロッパ諸国間で共有されるようになっていた慣習や規範に従うことができるか否かという点が、徐々に「文明国」か否かを区別する基準、「文明」基準とみなされるようになったのである。ヨーロッパ諸国は、「文明」基準を満たす主体のみを、自らと対等な国際関係を結べる相手、すなわち「国家間社会」の一員たる「国家」とみなすようになっていった。

19世紀半ば以降徐々に形作られていった「文明」基準は、遅くとも20世紀初頭には明示的な法的原則となり、当時の国際法の不可欠な一部となった[5]。一般に、「文明」基準は、ヨーロッパ諸国における「法の支配」と同様の扱いを外国人が受けられることを求めるものである。ゲリット・ゴン（Gerrit W. Gong）によれば、それは、以下の五つの要件を含む基準であったという[6]。

① 「文明国」は、生命、尊厳、財産といった基本的権利と、とりわけ外国人の移動、通商、信教の自由を保証する。
② 「文明国」は、国家を一定程度効率的に統治し、一定の自衛が可能な組織された官僚機構を備えている。
③ 「文明国」は戦時国際法を含む、一般的に受容されている国際法を遵守し、国内的な司法制度を有し、自国民、外国人を問わず、管轄内のすべての人に法的正義を保証する。
④ 「文明国」は、外交的な交流やコミュニケーションを行うための十分かつ恒久的な手段を維持することを通して、国際システムの義務を果たす。
⑤ 「文明国」は「文明的」な国際社会に受け入れられた規範や慣習に、全体として従う。

キリスト教の道徳観に取って代わっていったとはいえ、「文明」基準にも、依然としてキリスト教の道徳観の影響は見られた[7]。しかし、自らの軍事的、経済的優越に自信を深めつつあったヨーロッパ諸国は、「文明的」行動をとらない人々や政治体を「野蛮」とみなした。そして、ヨーロッパ諸国は、彼らを対等な国家間関係を結ぶ相手としてではなく、「文明化」すべき対象とみなした。

とはいえ、非ヨーロッパ諸国から見れば、ヨーロッパ諸国こそが自らの文明基準を満たさない野蛮な存在であった。こうした態度をとった典型的な例は、前章で見た中国や、オスマン帝国である。ヨーロッパとの地理的な近さもあり、オスマン帝国は早くからヨーロッパの勢力均衡に影響を与えていた。しかし、文化的、宗教的な相違が大きく、また軍事的に独立を維持するだけの十分な力を有していたこともあり、オスマン帝国が自らヨーロッパ諸国の「文明」に合わせてまで「ヨーロッパ国家間社会」入りを目指すことはなかった[8]。自らの軍事力や文化への自信もあり、オスマン帝国は、「野蛮な西洋の異教徒を蔑んで」いたという[9]。

　オスマン帝国のこうした態度は、その軍事力が衰退するにつれて維持困難となっていった。ヨーロッパ諸国に、領土の一部を割譲することとなったカルロヴィツ条約締結（1699年）をきっかけとして、オスマン帝国はヨーロッパ諸国との国家間関係に巻き込まれるようになった。そして、1856年、クリミア戦争後に結ばれたパリ条約によって、本格的にヨーロッパ諸国間の外交ルールに組み込まれた[10]。パリ条約では、オスマン帝国にヨーロッパ公法が適用されることが認められ、「ヨーロッパの国家」として認知され、オスマン帝国の領土保全が認められた。一方、オスマン帝国は、ヨーロッパ諸国が求める「文明」基準を受け入れ、信教の自由や、税・公的雇用における外国人差別撤廃を約束した[11]。「キリスト教徒、イスラム教徒の区別なく全臣民に、公民的平等、宗教的平等を認めるようになった」という。ヨーロッパ諸国とヨーロッパ外との継続的な相互作用が増すなかで、ヨーロッパ諸国は「ヨーロッパ国家間社会」の「文明」基準を、ヨーロッパ外の国々に強要するようになった。そのうえで、「文明」基準を満たす非ヨーロッパの国とは、永続的な常設使節を交換し、国家間の継続的なコミュニケーションを図るようになった。ウェストファリアの講和を一つの契機として生成されてきた「ヨーロッパ国家間社会」が、地理的に限定されない「国家間社会」へと発展する兆しを見せ始めた。

## 第二節　「ヨーロッパ国家間社会」から「国家間社会」へ

　19世紀後半以降、ヨーロッパ以外の地域にも、ヨーロッパ諸国の国家間関係

に無視し得ない影響を与える国が増え始めた。アメリカはそうした例である。南北アメリカ大陸におけるヨーロッパの植民地には、アメリカ以外にも、独立を目指すものが少なくなかった。実際、ボリビアは本国政府との独立戦争を経て、1826 年に独立を勝ちとった。あるいは、カナダやブラジルは本国政府との交渉を通じて徐々に自治権を拡大していった。こうして新たに成立した国家は、19 世紀から 20 世紀にかけて徐々に「国家間社会」のメンバーとして受け入れられていった[12]。メンバーとして比較的スムーズに受け入れられた背景には、これらの国は、主としてヨーロッパからアメリカ大陸に渡った植民者達によって建国されたことが指摘できる[13]。彼らは、「ヨーロッパ国家間社会」のメンバーとの意思疎通も容易であったし、共通の文化的紐帯によっても結び付いていた。そんな彼らによって新たに形成され、ヨーロッパ流の国家の体裁を整えたアメリカ大陸の諸国家を、「国家間社会」の一員とみなすことに、ヨーロッパ諸国間でもあまり抵抗はなかったのかもしれない。

　一方で、ヨーロッパ諸国との文化的紐帯などが存在せず、ヨーロッパと地理的にも近接していない地域に対して、ヨーロッパ諸国は「文明」基準に基づき、「文明」と「野蛮」を分ける態度をとった。19 世紀後半、唯一アフリカにおいて独立を保っていたエチオピアはそうした例である。1896 年のアドワの戦いでイタリアを破ったあとも、エチオピアが「国家間社会」の一員として対等に扱われることはなかった。エチオピアは、ヨーロッパ諸国の捕虜をヨーロッパの基準で扱った。しかし、エリトリア人の反逆者として捕まった兵に対する扱いは、ヨーロッパの基準に沿ったものではなかった。そのことが、エチオピアが「野蛮」である証左とみなされたという[14]。1923 年にエチオピアが国際連盟加盟を申請した際にも、「文明」基準を満たしているかどうかという点が一つの争点となった[15]。

　さらに地理的に遠い中国やシャム、日本に対しても、ヨーロッパ諸国は、「文明」基準を強制しようとした。1689 年のネルチンスク条約締結以後、中国とロシアの間では、法的には対等な、しかし中国の立場からすると朝貢関係の枠内という建前を繕った関係が継続したことは前章で見たとおりである。中国とヨーロッパ諸国との関係の密度がそれほど高くないうちには、こうした状態が大きな問題を引き起こすことはなかった。しかし、ヨーロッパの商人が中国

で活発に活動を行うようになると、徐々に彼らの間ではフラストレーションが高まっていった。というのも、ヨーロッパから来た外交団や商人は、中国内で対等に扱われることはなく、蛮族として扱われたからである。中国で活動していたヨーロッパの商人達には、中国の伝統的な法慣習に従うことは「非文明的な司法」に従うことを強いられていること、と感じられていた。とりわけ、外交官として活躍し、ヨーロッパ流の外交儀礼に精通していたジョージ・マカートニー（George Macartney）にはこうした扱いは受け入れがたいものであった。マカートニーは、マカオでの交易に限定されていた中国との貿易拡大を求めるイギリスにより大使として中国に派遣された。マカートニーは、叩頭を求められたがこれには頑として応じなかったという。その結果、マカートニーは交渉の機会も与えられないまま帰国することとなった[16]。

　こうした中国の振る舞いに対して、ヨーロッパ諸国間では不満が高まりつつあった。そして、イギリスと中国の間で勃発したアヘン戦争後に締結された南京条約をきっかけに、ヨーロッパ諸国は、中国に不平等条約を強制するようになっていった[17]。ヨーロッパ諸国は、力にものをいわせて中国の文明を拒否し、中国にヨーロッパの「文明」基準に従うよう求めたのである。その直後、日本、シャムも同様にヨーロッパ諸国との間に不平等条約を締結した。中国に比べると、日本やシャムは、より積極的に「文明」基準に合わせていこうとする姿勢が見られた。しかし、それは「文明」基準が魅力的であったからということよりも、むしろ中国の状態を目の当たりにするなかで、そうした姿勢が自国の生存にとって不可欠と感じられたからかもしれない[18]。「文明」基準は、国際関係における強者であったヨーロッパ諸国が、自らの社会で共有されるようになりつつあったさまざまな規範を、他国に押し付けようとしたものであったといえる。むろん、常に露骨な力の行使によって、「文明」基準を押し付けようとしたわけではない。日本やシャムの例に見られるように、ヨーロッパ諸国の力を認識し、自ら「文明」基準に従おうとした例も少なくなかった[19]。いずれにせよ、強者が力を背景に、自らに有利な規範を弱者に押し付けることで、強者にとって都合のよい秩序を形成・維持しようとしていたのである。「文明」基準は、「国家間社会」の一員とみなされるための必要条件であったため、「国家間社会」の一員と認められたいと考える主体にとっては非常に重要な意味を持った。

ヨーロッパ諸国に「文明」基準を押し付けられた国のなかで、急速に力をつけ、また積極的に「文明」基準に従う姿勢を見せたのが日本であった。日本に来航したアメリカのマシュー・ペリー（Matthew C. Perry）の圧力に屈し、1854年、日米和親条約を締結し、日本は長い鎖国政策を放棄し開国することを余儀なくされた。同年に日英和親条約、翌1855年に日露和親条約を締結するなど、日本は次々とヨーロッパ諸国と不平等条約を結ぶこととなった。ヨーロッパ諸国の東アジア進出が盛んになるなかで、日本は1868年に成立した明治政府のもとで、急速な近代化、そして西欧化を推し進めた。その範囲は、行政、司法制度改革にとどまらず、身分制の廃止や、外交、教育、文化、宗教などの改革も含む広範なものであった。1871年には早くも不平等条約改正を目的とするいわゆる岩倉使節団を、アメリカおよびヨーロッパ各国に派遣している。条約改正はできなかったものの、本使節団が調査した各国の諸制度を踏まえ、日本は次々とヨーロッパ式の制度を取り入れていった。1890年には大日本帝国憲法を施行し、「ヨーロッパ国家間社会」のメンバー以外で初めての近代憲法を持つこととなった。さらに、フランスやドイツを範としつつ、刑法を1880年に、民法を1896年に制定し、近代法を整備した。

単に政治制度を整えるのみならず、「文明開化」の呼び声とともにヨーロッパ文化も積極的に取り入れようとした。1879年から外務卿を務め、1885年に初代外務大臣となった井上馨は、日本が独立を維持するためには、新しい「ヨーロッパ的帝国」を日本に築かなければならないと訴えた。また、そのためにも、日本国民が各自「文明開化」のために知識を積極的に吸収し、国が「文明」の域に達することが重要であると主張した[20]。ただし、これもヨーロッパの文明自体に魅了されたからというよりも、そうした文明を取り入れる姿勢を示すことが、「文明」基準を満たす「文明国」とみなされるための条件であるととらえていたからという面が大きい。そのため、「文明的」と認められるべく、ときとして「文明的」とされたことを過剰ともいえるほどに追求しようとした。赤十字は日本で設立されると、瞬く間に90万人を超える会員数を誇るようになった。私的団体というよりも公的機関のようだと揶揄する声もあったが、赤十字の活動の中立性が揺らぐことはなかったという[21]。加えて、欧米式の文化、習慣を取り入れ、見た目にも欧米同様の「文明国」であると示そうと躍起にな

っていた。ルネッサンス式の迎賓館である鹿鳴館で繰り広げられた鹿鳴館外交はその象徴的な現象の一つであろう[22]。このような努力を行っていたのは日本に限られたわけではない。たとえば、シャムもヨーロッパ風の壮麗な宮殿を建設するなどして、「文明国」の体裁を誇示して生き延びようとした[23]。

　近代化、西欧化を進めた日本は、当時明示的なものとなりつつあった「文明」基準を満たそうと躍起になっていた。前節で指摘した五つの基準のうち、政治制度、法制度改革により、基本的権利や外国人の移動、通商、信教の自由を保証するという第一の基準、効率的な統治機構を備えているという第二の基準、そして国際法遵守と国内司法制度確立という第三の基準を外形的には満たすようになっていた。さらに、文化、宗教等の西欧化を進めるなかで、「文明的」な「ヨーロッパ国家間社会」に受け入れられた規範や慣習に従うという第五の基準もほぼ満たすようになった。加えて、岩倉使節団の欧米諸国への派遣以降、欧米諸国との継続的な外交関係を持つようになり、第四の基準も満たすようになりつつあった。

　しかし、いくらヨーロッパ流の政治制度を整え、ヨーロッパ文化を吸収したとしても、それだけでは十分ではない。国家よりも上位の権威が存在しない国際関係においては、力がなければ国家間関係を生き抜くことは容易ではない。このことをよく理解していたのは、初代陸軍卿を務め、「国軍の父」とも称されるようになる山縣有朋であった。ヨーロッパ諸国がアジア進出を加速させるなかで、「我が国に今最も必要なことは、軍事力強化である[24]」と述べ、軍備拡張の重要性を訴えた。陸軍は 1882 年、常備軍兵力を 2 倍に増加させる常備兵力増強計画を立案した。これに従い、1880 年代前半に 1,000 万円台だった軍事費は、1886 年には 2,000 万円を超えるようになり、以後歳出の 30％前後を占めるようになった。また、1889 年の徴兵令改正で国民皆兵を実現し、対外戦に必要な予備・後備役制を確立した[25]。日本が急速に軍事力を向上させるなか、国際情勢の変化も、日本の「ヨーロッパ国家間社会」入りを後押しした。1891 年、ロシア帝国はフランス金融資本からの支援を得てシベリア鉄道を着工した。当時、ロシアと、トルコ、ペルシャ、アフガニスタンで対立していたイギリスは[26]、極東における露仏の接近に対して警戒感を強め、極東の防波堤として日本との関係を重視するようになった[27]。こうした情勢のなかで、1894 年 7 月

16日、日英通商航海条約が締結された[28]。この条約は治外法権を撤廃し、片務的な最恵国待遇を相互的なものと改めるもので、アジアで最初に結ばれたヨーロッパ諸国と対等な条約と評価されている[29]。イギリス外相キンバリー伯爵ジョン・ウォードハウス（John Wodehouse, 1st Earl of Kimberley）は、「この条約の性質は日本にとっては、清国の大軍を敗走させるよりもはるかに優れている」と語ったという[30]。交渉にあたった青木周蔵駐英公使は、陸奥宗光外相に宛てた手紙のなかで、これで一躍にして「国家間社会（青木の表現では、fellowship of nations）」の仲間入りができるとしたうえで、今後、「諸国民の法（laws of nations）にしたがって行動をし、いっそう文明開化を進めなければならない」と述べた[31]。日英通商航海条約を受けて、同年11月にはアメリカ、12月にはイタリア、その後1895年から1897年にかけて、ロシア、ドイツ、フランスを始めとする12カ国と同様の条約を締結した[32]。日英通商航海条約締結直後、日本は清との戦争を開始した。イギリスとの改正条約締結によって、日本は後顧の憂いなく日清戦争に突入することができたといえる[33]。日清戦争における日本の勝利は、日本の国際的地位を大いに高めた。しかし、同時にヨーロッパ諸国の警戒心も強めた。1895年11月、日清講和条約（下関条約）が締結され、清から日本への領土割譲（遼東半島・台湾・澎湖列島）と多額の賠償金支払いが行われることが明らかになると、とりわけロシアが強く反発した。ロシアは、フランス、ドイツとともに、日本に対して清への遼東半島還付を要求した。

　以上のように、19世紀後半以降、ヨーロッパ以外の地域も、ヨーロッパ諸国の国家間関係に無視し得ない影響を与えるようになりつつあった。そうした地域から、強制されたにせよ、自発的であるにせよ、「文明」基準を受容するものが出現してきた。依然としてヨーロッパ諸国の、非ヨーロッパの国に対する警戒心は強かった。しかし、ヨーロッパ諸国と、これらの国は「文明」基準を共有し、お互いに主権を認め合うようになりつつあった。「ヨーロッパ国家間社会」は、「文明」基準を共有する主権国家がお互いの主権を尊重し合う「国家間社会」へと変容しつつあった[34]。

第三章 「国家間社会」の誕生　97

図 3-1：「国家間社会」の形成過程

「フランス貴族社会」の形成
　　　　　キリスト教的価値観の共有
　　　　　→騎士道、礼儀規範の共有（貴族・騎士の管理目的で伝播）
　　　　　騎士道、礼儀規範を共有するフランス貴族間の社会
　　　　　ヨーロッパ各国のエリート層との相互作用

「ヨーロッパ貴族社会」の形成
　　　　　礼儀規範の共有→親近感、学習
　　　　　礼儀規範を共有するヨーロッパの貴族間の社会
　　　　　恥、当惑概念の変容、暴力、残酷性への忌避などを共有

「ヨーロッパ国家間社会」の形成
　　教皇権威の衰退、礼儀規範を土台とする国家間外交関係
　　主権国家概念の構成→社会の構成規範に
　　礼儀規範を共有する主権国家間の、主権尊重規範を構成規範とする社会

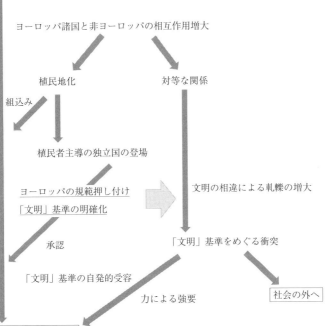

「国家間社会」の成立
　主権国家を構成主体とする「国家間社会」の成立
　「文明」基準を共有する主権国家間の、主権尊重規範を構成規範とする社会

## 第三節　国内社会の変容と「国家間社会」への影響

　「礼儀」が「ヨーロッパ貴族社会」と市民階層を区別し、「ヨーロッパ貴族社会」の威信を高め、市民階層を支配する手段であったのと同じように、「文明」基準は、「国家間社会」をその他の「野蛮」と区別し、「野蛮」を支配する手段として用いられた。「文明」基準に基づく国際法の拡張は、「文化的覇権」の拡張という側面を持っていた。「文明」基準を押し付けられる側を保護する手段は存在せず、「文明」基準を満たさず国際法を締結していない主体は、国際法体系の対象外に置かれた[35]。それどころか、ヨーロッパ諸国は、「文明」基準を満たさないとみなした地域を「文明化」という大義名分を掲げ次々と植民地化していった。

　「ヨーロッパ貴族社会」と「国家間社会」の間には、根本的な相違が存在した。それは、「国家間社会」においては、暴力手段の独占、中央集権化が進んでいなかったことである。暴力が独占・集権化されるようになっていくと、人間が人間に対する脅威となり得る状態が減少し、その社会内で肉体的暴力を抑制する規範が育まれるとエリアスが指摘していたことは、既述のとおりである[36]。国家間の相互の結び付きが深くなり、小さな紛争も世界中を巻き込む大変動につながり得るという認識が広まってくると、「礼儀にかなった方法、理性と説得による方法」による外交を行うことが重要であると考えられるようになった[37]。だが、貴族間の暴力抑制を推し進めたルイ14世のような存在は、「国家間社会」に存在しなかった。各国家内で暴力の独占・集権化が進む一方で、国家間関係において暴力の独占・集権化は進まなかった。それゆえ、いかにお互いに「文明」基準を共有しているとはいえ、「国家間社会」で暴力を抑制することは困難だった。ひとたび戦争が始まれば、自らの身は自ら守るしかない。そのような「国家間社会」において、国家は生存のためであれば手段を選ぶ余裕も必要もない。ニッコロ・マキアヴェリ（Niccolò Machiavelli）による「君主は、野獣と人間をたくみに使いわけることが肝心である[38]」という有名な一節はこうした状況を端的に表すものといえる。マキアヴェリは、国を維持するためには、「人間味を失ったり、宗教にそむく行為をもたびたびやらねばならない」「君主

は戦いに勝ち、そしてひたすら国を維持してほしい。そうすれば、彼のとった手段は常に立派と評価され」と主張した[39]。

国内社会においては、「乱暴で抑制することを知らない風習」が「和らげられ、洗練され、文明化された」一方で、「国家間社会」においては「暴力を抑制すべきではない」と考えられていた。国内社会における「暴力抑制」を求める「文明化」の進展と、「国家間社会」における暴力を当然視する「野蛮」の継続とが、並存していた。各国の国内社会と「国家間社会」との間のずれは、人々の間に認知的不協和を生じさせずにはおかない。このような認知的不協和の増大は、「国家間社会」においても「文明化」を求める声が増すことにつながり、反戦規範への支持が高まった。ドイツのビスマルク失脚後、ヨーロッパの国際関係の不安定感は増大していた。兵器の破壊力も増大の一途をたどるなか、1890年代に反戦を訴える声が強まっていった。各国の平和協会による国際平和会議が1889年に再開され、1891年の国際平和会議では、各国の平和協会間の調整を行う常設国際平和ビューロ（Permanent International Peace Bureau）を設立することが合意された[40]。「戦争を禁止すべき」と訴える規範起業家は、戦争が非人道的な悲惨な被害をもたらしている点、非「文明的」である点を強調するか、目的に照らして合理的ではない点を主張していた。

「戦争は外交の一手段として用いるべき」という規範を維持したい規範守護者は、規範起業家のフレーミングを破壊しようとした。彼らは、戦争がいかに尊く、徳や名誉をもたらし、英雄的で、美しいものかということを、しきりに訴えた[41]。また、反戦規範を唱える人々を「男ではない」と見下したり、「健康な男性は戦いを好む」といった言説を唱えたりすることで、戦争に従事することが男らしい行為であると訴えた[42]。たとえば、後にイギリス首相となるウィンストン・チャーチル（Winston Churchill）は、1900年に「戦場において、人生は最高で、最も健康的」と書いているし、同じころアメリカのセオドア・ルーズベルト（Theodore Roosevelt）大統領は、「臆病で平和的な男を尊敬しない」と書いている。政治家を始め同様の言説を唱えるものは少なくなかった[43]。

反戦規範を唱える規範起業家が、戦争が引き起こす悲惨な被害を強調し、戦争がいかに非「文明的」、非道徳的であるかを訴えていたのに対抗し、規範守護者は、平和こそが非道徳的で腐敗していると訴えた。近代ドイツ陸軍の父と

呼ばれるフォン・モルトケ（Helmuth von Moltke）も「戦争がなければ、世界は物質主義に溺れてしまう」と述べている[44]。定期的な戦争は、平和による退廃から国を浄化するために必要であると唱えるものすらあり、むしろヨーロッパ知識人の間ではこうした考え方は19世紀末から20世紀初頭にかけては広く支持されていたという。ドイツの詩人のゲオルグ・ハイム（Georg Heym）の、「たとえ不正義なものであっても戦争さえあれば……。今の平和は本当に腐っている。」といった言葉は、彼が戦争自体をいかに肯定にとらえていたかを示している[45]。「戦争をなくしていくことこそ、人類の進歩である」と訴える規範起業家に対して、規範守護者は「戦争は生物的、社会的、そして道徳的進歩にとって不可欠」と対抗した。戦争にコストがかかりすぎるという批判に対しても、戦争がいかに利益を生み出すか、またいかに費用がかからないかといった観点から反論がなされた[46]。

　アメリカ独立宣言やフランス人権宣言に顕著なように、欧米諸国では18世紀後半以降、国民の法のもとの平等という考え方が広まりつつあった。各国で法のもとの平等を保障する制度整備が進むにつれて、「国家間社会」の構成員である国家間の関係が平等ではないことに違和感を訴えるものも増えていった。「ヨーロッパ国家間社会」、あるいは「国家間社会」において、大国主導で物事が進むことへの反発も少なくなかった。実際、ナポレオン戦争後のウィーン会議において、議論が大国主導で進むことに対して、ポルトガルやデンマークなどが抗議したという[47]。しかし、結局のところ、小国は大国主導による、いわゆる「ウィーン体制」を受け入れざるを得なかった。もちろん、大国主導による秩序の形成・維持の試みは、ときとして「ヨーロッパ国家間社会」や「国家間社会」の構成規範である主権尊重規範と衝突し得る。しかし、主権平等という考え方に基づいて、実際に秩序の形成、維持を行うことは不可能と考えられていた。第一次世界大戦までは、そうした状況は基本的に継続した[48]。

　ただし、その間、「国家間社会」の一部、具体的には南北アメリカ諸国間では、主権国家は、法のもとでは平等であるべきとする主権平等規範が広まりつつあった。1889年に開催された第1回米州諸国会議の歓迎挨拶において、アメリカ国務長官ジェームズ・ブレイン（James G. Blaine）は、「すべての米州の国が、大国も小国も、完全に平等に一堂に会する会合[49]」であると述べ、各国の参加を

歓迎した。また、会議では各国に等しく一票が与えられた。こうした発言や取り組みには、西半球におけるアメリカの指導的役割を、ラテンアメリカ諸国に受け入れてもらいやすくしようとする狙いがあった。また、南北アメリカ諸国の結束を強め、ヨーロッパからの介入を防ぎ、南北アメリカ間の貿易を促進したいという意図もあった[50]。実際には、南北アメリカ諸国間の国力格差は大きく、国家間の平等というのは名目上のものに過ぎなかった。安全保障にかかわるような問題を、一国一票の米州諸国会議で議論する意図は、アメリカにはなかったという[51]。また、南北アメリカにおいて、主権平等規範のもと、関税同盟を結成する試みは失敗に終わった。南北アメリカ諸国は皆関税同盟の形成には前向きであった。しかし、大国主導の関税同盟は、小国には受け入れがたい一方で、主権平等規範に基づく関税同盟は、自国の利益を十分に守れないと大国には感じられた。結局、主権平等規範の理想と、現実のギャップの前に、米州諸国会議は具体的な成果をあげられないまま終了した[52]。それにもかかわらず、ラテンアメリカ諸国の代表は、主権平等規範が会議で採用されたことを称賛し、会議を肯定的に評価した[53]。アメリカが、ラテンアメリカ諸国の支持を得るために、名目上持ち出した主権平等規範は、ラテンアメリカ諸国では大いに共感を集めた。あるいはアメリカが意図した以上に、ラテンアメリカ諸国の支持を得てしまったのかもしれない。主権平等規範を訴える声が、ラテンアメリカ諸国で急激に高まっていった。

## 第四節　「文明的」な戦争のルール

　反戦規範を訴える声が強まるなか、ロシアのニコライ２世が国際会議開催を呼びかけた。ニコライ２世自身は、過度の兵器の削減可能性を示唆しているものの、軍縮自体よりも軍拡を抑えることを会議目的と考えていたようである[54]。ニコライ２世がこのような呼びかけを行った背景には、拡大し続ける軍事支出の負担を軽減したいという思惑があった[55]。ニコライ２世の呼びかけに対しては、あまり関心を示さない国も少なくなかった[56]。しかし、ニコライ２世の呼びかけの背景には、世界平和を促進したいという真摯な願いがあると受け止める人々も多かった[57]。ヨーロッパ各国において、会議に対する世論の支持が高

まったことを受けて、1899年5月、ハーグ平和会議が開催された。会議中にもこうした各国世論の影響は直接的、間接的に各国代表に影響を与えたという[58]。各国内社会において「文明化」が進展するにつれ、「国家間社会」が「野蛮」な状態にとどまっており戦争が不可避であると考えがちであった各国政策決定者に対して、各国世論が異論を唱え始めた。

当時、国家を自称する主体は60前後にまで増えていた。そのうち、どこを会議に招くのかという問題があったが、ロシアは基本的にはサンクト・ペテルブルクに外交代表を置く「国家」に招待状を送った[59]。「文明的」な国の基準の一つである「外交的なコミュニケーションを継続的に行う手段を維持すること」という点が、会議招待国決定に際して重要な意味を持ったのである。招待された26ヵ国のなかには、ヨーロッパ諸国、アメリカ、メキシコといったアメリカ大陸の国に加えて、日本、中国、シャム[60]などといったアジアの国も含まれていた。日本、中国、シャムとヨーロッパ諸国との間には、依然として不平等条約が存在した。しかし、「文明国」が集う「国家間社会」において国際法に基づく秩序を形成・維持するためには、不完全な「文明国」との間にも法的な取り決めを行うことが必要であると考えられるようになりつつあった[61]。ウィリアム・ハル（William I. Hull）は、「参加国は世界の資源を支配し、人類の4分の3を統治している」、「人類の議会、世界連邦への近道といってよい」と参加国の拡大を非常に好意的にとらえている[62]。さらに、会議参加国の間では、国の大小や、ヨーロッパか非ヨーロッパであるかにかかわらず、一国一票という仕組みがとられた。会議での座席も、フランス語表記のアルファベット順とされていたという[63]。主権国家は法的に平等であるという、主権平等規範が徐々に「国家間社会」で姿を現し始めた。このハーグ平和会議では、中南米諸国が繰り返し、主権平等規範を訴えた[64]。法のもとの平等規範が、国内社会で広く受け入れられている国にとって、人間が法のもとで平等であるように、「国家間社会」における国家にも平等の権利が与えられるべきという主張に反対することは容易ではなかった。それゆえ、主権平等という規範は「国家間社会」において徐々に、少なくとも言説レベルでは受け入れられていった。とはいえ、国家間の能力などの格差はきわめて大きく、主権平等という理想と現実の間には大きなギャップが存在した。ハーグ平和会議では、建前上各国が、自

ら参加する委員会を選択でき、各国が平等に一票を与えられていた。その意味では、「国家間社会」において、少なくとも形式的な意味では、主権平等規範が相当程度受け入れられつつあったといえる。一方で、実際の議事進行は大国主導で進んだという[65]。

　ハーグ平和会議では、軍備、陸空海における戦闘ルール、仲裁について議論が行われた。空戦はいまだ行われていなかったこともあり、空戦のルールについて話し合う小委員会での議論は低調であった。唯一、実質的な議論が行われたのは、気球からの投射物の扱いについてであった。気球からの投射物は、防御が不可能であることを指摘して、そのような攻撃は不誠実であり禁止すべきとの訴えがなされた。オランダ代表は「戦争の行い方においても、騎士道を貫きましょう！」と訴えている[66]。「文明」規範は、騎士道の延長線上に位置付けられていたのであろう。実際、国家間の戦争に関する個々のルールを形成する際に、騎士道が重要な土台を提供していたことはしばしば指摘されている[67]。第二章でも指摘したとおり、騎士道は経済的利益や名誉の獲得を目的として「中世ヨーロッパ社会」で広まっていたものである。その騎士道が、経済的利益とは関係のない「国家間社会」における兵器規制にまで影響を与えたのである。このことは、規範形成を検討する際に、規範が共有される社会がどのように形成されてきたのかという点について、長期的な視点からも検討しなければならないことを、改めて確認させるものといえる。

　気球からの投射物について、フランス代表は「気球からの投射物は文民を犠牲者にする可能性がある」と指摘した。当初気球からの投射物の恒久的禁止がうたわれていたものの、その後アメリカの提案により、5年間の禁止へと短縮された。これは、その後の航空技術などの進歩によって軍事的有効性がより高まったときに、空からの投射物を利用できる道を残すための修正であった。逆にいえば、当時、軽気球からの投射物を利用することには、軍事的な有効性があまりないと考えられていたともいえる。ただし、軍事的有効性を前面に押し出し、反戦規範を訴える規範起業家などの反発を受けることを避ける必要があった。そのため、「より技術が進歩すれば気球からの投射物によって文民被害を生む可能性がなくなる一方で、より効果的な使用ができるようになれば戦闘が短くなるので人道的でもある」といった主張がなされた。あくまで人道的な

メリットを強調し、気球からの投射物の禁止を恒久的なものではなく、5年間に限定した。こうして「軽気球からの投射物禁止宣言」は各国の支持を得るようになり、本会議でもすべての国の賛成によって採択された[68]。その前文では、サンクト・ペテルブルク宣言の趣旨に影響を受けたものであることが明記されており、宣言が人道的配慮によりなされている点が強調された[69]。

いかに軍事的有効性が低かったとはいえ、(少なくとも表面上は)「文民保護」を理由として、軽気球からの投射物の禁止が訴えられた点は重要である。前章で見たとおり、文民保護規範は、「中世ヨーロッパ社会」において共有されていたものであった。「中世ヨーロッパ社会」で広まり「ヨーロッパ国家間社会」で共有されていた文民保護規範に接ぎ木される形で、軽気球からの投射物禁止規範が訴えられ、会議参加国間で合意された。「ヨーロッパ国家間社会」で共有されていた文民保護規範は、「国家間社会」の構成メンバーである「文明国」間でも、守るべき行動基準とみなされるようになっていった。

海戦に関する小委員会では、新たな兵器と害敵方法、病院船や捕虜船の扱い、交戦国の財産や、中立国の扱いなどについて議論が行われた。兵器禁止・規制に関しては、ロシア政府は新たな兵器を禁止するという提案を行っていた。これは、新兵器開発による軍事支出増大を避けるという経済的目的と、戦争の脅威を緩和するという人道的目的に基づくものである[70]。しかし、このような提案に対しては、そもそも「新たな兵器」とは何を指すのかという疑問が投げかけられた。また、最新兵器を開発・装備することは、戦争を短縮したり、あるいは抑止するとの主張がなされた。さらには、新型兵器開発を規制すると、「文明国」が、「非文明国」との戦闘において不利な立場に置かれることになるとの主張すらなされた[71]。兵器開発費の増大が経済的負担になっているのは、提案国ロシアに限ったことではなかった。しかし、自助の国際関係において、兵器開発抑制に合意することは容易ではなかった。自国が兵器開発を抑制している間に、他国が新型兵器開発を行えばきわめて不利な状況に置かれてしまう。「文明国」間では一定の相互信頼が醸成されつつあった。とはいえ、「非文明国」が少なからず存在するなかで、「非文明国」を利するような兵器開発規制を行うことに抵抗感の強い国は少なくなかった。

海戦に関する小委員会では成果もあった。それは、窒息ガスおよび毒ガスの

禁止に合意したことであろう[72]。海戦に関する小委員会で、窒息ガスおよび毒ガスの禁止が合意された点は、やや意外に感じられるかもしれない。海戦に関する小委員会の議論が、「新たな兵器」とは何かをめぐって膠着状態に陥っているのを受けて、各国の合意が得やすそうな窒息ガスおよび毒ガスを拡散させる爆発物を充填した投射物の禁止を、ロシア代表が急遽提案したのである[73]。この提案に対しては、「すべての爆発物は、多かれ少なかれ有害なガスを含む」という反論がオーストリア＝ハンガリー代表からなされた。しかし、ロシアは「ガスの拡散を目的とする投射物のみ」を禁止対象とするとした。このロシア提案に対しては、「飲み水に毒を入れるのと同様に残虐で野蛮」「弾丸による死よりも残酷」「通常の投射物よりも文民に被害を与える」といった賛同意見が出されたという[74]。「残虐」「野蛮」「残酷」「文民被害を防ぐ」といった観点から、毒ガスの禁止が訴えられたのである。規範起業家は、「ヨーロッパ国家間社会」で共有されるようになっていた、不必要な苦痛を与える兵器使用禁止規範や文民保護規範に、毒ガス使用禁止規範を接ぎ木しようとしたといえる。「そのような投射物はいまだ実戦利用されておらず、効果はわからない」といった反論も存在した[75]。しかし、多くの国が賛同し、最終的にはアメリカとイギリスを除くすべての国の賛成を得て、毒ガス禁止宣言は本会議で採択された[76]。

　陸戦に関する小委員会でも、新たな兵器と害敵方法、中立国の扱い、陸戦の慣習法などについての検討が行われた。新たな兵器の使用禁止・規制については、ロシアは、恐怖心を引き起こす爆発物・より強力な爆発物、爆薬・発射物に用いられる弾薬、新型の速射砲、新型マスケット銃の開発禁止などを提案したが、いずれも合意に達することはできなかった[77]。一方で、ロシア提案には含まれていなかったものの、スイスの大佐による問題提起に従い、ダムダム弾などの傷を悪化させたり苦しみを増したりする弾薬の規制について検討がなされた[78]。ダムダム弾は、弾丸の先端がやわらかいため、命中すると弾頭が変形し、大きな破壊力を有する。人間に対して使用すると、人間の体内で弾頭が大きく変形・爆発するなどして多大なダメージを与え、また弾頭が体内にとどまる可能性が高い。ダムダム弾禁止が訴えられた主たる論拠は、それが不必要な苦痛を与えることであった。オランダ代表は、「戦場では、兵士を戦闘に従事できなくすれば十分であり、体をばらばらに吹き飛ばすことは不必要[79]」であ

るとし、そのような不必要な苦痛を与えるダムダム弾の使用は禁止されるべきと訴えた。ダムダム弾についても、不必要な苦痛を与える兵器使用禁止規範に接ぎ木することで、その禁止が訴えられていたのである。

ハーグ平和会議では、ダムダム弾などの規制に対する反対意見も存在した。明示的にダムダム弾の使用禁止に反対したのは、インドのカルカッタ地方でダムダム弾を製造していたイギリスであった。イギリス代表は、ダムダム弾は他の弾薬と変わりない通常の弾薬であると繰り返し主張した。ダムダム弾は「不必要な苦痛を与えるものではなく」、軍事的に有効で必要な弾薬であると訴え、その禁止に反対した[80]。また、イギリス代表は、ダムダム弾の禁止に反対しているものの、「われわれはサンクト・ペテルブルク宣言でうたわれた人道原則に完全に従うものであることを繰り返し強調したい」と述べていた[81]。すなわち、イギリスは原理的な規範自体に反対していたわけではなく、あくまで不必要な苦痛を与える兵器使用禁止規範を、ダムダム弾の使用問題に適用することをめぐって争っていた。その意味では、不必要な苦痛を与える兵器使用禁止規範自体はいささかも揺らいでいないといえる。イギリスは、ダムダム弾を不必要な苦痛を与える兵器使用禁止規範に接ぎ木してその禁止を訴える言説に対抗して、接ぎ木を切断しようとした。このようなイギリスの立場は、アメリカの賛同を得たものの、参加国間で支持を広げることはできなかった。結局、「人体内ニ入リテ容易ニ開展シ又ハ扁平ト為ルヘキ弾丸ノ使用ヲ各自ニ禁止」するという文言で合意された。本会議では、アメリカ、イギリス、ポルトガルを除くすべての国が、このいわゆるダムダム弾禁止宣言に賛成した[82]。

陸戦に関する慣習法を検討した際にも、あらゆる害敵手段を用いてもよいわけではないことが改めて確認された。そのうえで、毒および毒を施した兵器の使用禁止、不必要な苦痛を与える兵器の使用禁止に各国は合意した。毒の使用禁止についてはほとんど議論にすらならなかったようである[83]。この点については、1874年に開催されたブリュッセル会議でも同様だった。議論の末採択された、「陸戦ノ法規慣例ニ関スル規則（以下、ハーグ規則）」では、特定兵器の禁止、具体的には毒および毒を施した兵器の使用禁止が明記された（第23条(イ)）。また、「不必要ノ苦痛ヲ与フヘキ兵器、投射物其ノ他ノ物質ヲ使用スルコト」（第23条(ホ)）の禁止も明文化された。先にふれた軽気球からの投射物禁止宣言

第三章 「国家間社会」の誕生　107

図 3-2：「国家間社会」における兵器使用禁止規範の形成

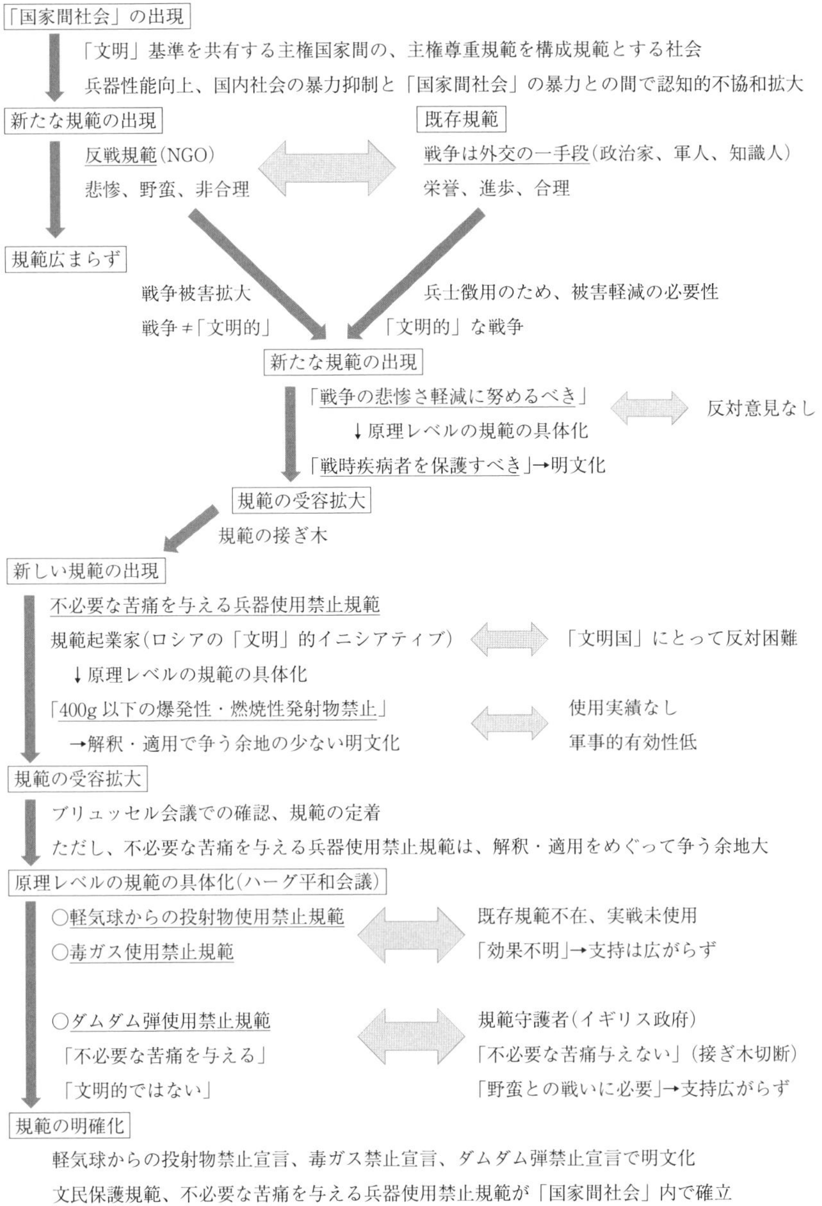

「国家間社会」の出現
　　↓　「文明」基準を共有する主権国家間の、主権尊重規範を構成規範とする社会
　　　　兵器性能向上、国内社会の暴力抑制と「国家間社会」の暴力との間で認知的不協和拡大

新たな規範の出現　⇔　既存規範
　反戦規範（NGO）　　　戦争は外交の一手段（政治家、軍人、知識人）
　悲惨、野蛮、非合理　　栄誉、進歩、合理
　　↓
規範広まらず

　　　戦争被害拡大　　　　　　兵士徴用のため、被害軽減の必要性
　　　戦争≠「文明的」　　　　「文明的」な戦争
　　　　　　　　↘　　　↙
新たな規範の出現
　「戦争の悲惨さ軽減に努めるべき」　⇔　反対意見なし
　　　↓原理レベルの規範の具体化
　「戦時疾病者を保護すべき」→明文化
　　↓
規範の受容拡大
　　規範の接ぎ木
　　↓
新しい規範の出現
　不必要な苦痛を与える兵器使用禁止規範
　規範起業家（ロシアの「文明」的イニシアティブ）　⇔　「文明国」にとって反対困難
　　↓原理レベルの規範の具体化
　「400g 以下の爆発性・燃焼性発射物禁止」　⇔　使用実績なし
　　→解釈・適用で争う余地の少ない明文化　　　軍事的有効性低
　　↓
規範の受容拡大
　　ブリュッセル会議での確認、規範の定着
　　ただし、不必要な苦痛を与える兵器使用禁止規範は、解釈・適用をめぐって争う余地大
　　↓
原理レベルの規範の具体化（ハーグ平和会議）
　○軽気球からの投射物使用禁止規範　　　　既存規範不在、実戦未使用
　○毒ガス使用禁止規範　　　　　　　⇔　「効果不明」→支持は広がらず

　○ダムダム弾使用禁止規範　　　　　　　　規範守護者（イギリス政府）
　　「不必要な苦痛を与える」　　　　⇔　「不必要な苦痛与えない」（接ぎ木切断）
　　「文明的ではない」　　　　　　　　　「野蛮との戦いに必要」→支持広がらず
　　↓
規範の明確化
　軽気球からの投射物禁止宣言、毒ガス禁止宣言、ダムダム弾禁止宣言で明文化
　文民保護規範、不必要な苦痛を与える兵器使用禁止規範が「国家間社会」内で確立

やダムダム弾禁止宣言も、前文でサンクト・ペテルブルク宣言の趣旨を体現するものであることが述べられている。不必要な苦痛を与える兵器使用禁止規範は「国家間社会」で広く共有されるようになっていたといえる。

1907年に開催された第2回ハーグ平和会議では、兵器禁止については大きな進展はなかった。しかし、第1回ハーグ平和会議で明文化された上記の規範を共有する国の数はさらに増加し、いずれも「国家間社会」で支配的な規範となった[84]。一方、ラテンアメリカ諸国などが、主権の絶対的平等を主張して譲らなかったこともあり、仲裁司法裁判所の設置が実現されなかった。これを一つのきっかけとして、国家間の行動、とりわけ国際組織における慣行において、主権平等規範に制限を加えようとする傾向が見られるようになったという[85]。

## 第五節　戦時における兵器使用をめぐる規範

国家が権力最大化原理に従って行動するのならば、毒やダムダム弾や軽気球からの投射物、あるいは不必要の苦痛を与える兵器の使用を抑制する理由は特に見当たらない。たとえば、敵対する国の国王を始めとする重要人物を毒殺し、その国の国力を弱体化させることができるのならば、毒殺は、面と向かって戦争を行うことに比べると費用対効果にすぐれた手段とみなされるはずである。軍事的に見れば費用対効果が高い手段・兵器であるにもかかわらず、毒および毒を施した兵器の使用禁止が明文化されたことは、兵器使用に関するルールが、単に権力最大化原理に従ったものではないことの証左なのであろうか。ヨーロッパ諸国の君主の恐怖感から生まれ、騎士道、礼儀規範に接ぎ木されることで広まった毒使用禁止規範は、キリスト教や騎士道を共有しない国家——ペルシャ、シャム、日本、中国など——へも伝播しつつあった[86]。

19世紀後半には急激に国家間関係が拡大し、「国家間社会」がヨーロッパ諸国以外へと拡大し始めていた。「国家間社会」は成員と非成員を分ける基準として、「文明」基準を用いたことはすでに見たとおりである。そして、非ヨーロッパ諸国は、消極的、あるいは積極的に「文明」基準を受け入れていった。そうした過程を通じて、「国家間社会」の中心的メンバーであるヨーロッパ諸国で共有されていた価値や規範が、ヨーロッパ外の国にも少なからず影響を与え

た。「国家間社会」は、ヨーロッパで徐々に生まれてきた主権国家概念にかなう国のみをメンバーとして迎える排他的な社会であった。そして、この「国家間社会」で徐々に発展してきた兵器使用禁止・規制に関する規範は、あくまでこの「国家間社会」のメンバー間でのみ共有・適用されていた。

　戦場において一定の人道的配慮がなされている点を強調することは、一般国民を兵士として徴用するうえでプラスとなる。しかし、そのような配慮が必要なのは、同等の力を持つ国との戦闘においてのみである。相手が、同様の手段で反撃してくる恐れがないときには、不必要な苦痛を与える兵器であっても、その使用を躊躇しなかった。実際、宗主国軍が植民地において、不必要な苦痛を与えるとされたダムダム弾使用を慎むことはなかったようである。また、そうしたダムダム弾使用が宣言違反の非難を受けることもなかったという[87]。「文明化」言説は、自国内においては兵士徴用において重要な役割を果たし、また国際場裏では、自らの倫理的高潔性を強調する正当化機能を有した。同時に、この言説は「非文明国」に対して、制限なく兵器を使用することを正当化するためにも用いられた。

　「合理性」のみが理由で、「国家間社会」において特定兵器の禁止がなされたのであれば、当該兵器を使用しないよりも、使用するほうが大きな利益を得られる場合、各国は、その兵器の使用を躊躇しないはずである。19世紀後半以降「国家間社会」で広まっていた特定兵器の使用禁止規範は、それらの兵器使用が「合理的」となる局面において、どの程度国家の行動の基準として機能したのであろうか。ここまで見てきたとおり、第一次世界大戦開戦前には、不必要な苦痛を与える兵器使用禁止規範と文民保護規範とが「国家間社会」に広く受け入れられていた。また、それらに接ぎ木する形で、軽気球からの投射物、ダムダム弾、毒ガスの使用禁止規範が、それぞれ明文化されていた。第一次世界大戦中、その使用が「合理的」となるような局面において、これらの兵器は使用されたのであろうか。

　第一次世界大戦中、軽気球からの投射物の使用はほとんど確認されていない。これは軍事的有効性があまり高いとは考えられていなかったことがその理由であろう。航空機の開発が進み航空機からの爆撃が行われるようになるなかで、あえて軽気球からの投射物を用いる軍事的必要性がほとんどなかったと思われ

る。ダムダム弾についても、大規模な使用は確認されていない。一方、軍事的有効性が高いと考えられていた毒ガスについては[88]、第一次世界大戦において広範に使用された。

毒ガスが広範に使用された背景には、毒ガス禁止宣言が総加入条項[89]を含み、第一次世界大戦には非締約国のイタリア、トルコなどが参加していたため、毒ガス兵器の使用を抑制できなかったという側面がある。とはいえ、もし「国家間社会」において、毒ガスを使用すべきではないという規範が共有されていたのだとすれば、少なくとも「国家間社会」のメンバーが、他のメンバーに対して毒ガスを使用することは思いとどまったはずである。しかし、実際には、ヨーロッパ諸国間でも広範に毒ガスが使用された。このことは、毒ガス使用禁止規範が各国に受容されていなかったこと、あるいはそもそも安全保障にかかわる規範は、戦時には意味を持ち得ないことを意味するのであろうか。この点を検証することは、兵器使用禁止規範そのものが国際政治に影響を与えるものなのか否かを考えるうえできわめて重要な意味を持つ。

最初に毒ガスを戦闘で使用したのは、ドイツ軍であったとされている。その後、イギリスやフランスも毒ガスを使用し、毒ガス使用は広がっていった。約30種類、量にして12万トン以上の毒ガスが使用され、110から130万人が毒ガスにより死傷したという[90]。この結果を見れば、毒ガス使用禁止規範が遵守されなかったことは明白である。最初に毒ガスを使用したとされるドイツ軍は、毒ガス使用に関して、①フランス軍が先に使用した、②ドイツ軍が使用したのは刺激性ガス（非致死性）だが、毒ガス禁止宣言で禁止されたのは致死性ガスのみ、と主張していた[91]。こうした主張から、ドイツ軍が躊躇なく毒ガスを使用したわけではないことがわかる。その後、毒ガスを使用した国も、他国による先制使用があったことを指摘して、自国の毒ガス使用を戦時復仇として位置づけ釈明している点は重要である。いずれの国も、毒ガス使用には問題があると考えていたことを示しているからである。

規範の遵守にとって、規範の明快さ、単純さが重要である[92]。毒ガス禁止宣言は、「窒息ガスおよび毒ガスを拡散させる爆発物を充填した投射物の禁止」をうたっていた。致死性のガスのみを禁止するものなのか否かは判然としないが、「残虐」「弾丸による死よりも残酷」といった表現でガス使用が非難されて

いたことを考えると、非致死性のガスは禁止対象に含まれないというドイツの主張も理解できないものではない。実際、ドイツが当初使用したのは、擾乱ガス（harassing gas）だったという[93]。イギリスやフランスも同様に、非致死性ガスについては違法ではないとの立場をとった[94]。このような主張は、毒ガス使用禁止規範を無視したものとはいえない。むしろ、規範の解釈・適用をめぐって競合が発生していたと考えたほうが適切である。このような競合を通して規範内容は明確化される。すなわち、ドイツは非致死性ガスの使用を正当化しようとしたが、そのような正当化を行ったことで、ドイツが致死性ガスを使用することはよりいっそう困難になった。第一次大戦初期においては、毒ガス使用禁止規範は無視されたというよりも、実際には明確化を伴いつつも遵守されていたといえるのかもしれない。

　1915年4月、ドイツがイーペル（Ypres）で致死性ガス（塩素ガス）を大々的に使用するに及び状況は一変する。その後、イギリス、フランスも、ドイツによる先制使用を理由に塩素ガスを使用した。イーペルでのガス使用に際しても、ドイツは、イギリス軍、およびフランス軍による先制使用を指摘し、その使用を戦時復仇として位置付け釈明した[95]。また、ドイツ軍が使用した毒ガスはシリンダーから噴射したが、毒ガス禁止宣言で禁止されたのは砲弾による毒ガス拡散のみであり、国際法違反ではないとドイツは訴えた[96]。純粋に法的に見ればこのような主張はあり得るのかもしれない。しかしながら、擾乱ガス使用を正当化する過程で、致死性ガスの使用禁止規範が強まりつつあった。それゆえ、このようなドイツの主張に対して、イギリスでは「砲弾が使用されたかは定かではないが、毒ガス禁止宣言の精神が破られたことは確実であり、ドイツはまた一つ重罪を犯した」と反発した[97]。非致死性ガスの使用の際とは異なり、ドイツ軍によるイーペルでのガス使用は、他国から強く非難された。また、ドイツの毒ガス使用が、国際法ではなく、毒ガス禁止宣言の「精神」を犯したと非難されたことは、毒ガス使用禁止規範の意義を考えるうえで重要であろう。英仏にとって重要なのは毒ガス禁止宣言の文言自体ではなかった。広い解釈の余地を残していた毒ガス使用禁止規範が、解釈・適用をめぐる競合を通して、徐々に明確化され、少なくとも英仏は致死性ガスを使用すべきではないと考えるようになっていたのである。

解釈・適用をめぐってドイツの立場の分が悪くなってくると、ドイツは、毒ガス使用は人道的であると訴え、規範そのものの妥当性に異議を唱え始めた。すなわち、「毒ガスは、広範囲に、すばやく効果を与え、死の痛みや苦しみを減少させる」「数え切れない砲弾を撃ち込み、そこにある生きとし生けるものの細胞まで破壊するイギリスのやり方よりも、破壊的ではない」と訴え、毒ガス使用を正当化しようとした[98]。ドイツは、毒ガス使用禁止規範自体に挑戦し始めたのである。毒ガス使用が非人道的ではない点を強調しているドイツの主張からは、非人道的な兵器の使用は許容されないとドイツも考えていたことがうかがわれる。戦闘においてできる限り人道的であるべき、戦争を「文明化」するべきという考え方は、ドイツも共有していたようである[99]。しかし、毒ガス使用が人道的であるというドイツの主張は、説得力のあるものとはみなされなかったようである。毒ガス使用禁止規範自体に挑戦するドイツの主張に対して、支持が広がることはなかった。

　第一次世界大戦における兵器使用状況からは、以下のことが指摘できる。まず、戦争を「文明化」しようとする試みは、「国家間社会」では相当程度共有されていた。また、不必要な苦痛を与える兵器使用禁止規範と文民保護規範に接ぎ木する形で訴えられていた軽気球からの投射物禁止、およびダムダム弾禁止については違反されることはなかった。ただし、これらの兵器については軍事的有効性が低かったことも確かである。その一方で、やはり不必要な苦痛を与える兵器禁止規範と文民保護規範に接ぎ木する形で訴えられていた毒ガス禁止宣言は、遵守されなかった。だが、毒ガスが第一次世界大戦で使用されたことをもって、毒ガス使用禁止規範が存在しなかった、あるいは消滅したと論じることは本質を見誤ると思われる。本節で見てきたように、毒ガスを最初に広範に使用したドイツも、あるいはそれ以外の国も、毒ガス使用を戦時復仇として位置付け、その使用を釈明していた。このことは毒ガス使用禁止規範が共有されていることを示すものといえる。というのも、毒ガス使用禁止規範が共有されていなければ、そもそもこうした釈明を行う必要すらないからである。

　また、各国は第一次世界大戦でのガス使用を通して、擾乱ガスは禁止対象ではないとの認識を共有するようになった。毒ガス使用禁止規範の内容がより明確になったといえる。致死性ガスが使用されたことは確かである。しかしドイ

ツがガス散布を砲弾ではなくシリンダーで行ったので毒ガス禁止宣言に違反しないと主張したことに対しては、「毒ガス禁止宣言の精神に反する」と反論がなされた。こうした反論は、単なる国際法違反ではなく、毒ガス使用禁止規範に反する行動として、ドイツの行動がとらえられていたことを示している。その後、イギリスやフランスも致死性ガスを使用したが、彼らはあくまでドイツが致死性ガスを使用したことが明らかになるまでは、致死性ガスの使用を控えた[100]。さらに、文民保護規範との関係で、一般市民に対して毒ガスが使用されることは回避され、一般市民が被害に巻き込まれる可能性がある航空機からの毒ガスの散布も回避された[101]。

　第一次世界大戦において、文民保護規範は相当程度遵守された。また、それに接ぎ木された毒ガス使用禁止規範も規範内容を明確化しつつ、各国の行動にかなりの影響を与えた。毒ガスが広範に使用されたことは確かである。毒ガス禁止宣言を署名しない国が戦闘に加わっていたため、第一次世界大戦中に毒ガスが使用されたことは、厳密には国際法違反ではない。しかし、毒ガス使用が「合理的」と考えられる局面においても、各国は毒ガス禁止規範や文民保護規範を考慮し、毒ガス使用を一定程度躊躇していた。本節で見たとおり、（致死性の）毒ガス使用が望ましくないという規範は、第一次世界大戦を経ていっそう強まった。第一次世界大戦時、毒ガス使用禁止規範は無意味だったわけでも、消滅したわけでもなく、いまだ解釈・適用をめぐる競合を続ける形成途上だったと見るのが適当であると思われる。

### 第六節　第一次世界大戦の衝撃

　未曾有の被害をもたらした第一次世界大戦を目の当たりにし、多くの国では、兵器規制の強化が真剣に目指されるようになった。第一次世界大戦において特に問題視されたのは、毒ガスの使用であった[102]。第一次世界大戦中の毒ガス使用は、厳密な意味では国際法違反ではなかった。それでも毒ガス使用が問題視されたという事実に、毒ガス使用禁止規範が明確化・強化されつつあったことがうかがえる。1925 年、「窒息性ガス、毒性ガス又はこれらに類するガス及び細菌学的手段の戦争における使用の禁止に関する議定書（ジュネーブ毒ガス議定

書)」が採択され、1928年に発効した[103]。議定書前文で、毒ガスを「戦争に使用することが、文明世界の世論によって正当にも非難されている」と明記されている。戦争を「文明化」するという趣旨のもと、毒ガス使用禁止の強化が追求された。この議定書は、総加入条項を含んでいた毒ガス禁止宣言とは異なり、「この禁止が、諸国の良心及び行動をひとしく拘束する国際法の一部として受諾」されるとうたっている。議定書締約国のみならず、すべての「国家」に等しく毒ガスの使用禁止を求めた点で、画期的な議定書であった。また、議定書は、毒ガスなどの化学兵器に加え、生物兵器の使用をも禁止している。

　なぜ、このような議定書が採択可能となったのであろうか。第一次世界大戦後も、ドイツでは、毒ガスなどの化学兵器は「人道的な」戦闘方法であるとの訴えがなされていた。たとえば、ある新聞の論説では、「風が緩やかな場合には、きわめて緩慢にしか敵のほうへ移動しない煙雲を放出することは、国際法によって許容されるのみならず、他に例を見ないほど穏健な戦闘手段である」と主張されていた[104]。化学兵器や生物兵器は、砲弾などに比べると被害のメカニズムが一般の人々にはわかりにくく、それゆえ脅威が大きく感じられた可能性はある。また、第一次世界大戦で化学兵器が広範に使用された結果、化学兵器の脅威がはっきりと認識されたと指摘するものもいる。ただし、第一次世界大戦で化学兵器戦を経験した軍人達は、化学兵器が特別な脅威を与えるという指摘を否定していた。また、戦場における軍事的有効性も高かったと認識されていた[105]。第一次世界大戦を経験した軍人達の言説を検証したリチャード・プライスは、第一次世界大戦で化学兵器の脅威を目の当たりにしたから化学兵器禁止規範が強化されたという議論には十分な説得力がないと主張している[106]。

　ICRCのメンバー達は、戦争を「文明的」なものにするよう求めていた。第一次世界大戦中に毒ガスが使用されると、ICRCは「広がりつつある人道的な考え方に反する方向へと戦争が向かいつつある」と非難し、毒ガスの使用禁止を訴えた[107]。また、すでに指摘したとおり、政府関係者のなかにも、戦争を「文明的」なものにすることに意義を見出すものが存在した。そのことが、戦時徴用を容易にするからである。加えて、各国が「文明国」というアイデンティティを有するようになってくるなか、各国の国民も、自国が「文明国」としてふさわしい行動をとることを求めるようになっていった。こうした世論の声

も、各国政府代表に少なからず影響を与えた。ジュネーブ毒ガス議定書の原型となる条約案が、ワシントン海軍軍縮会議で作成された際にも、「文明国は毒ガスを許容できないという人類の良心に訴えることを行ったという意味で望ましい」との指摘がなされていた[108]。合理的かどうかという判断や化学兵器禁止に科学的根拠があるかどうかということよりも、「文明国」としてのふさわしい行動をとるべきという声に押される形で、本条約案は作成されたという[109]。

　ICRCなどが規範起業家として化学兵器使用禁止規範を訴えていたのに対して、規範守護者も活発に活動をしていた。とりわけ、化学業界は、化学兵器使用忌避が広がることを懸念した。たとえば、アメリカの化学業界は、ドイツの化学兵器の脅威を強調し、ドイツに対抗するためにもアメリカの化学業界振興が必要であると訴えた[110]。また、新たな化学兵器の脅威をあおることで、化学兵器開発の必要性を訴えようとした[111]。しかし、こうしたキャンペーンは、毒ガスの脅威を実際以上にあおったことで、人々の間の化学兵器に対する恐怖心を増大させてしまった面もある[112]。また、軍部の間では化学兵器に対する関心は概して高いとはいえなかった[113]。各国政府関係者も、化学兵器使用に積極的であると見られることを避けるべく、化学兵器問題に関する発言を避ける傾向があった[114]。化学兵器使用を積極的に後押しする勢力が少ないなか、化学産業などが過度に化学兵器の脅威をあおったことは、かえって化学兵器使用禁止規範が強化される方向に作用した。その結果、ジュネーブ毒ガス禁止議定書の採択へとつながっていった。ただし、この議定書は、化学兵器や生物兵器の「戦時の使用」を禁止したにとどまっている点には注意が必要である。開発や製造、貯蔵などを禁止したわけではないうえ、議定書の当事者以外に対するガスや細菌の使用は禁止されていないなど、多くの例外事項も含んでいた[115]。

　第一次世界大戦において、化学兵器使用とともに問題視されたのは空爆であった。第1回ハーグ平和会議において「軽気球からの投射物禁止宣言」が採択され、1907年の第2回ハーグ平和会議で採択されたハーグ規則では、無防守都市に対する攻撃または砲撃は、軍事目標を除き禁止されると規定されていた（第25条）。しかし、これらはいずれも、航空機からの空爆を直接規制するものではなかった。航空機の開発と性能向上に伴い、第一次世界大戦から空爆が本格化し[116]、多くの死傷者が出た。第一次世界大戦直後には、空爆は戦争の早期

終結に寄与し、むしろ「人道的」であると主張するものもあった[117]。第一次世界大戦では塹壕戦が主流で、戦争が長期化し、おびただしい人命が戦場で失われたこともあり、こうした主張には一定の説得力があったという[118]。

いずれにせよ、空戦について直接扱うルールが存在しないことは問題視された。1922年から23年にかけて、イギリス、アメリカ、フランス、イタリア、日本、オランダ政府代表がハーグに集い、「戦争法の改良を審議するための法律家委員会」が開催された。そこで空戦規則が採択された。このいわゆる「ハーグ空戦規則」は、空爆自体を禁止するものではないが、文民に対する爆撃を禁止した[119]。すでに幅広く受容されつつあった文民保護規範に接ぎ木する形で、空爆に関する一定の行動基準が示されたのである。この空戦規則が条約化されることはなかった。しかし、この規則で示された、文民に対する爆撃禁止、および爆撃を軍事目標に限定する「軍事目標主義」は、国際法の慣行になっていたという見方もある[120]。ただし、一般市民が何らかの形で戦争に関与する総力戦が一般化していくなかにあって、「戦闘員」と「文民」、あるいは「軍事目標」か否か、を峻別することは容易なことではなかった[121]。

未曾有の死傷者を出した第一次世界大戦の経験を踏まえ、反戦規範を唱える規範起業家の活動も活発になった。第一次世界大戦後の1919年6月28日、ヴェルサイユにおいて国際連盟規約が調印された。その前文では、「締約国ハ戦争ニ訴ヘサルノ義務ヲ受諾シ」と規定されている。また、第12条1項では、連盟国間に国交断絶に至るおそれがある紛争が発生したとき、「如何ナル場合ニ於テモ、戦争ニ訴ヘサルコトヲ約ス」と明記されている。国際連盟は、その手続きを無視したいかなる戦争も、連盟のすべての加盟国に対する戦争とみなすと規定することで、戦争を抑え込もうとした（第16条）。すなわち、戦争を違法化したうえで、戦争に訴える国があれば、それ以外の連盟国すべてがその国に対抗することをあらかじめ示すことで戦争勃発を防ごうとした。

戦争違法化の試みは、1928年のいわゆる不戦条約（戦争放棄ニ関スル条約）によって、さらに前進した。前文には「人民間ニ現存スル平和及友好ノ関係ヲ永久ナラシメンガ為、国家ノ政策ノ手段トシテノ戦争ヲ卒直ニ抛棄スベキ時期ノ到来セシコトヲ確信シ」と書かれている。また、第1条では、「締約国ハ、国際紛争解決ノ為戦争ニ訴フルコトヲ非トシ、且其ノ相互関係ニ於テ国家ノ政策ノ

手段トシテノ争ヲ抛棄スル」ことが宣言されている。この条文は、現在の日本の憲法第9条のモデルともなったものである。ただし、不戦条約では、違反国に対する制裁措置は特に規定されていなかった。また、国際連盟規約、不戦条約、いずれにおいても戦争違法化が徹底されているとはいえなかった。すべての戦争が禁止されたわけではなく、自衛のための戦争は容認されていたし、戦争という形式をとらない武力行使が禁止されていたわけではなかった。

　国際連盟における集団安全保障システムは、加盟国が一致して対応する体制、実効力のある制裁、いずれの点においても問題をはらんでいた。まず、連盟規約の違反があったか否かの認定、非軍事的な制裁を発動するかどうかの判断は、各加盟国にゆだねられていた（国際連盟規約第16条適用の指針に関する決議）。理事会の決定も全会一致で行われるなど、全体としてきわめて「分権的」な集団安全保障システムだった[122]。また、戦争行為が認定されたとしても、戦争を起こした国に対する制裁は、主として通商上、金融上のものであった（第16条1項）。さらに、設立を主導したアメリカが国際連盟に参加しなかったこともあり、集団安全保障の能力も限定的なものとならざるを得なかった。国際連盟規約は、集団安全保障システムとしてそもそも不十分な内容だったのみならず、集団安全保障を機能させる実質的な能力も備えることができなかった。国際連盟や不戦条約など、国際法によって戦争を防ぐ試みが発展したものの、いずれも実効性に乏しく、結局第二次世界大戦の勃発を防ぐことはできなかった[123]。

　徐々に発展してきた兵器使用に関する規範であるが、その真価が問われたのは、第二次世界大戦のときだった。世界中を巻き込む戦争で各国が存亡の危機に直面したとき、兵器使用禁止規範はどの程度遵守されたのであろうか。まず、不必要な苦痛を与える兵器使用禁止規範について見てみよう。不必要な苦痛を与える兵器の禁止について、「国家間社会」に幅広い合意が存在したことは確かである。しかし、この規範は特定の兵器が合法か否かを判断する明確な規準を与えるものではない。それゆえ、どの兵器の使用が禁止され、どの兵器の使用が許容されるのかを判断することは困難だった。評価が揺れた兵器としては、たとえば、焼夷兵器がある。焼夷兵器は、焼夷剤を充填した爆弾、砲弾などで、攻撃対象を焼き払う兵器である。このような兵器は、焼夷剤による化学的な被害をもたらす恐れがある。また、火災によって被害者を焼き殺すため、不必要

な苦痛を与える兵器にあたり、焼夷兵器を違法とする見解が、第二次世界大戦前には一般的であったという。ただし、焼夷兵器を明示的に禁止するルールがあったわけではない。第二次世界大戦中、アメリカは日本に対して大量に焼夷兵器を使用した。すると、焼夷兵器使用は合法、すなわち不必要な苦痛を与える兵器使用禁止規範に反さないとする見方が現れたという[124]。この例からも明らかなように、不必要な苦痛を与える兵器使用禁止規範によって、特定兵器の合法・違法の区別を導き出す基準が与えられるわけではなかった。不必要な苦痛を与える兵器使用禁止規範が、実際に兵器の使用を控えさせる効果を有するためには、特定兵器へ適用するか否かについて明確にする必要がある。しかし、第二次世界大戦のころは、いまだほとんどの兵器については、この規範が適用されるのか否かについて、さまざまな見解の競合が見られる状況であった。

　文民保護規範の遵守状況についても同様である。総力戦においては、戦争当事国の一般市民は、何らかの形で戦争遂行に組み入れられていた。そうしたなかで、戦闘員と文民を峻別することは困難であった。ただし、文民保護規範に接ぎ木された空爆禁止規範について見てみると、第二次世界大戦初期には一定の遵守が観察された。「文民への空爆に対しては望ましくないものという刻印(stigma)が押されていた」ことが、空爆抑制に一定程度寄与したとの指摘もある[125]。空爆自体は禁止されていなかったし、文民保護規範に接ぎ木される形で、「軍事目標」以外への空爆禁止が求められていたに過ぎなかった。それでも空爆を一定程度ためらわせる効果が認められたという[126]。ただし、空爆自体が忌避されたわけではない。実際には、空爆は大々的に行われ多くの人命が失われた[127]。不必要な苦痛を与える兵器使用禁止規範にせよ、文民保護規範にせよ、これらはあくまで原理レベルの規範であり、具体的な局面における明確な行動の基準を提供するにはあまりに抽象度が高かった。

　一方、規範内容がより具体的かつ明確で、しかも第一次世界大戦において広範に使用された毒ガス、化学兵器については、第二次世界大戦中ほとんど使用されなかった。このことは、化学兵器使用禁止規範が堅固になり、世界大戦においても遵守されたことを意味するのであろうか。ジュネーブ毒ガス議定書が採択された後、化学兵器の使用が皆無だったわけではない。たとえば、1935年10月にエチオピアを侵攻したイタリアが、11月にマスタードガスを使用した。

同年12月に、エチオピアは、イタリアが毒ガスを使用したことを非難し、「非人道的行為」「国際的な取り決めに反する」と抗議した[128]。こうした批判を、当初イタリアは無視した。批判が強まってきても、イタリアは、第一次世界大戦期のドイツのように、化学兵器使用を正当化しようとすることはなかった。むしろ、ジュネーブ毒ガス議定書遵守の姿勢を示しつつ、「ジュネーブ毒ガス議定書は、敵が非道な残虐行為に訴えた際の制裁の権利を排除していない」と釈明した[129]。イタリアが、化学兵器を使用したことは確かである。しかし、規範の強さは、規範からの逸脱行為があるか否かではなく、規範からの逸脱行為に社会のメンバーがいかに対応するかで決まる。イタリアの化学兵器使用が国際連盟で議論された際、オーストラリア代表は「有毒な窒息性ガスが使用されたとの訴えは、他の何にもまして、人類と文明にとって、際立った脅威である」と述べている[130]。こうした発言からは、第一次世界大戦のときとは異なり、化学兵器の使用自体が問題視されていることが見てとれる。イタリアの化学兵器使用の是非は、イタリア自身を含め、どの国も争っていない。化学兵器使用禁止規範は、第一次世界大戦期と比べても格段に強化されていた。

　その一方で、化学兵器使用自体を抑制することはできなかった。むろん、規範はあくまで社会内で共有された行為の基準に過ぎず、逸脱行為が皆無であるということはない。イタリアは、エチオピア軍による拷問や、囚人の斬首、文民に対する残虐行為や殺害といった行動への制裁の権利を有することを強調した[131]。これは、戦時復仇と位置付けると同時に、エチオピアが「非文明的」な行為を行っていると印象付けて、自らの化学兵器使用が「文明国」間で共有される化学兵器使用禁止規範から逸脱しているわけではないと釈明するものである。戦争を「文明化」し、化学兵器などの特定兵器の使用を禁止すべきといった規範が共有されていたのは、あくまで「国家間社会」内に限られていた。それゆえ、イタリアは「国家間社会」内での戦争と、「文明」と「野蛮」との間の戦争は区別可能であり、「文明」と「野蛮」との間の戦争における化学兵器使用は禁止されていないと主張した[132]。エチオピアは国際連盟には1923年に加盟しており、その意味では間違いなく「国家間社会」の一員であった。しかし、エチオピアが十分に「文明的」ではない点を強調し、イタリアは自らの化学兵器使用が規範から逸脱していないと釈明した。イタリアは、ジュネーブ毒ガス

図 3-3：化学兵器使用禁止規範の発展

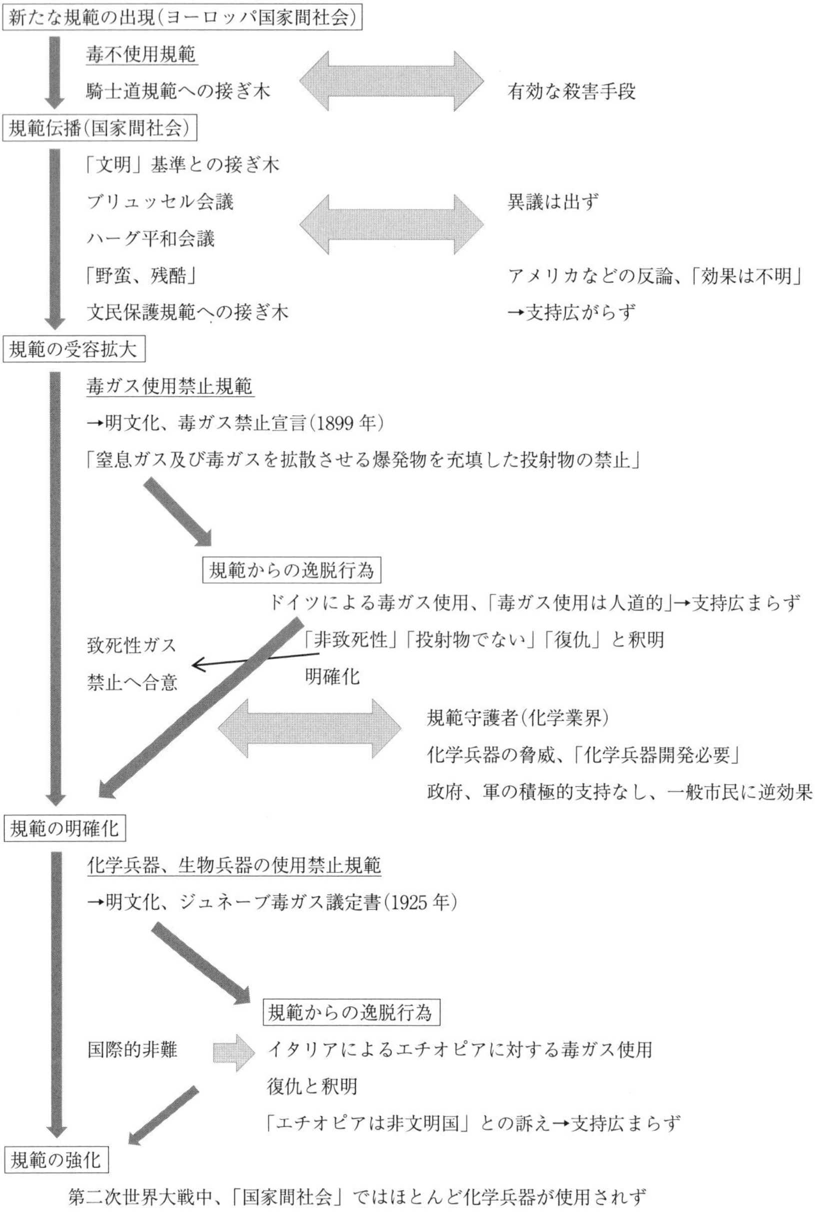

```
新たな規範の出現(ヨーロッパ国家間社会)
    │ 毒不使用規範
    ▼ 騎士道規範への接ぎ木      ⇔        有効な殺害手段
規範伝播(国家間社会)
    │ 「文明」基準との接ぎ木
    │ ブリュッセル会議          ⇔        異議は出ず
    │ ハーグ平和会議
    │ 「野蛮、残酷」                       アメリカなどの反論、「効果は不明」
    ▼ 文民保護規範への接ぎ木              →支持広がらず
規範の受容拡大
    │ 毒ガス使用禁止規範
    │ →明文化、毒ガス禁止宣言(1899年)
    │ 「窒息ガス及び毒ガスを拡散させる爆発物を充填した投射物の禁止」
    │
    │           規範からの逸脱行為
    │              ドイツによる毒ガス使用、「毒ガス使用は人道的」→支持広まらず
    │  致死性ガス   「非致死性」「投射物でない」「復仇」と釈明
    │  禁止へ合意   明確化
    │                        ⇔        規範守護者(化学業界)
    │                                  化学兵器の脅威、「化学兵器開発必要」
    │                                  政府、軍の積極的支持なし、一般市民に逆効果
    ▼
規範の明確化
    │ 化学兵器、生物兵器の使用禁止規範
    │ →明文化、ジュネーブ毒ガス議定書(1925年)
    │
    │           規範からの逸脱行為
    │  国際的非難 ⇒ イタリアによるエチオピアに対する毒ガス使用
    │              復仇と釈明
    │              「エチオピアは非文明国」との訴え→支持広まらず
    ▼
規範の強化
       第二次世界大戦中、「国家間社会」ではほとんど化学兵器が使用されず
```

議定書や化学兵器使用禁止規範自体には挑戦しようとはしていないといえる。

　第二次世界大戦を通して、「国家間社会」のメンバーが、他のメンバーに対して化学兵器を本格的に使用することはなかった。軍事的有効性があるとされていた特定の兵器が使用されなかったことは、驚くべきことである。第二次世界大戦中、化学兵器がほとんど使用されなかったことについては、軍事的な有効性が低かったからだと指摘するものや、報復を恐れて使用されなかったからだと指摘するものもいる[133]。ただし、軍事的有効性が認められる局面や、報復の恐れがない局面でも、「国家間社会」のメンバー間では化学兵器はほとんど使用されなかったという[134]。第二次世界大戦を通して、化学兵器使用が抑制された背景には、ハーグ平和会議以来、「国家間社会」で共有されるようになってきた化学兵器使用禁止規範が無視し得ない影響を与えたことがあると思われる。化学兵器使用禁止規範は、第一次世界大戦における広範な使用とその際の解釈・適用をめぐる競合、逸脱者による釈明、ジュネーブ毒ガス議定書採択、イタリアによる使用などを経て、徐々に強化されてきた。第二次世界大戦を通して、これほどまでに化学兵器が使用されなかったという事実は、化学兵器使用を忌避する規範の存在抜きに、説明することは困難だと思われるのである。

　以上のように、第二次世界大戦中、文民保護規範は一定程度戦闘方法に影響を与え、化学兵器使用は忌避された。その一方で、核兵器が使用され未曾有の被害が発生した。甚大な被害を生み出した、この凄まじい破壊力を持つ核兵器をどう扱うべきなのか。また、第三次世界大戦勃発を防ぐためには何ができるのか。第二次世界大戦後、さらなる拡大を見せる「国家間社会」は、こうした課題に取り組むことが急務となった。

1 ）　William I. Hull, *Two Hague Conferences and Their Contributions to International Law*, Gin & Campany, 1908, p. 53.
2 ）　Adam Watson, "European International Society and Its Expansion," in Hedley Bull and Adam Watson eds., *The Expansion of International Society*, Clarendon Press, 1984, p. 30.
3 ）　Gerrit W. Gong, *The Standard of 'Civilization' in International Society*, Clarendon Press, 1984, p. 41.
4 ）　Gerrit W. Gong, *ibid.*, p. 25.
5 ）　Gerrit W. Gong, *ibid.*, p. 14.
6 ）　Gerrit W. Gong, *ibid.*, pp. 14-21.
7 ）　Robert W. Tucker, *The Inequality of Nations*, Basic Books, 1977, p. 9.

8) Gerrit W. Gong, *op. cit.*, pp. 106-119.
9) Gerrit W. Gong, *ibid.*, p. 108; Bernard Lewis, *The Middle East and the West*, Harper & Row, 1966, pp. 30-31.
10) オスマン帝国の「ヨーロッパ国家間社会」への参入過程、時期については、小川裕子「ロシア帝国とオスマン帝国のヨーロッパ国際体系への参入―異質な政治体はどのように取り込まれていったのか」山影進編『主権国家体系の生成―「国際社会」認識の再検証』ミネルヴァ書房、2012 年、253-278 頁を参照。
11) とはいえ、オスマン帝国はそうした義務を果たすことには積極的ではなく、ヨーロッパ諸国で共有されていた価値観に基づく法的義務や規範はなかなか浸透しなかったという。Gerrit W. Gong, *op. cit.*, p. 114. そうしたこともあり、トルコが「国家間社会」の一員とみなされるようになった時期について、ゴンは、1923 年のローザンヌ条約締結まで待たなければならないと指摘している。同書、pp. 100-119.
12) Adam Watson, "New States in the Americas," in Hedley Bull and Adam Watson eds., *op. cit.*, p. 139.
13) ハイチのような例外もあったが、ハイチが「ヨーロッパ国家間社会」に与える影響はとるに足らないため、植民者が建国したわけではなかったものの、スムーズに「ヨーロッパ国家間社会」に受け入れられたのかもしれない。ただ、いずれにせよこの時点では、「ヨーロッパ国家間社会」から国家と認められる際、人種は問題となっていなかった。この点、Adam Watson, *ibid.*, pp. 133-134.
14) Gerrit W. Gong, *op. cit.*, p. 122.
15) Gerrit W. Gong, *ibid.*, pp. 123-129.
16) Gerrit W. Gong, *ibid.*, p. 135、ただし、マカートニーが全く無視されたわけではない。叩頭を拒否したものの、「片膝をついて跪き、皇帝の手に接吻するというマカートニーの提案したヨーロッパ流の方式を中国側は受け入れた」という。皇帝の手への接吻は中国側の希望で省略されたものの、皇帝に直接信任状を手渡すことも認められた。ただし、これははるばるイギリスから皇帝に敬意を表しに来たことから、「英国式の儀礼を認めてやった」ということに過ぎず、あくまでマカートニー達は、貢使として扱われた。そのため、実質的な交渉は全く行われなかったという。ジョージ・マカートニー、坂野正高訳注『中国訪問使節日記』平凡社、1975 年、86-94 頁、および坂野正高による訳注、320 頁。
17) Ssu-yu Teng, *Chang Hsi and the Treaty of Nanking 1842*, University of Chicago Press, 1944, p. v.
18) Gerrit W. Gong, *op. cit.*, p. 98, 164, 202 など。
19) Gerrit W. Gong, *ibid.*
20) 『日本外交文書』第 20 巻、文書番号 26 付属書 4「七月九日井上外務大臣提出意見書」、90 頁。
21) Geoffrey Best, *Humanity in Warfare*, Columbia University Press, 1980, p. 143.
22) 鈴木淳『維新の構想と展開―日本の歴史 20』講談社、2010 年、280-281 頁。
23) 岡崎久彦『陸奥宗光とその時代』PHP 文庫、2003 年、311-313 頁。シャムで 1907 年に建設されたアナンタサマーコム宮殿は、1932 年の立憲革命後は国会議事堂として使用された。
24) Marius B. Jansen, "Modernization and Foreign Policy in Meiji Japan," in Robert E. Ward ed., *Political Development in Modern Japan*, Princeton University Press, 1974, p. 176;「資料紹介―山県有朋意見書」『国際政治』第 3 号、1957 年、183-192 頁。
25) 海野福寿『日清・日露戦争―日本の歴史(18)』集英社、1992 年、44-46 頁。
26) 隅谷三喜男『日本の歴史(22)―大日本帝国の試練』中央公論社、1974 年、34 頁。
27) 井上清『条約改正―明治の民族問題』岩波書店、1955 年、184-198 頁;原田敬一『日清・日露戦争―シリーズ日本近現代史(3)』岩波書店、2007 年、26-32 頁。

28) 条約を結ぶにあたって、イギリスは港間貿易に函館港を加えるよう求めたという。これは、シベリア鉄道開通後、ロシアに対抗する必要が出た際のことを見越してのことであった。井上清、前掲書、221-222 頁。
29) 海野福寿、前掲書、62 頁。ただし、関税自主権が完全回復するのは、1894 年に各国と締結した条約が満期を迎え、改正された 1911 年のことであった。日本における立憲主義は国際的にも知られるようになり、また日露戦争に勝利していたこともあり、この改正は比較的順調に行われたという。佐々木隆『明治人の力量―日本の歴史（21）』講談社、2010 年、355 頁。
30) 『日本外交文書』第 27 巻第 1 冊、文書番号 56、113 頁。
31) 『日本外交文書』第 27 巻第 1 冊、文書番号 56、113 頁。
32) 佐々木隆、前掲書、124 頁。
33) 隅谷三喜男、前掲書、35 頁。
34) Ian Brownlie, "The Expansion of International Society: The Consequences for the Law of Nations," in Hedley Bull and Adam Watson eds., *op. cit.*, pp. 362-363.
35) James Turner Johnson, *Just War Tradition and the Restraints of War: A Moral and Historical Inquiry*, Princeton University Press, 1981, p. 78.
36) ノルベルト・エリアス『文明化の過程・下―社会の変遷／文明化の理論のための見取り図 改装版』法政大学出版局、2010 年、333-354 頁。
37) カリエール（板野正高訳）『外交談判法』岩波書店、1978 年、59 頁。
38) ニッコロ・マキアヴェリ『新訳君主論』中央公論社、2002 年、102 頁。
39) ニッコロ・マキアヴェリ、前掲書、105-106 頁。
40) Sandi E. Cooper, *Patriotic pacifism: Waging War on War in Europe, 1815-1914*, Oxford University Press, 1991, p. 60、ただし、そこでは設立は 1892 年と書かれているが、International Peace Bureau のホームページによると設立は 1891 年とされており、本書では 1891 年を設立年とした。http://www.ipb.org/web/index.php（最終覧日、2013 年 12 月 13 日）。
41) John Mueller, *Retreat from Doomsday: The Obsolescence of Major War*, Basic Books, 1989, pp. 39-40.
42) John Mueller, *ibid.*, pp. 41-42.
43) John Mueller, *ibid.*, pp. 38-42.
44) John Mueller, *ibid.*, p. 42.
45) John Mueller, *ibid.*, p. 43.
46) John Mueller, *ibid.*, pp. 38-51.
47) Robert A. Klein, *Sovereign Equality among States: The History of an Idea*, University of Toronto Press, 1974, pp. 26-30.
48) Robert A. Klein, *ibid.*, pp. 35-38.
49) Robert A. Klein, *ibid.*, p. 42.
50) Robert A. Klein, *ibid.*, p. 40.
51) Robert A. Klein, *ibid.*
52) Robert A. Klein, *ibid.*, pp. 42-43.
53) Robert A. Klein, *ibid.*, p. 46.
54) William I. Hull によれば、1898 年、ロシアでは旧式の大砲を新式の大砲に一新することを避けようと議論を進めるなかで軍拡抑制へと議論が展開し、この問題を議論するために、各国に会議参加を呼びかけたとのことである。William I. Hull, *op. cit.*, pp. 2-3, pp. 53-54.
55) Sandi E. Cooper, *op. cit.*, p. 124.
56) William I. Hull, *op. cit.*, p. 3.
57) William I. Hull, *ibid.*, p. 2.

58) William I. Hull, *ibid.*, p. 21.
59) ただし、代表を置かないルクセンブルグ、モンテネグロ、シャムを招待する一方で、南アフリカなどは招待しないなど、一定の外交的配慮がなされていたようである。William I. Hull, *ibid.*, p. 10.
60) シャムはロシアに外交代表を置いていなかった。しかし、ニコライ2世と、シャムのチュラロンコン王は個人的に親交が深かったことから招待されたという。Gerrit W. Gong, *op. cit.*, p. 70.
61) Gerrit W. Gong, *ibid.*, p. 58.
62) William I. Hull, *op. cit.*, pp. 10-13.
63) William I. Hull, *ibid.*, p. 12.
64) そうした典型的な例が、ハーグ平和会議におけるグアテマラ代表の発言。Robert A. Klein, *op. cit.*, pp. 58.
65) Robert A. Klein, *ibid.*, p. 55.
66) William I. Hull, *op. cit.*, p. 77.
67) G. I. A. D. Draper, "The Interaction of Christianity and Chivalry in the Historical Development of the Law of War," *International Review of the Red Cross*, No. 46, 1965, pp. 6-23.
68) William I. Hull, *op. cit.*, pp. 76-79.
69) 宣言については、James Brown Scott ed., *The Hague Peace Conferences of 1899 and 1907 Second edition*, Oxford University Press, 1915, pp. 220-223. また本宣言は会議参加国のすべての国によって署名され、トルコを除くすべての国によって批准された。
70) William I. Hull, *op. cit.*, p. 84.
71) フィッシャー提督（Admiral Fisher）による発言。William I. Hull, *ibid.*, p. 84.
72) William I. Hull, *ibid.*, pp. 87-88.
73) William I. Hull, *ibid.*
74) William I. Hull, *ibid.*
75) アメリカ政府代表の本国へのレポート。William I. Hull, *ibid.*, p. 88.
76) イギリスは1907年の第2回ハーグ平和会議で、本宣言に署名した。
77) William I. Hull, *op. cit.*, pp. 169-181.
78) William I. Hull, *ibid.*, p. 181.
79) William I. Hull, *ibid.*
80) William I. Hull, *ibid.*, p. 183.
81) William I. Hull, *ibid.*, pp. 184-185.
82) ただし、イギリス、およびポルトガル政府については第2回ハーグ平和会議の際、ダムダム弾禁止宣言に従うことを宣言した。James Brown Scott ed., *op. cit.*, pp. 227-228.
83) William I. Hull, *op. cit.*, pp. 232-233.
84) 第2回ハーグ会議の参加国は、第1回よりも18国増加して、44カ国となった。その増加は主にラテンアメリカ諸国の参加によるものであった。アジアからの参加国に変化はなく、アフリカからの参加国は依然として皆無であったことには留意しておく必要があろう。
85) 具体的には、形式的には国家間の平等を維持しつつも、国際組織の円滑な運営を確保すべく、国家間の、主として能力的な差異に応じて序列的に扱う相対的平等の適用が検討されるようになっていった。大谷良雄「国際組織と国家平等理論」『国際法外交雑誌』第68巻2号、1969年。
86) 参加国は、ドイツ、オーストリア、ベルギー、中国、デンマーク、スペイン、アメリカ、メキシコ、フランス、イギリス、ギリシャ、イタリア、日本、ルクセンブルグ、モンテネグロ、オランダ、ペルシャ、ポルトガル、ルーマニア、ロシア、セルビア、シャム、スウェーデン、ス

イス、オスマン帝国、ブルガリアの 26 カ国であった。
87) 藤田久一『新版国際人道法増補』有信堂、2000 年、93-94 頁。
88) Jeffrey W. Legro, *Cooperation under Fire: Anglo-German Restraint during World War II*, Cornell University Press, 1995, p. 152.
89) 総加入条項とは、非締約国または非加入国が交戦国中の一国として戦争に加われば、そのときからこの宣言は効力を失うというものである。
90) 浅田正彦「化学兵器の禁止」黒沢満編『新版 軍縮問題入門』東信堂、2005 年、112 頁。
91) Richard Price, *The Chemical Weapons Taboo*, Cornell University Press, 1997, pp. 47-48.
92) Richard Price, "Compliance with International Norms and the Mines Taboo," in Maxwell Cameron, Robert Lawson and Brian Tomlin, eds., *To Walk Without Fear: The Global Movement to Ban Landmines*, Oxford University Press, 1998, pp. 347-349.
93) SIPRI, *The Problem of Chemical and Biological Warfare: A Study of the Historical, Technical, Military, Legal and Political Aspects of CBW, and Possible Disarmament Measures, Vol. I: The Rise of CB Weapons*, Almqvist & Wiksell, 1971, pp. 27-28.
94) Richard Price, *The Chemical Weapons Taboo, op. cit.*, p. 52, p. 56.
95) イギリスのタイムズ紙に引用されていたドイツの *Frankfurter Zeitung* 紙の記事などを参照、"Through German Eyes: Poisonous Gases: A Quick and Painless Death," *The Times*, April 29, 1915, p. 6.
96) こうした言説はドイツのラジオ放送でも見られた。たとえば、ドイツのラジオ放送の内容を伝えるタイムズの報道、"Asphyxiating Gases in Warfare," *The Times*, April 24, p. 7.
97) "The Attack North of Ypres: German Intensions," *The Times*, April 26, 1915, p. 10.
98) タイムズ紙に引用されていたドイツの *Frankfurter Zeitung* 紙の記事、"Through German Eyes: Poisonous Gases: A Quick and Painless Death," *The Times*, April 29, 1915, p. 6.
99) *War Book of the German General Staff*, Stackpole Books, 2005. 本書原書は、ドイツで 1902 年に出版されたドイツ将校向けの公式国際法ハンドブックとされている。第一次世界大戦中、イギリス政府がその内容の検証を委託した際、John Hartman Morgan が英語に翻訳したものがこの英語版である。Morgan は Introduction で、この War Book は国際法を大きく逸脱する内容であると激しく非難していたようであるが（筆者が利用した 2005 年版ではこの序は削除されている）、実際のところ、本書を読めばドイツ将校達が戦争の「文明化」を強く意識させられていたことがわかる。2005 年版序にあるとおり、本書は「新たにヨーロッパの帝国となったドイツは、渋々ながらも、文明国として、戦争での振る舞いが国家の名誉の問題となることを受け入れた」ことを如実に表しているように思われる。Introduction, p. xviii.
100) Richard Price, *The Chemical Weapons Taboo, op. cit.*, pp. 51-57.
101) Richard Price, *The Chemical Weapons Taboo, ibid.*, pp. 60-62.
102) たとえば、国際連盟陸海空軍問題常設諮問委員会は、1920 年にガス戦に関するレポートを発行した。そこでは、「ガスの使用は根本的に残酷な戦闘方法」で、「文民に対する使用は、野蛮で弁解できないものとみなさなければならない」としていた。SIPRI, *The Problem of Chemical and Biological Warfare: A Study of the Historical, Technical, Military, Legal and Political Aspects of CBW, and Possible Disarmament Measures, Vol. IV: CB Disarmament Negotiations, 1920-1970*, Almqvist & Wiksell, 1971, p. 44.
103) なお、ジュネーブ会議に先立って、1921 年から 1922 年にかけて開催されたワシントン海軍軍縮会議の際にも、毒ガスなどの化学兵器使用規制が議論されていた。ワシントン軍縮会議から、ジュネーブ会議にかけての化学兵器規制をめぐる議論については、Richard Price, *The Chemical Weapons Taboo, op. cit.*, pp. 70-92 を参照。
104) エリック・クロディー『生物化学兵器の真実』シュプリンガー・フェアラーク東京、2003 年、

175頁。
105) "Germany and Poison Gas: Too effective to be given up," *The Times*, February 27, 1918, p. 5.
106) Richard Price, *The Chemical Weapons Taboo, op. cit.*, pp. 78-81.
107) "Poison Gases in Warfare: Red Cross Appeal for Abolition," *The Times*, February 11, 1918, p. 5.
108) Richard Price, *The Chemical Weapons Taboo, op. cit.*, p. 87.
109) Richard Price, *ibid.*
110) Frederic J. Brown, *Chemical Warfare: A Study of Restraints*, Princeton University Press, 1968, pp. 57-59. 化学業界による「教育キャンペーン」は、第一次世界大戦後から1925年にかけて大々的に行われた。40の主要日曜紙に全面記事を送り、1,025紙の新聞論説欄に投稿し、講演を行うとの手紙を各所に送るなどしていたという。
111) たとえば、"War's Newest and Deadliest Weapon; 3 Drops of Poison Kill Any One They Touch," *New York Times*, March 13, 1921 など。
112) Frederic J. Brown, *op. cit.*, pp. 60-61.
113) Jeffrey W. Legro, *op. cit.*, pp. 144-216.
114) Richard Price, *The Chemical Weapons Taboo, op. cit.*, p. 73.
115) エリック・クロディー、前掲書、177-178頁。
116) 飛行機による最初の空爆は、1911年10月、イタリア・トルコ戦争におけるイタリア機によるものであるとされている。その後、徐々に空爆は広がっていった。ただし、空爆が多用されたのは「文明国」による「野蛮」への攻撃においてであった。軍事技術の格差のため、「野蛮」とされる地域の対空戦力がきわめて低く、空爆の軍事的価値が高く評価されたからである。攻撃側の人的被害が抑えられることも大きかった。荒井信一『空爆の歴史—終わらない大量虐殺』岩波書店、2008年、2-3頁。
117) イタリアの将軍、ジュリオ・ドゥーエ（Giulio Douhet）が1921年に出版した『空の支配』という著書に見られた表現。この『空の支配』は、その後各国空軍に影響を与えたという。本書は、荒井信一、前掲書、9頁に引用されていたものを参照した。実際、同様の指摘は、各国の軍関係者によりなされている。たとえば、イギリス陸軍を退役し、軍事研究家として活躍したバジル・リデル＝ハート（Basil Henry Liddell-Hart）は、「かえって戦争は人道的になる」と空爆の効用を説いていた。石津朋之・立川京一・道下徳成・塚本勝也編『エア・パワー—その理論と実践』芙蓉書房出版、2005年、74頁。
118) 荒井信一、前掲書、10頁。
119) Ward Thomas, *The Ethics of Destruction: Norms and Force in International Relations*, Cornell University Press, 2001, pp. 106-110.
120) 第二次世界大戦勃発当時、各国の空戦の指針はこのハーグ空戦規則に沿ったものとなっていたという。荒井信一、前掲書、73-82頁；田岡良一『空襲と国際法』巌松堂書店、1937年、157-161頁。実際、1938年、国際連盟は空爆を軍事目標に限定するよう求める総会決議を全会一致で採択している。筒井若水『違法の戦争、合法の戦争—国際法ではどう考えるか？』朝日新聞社、2005年、147-148頁。
121) 第一次世界大戦中の学説を検討した田岡によれば、戦場外にある都市であったとしても、軍事目標を攻撃することは適法であり、また、（夜間電気を消すなどして）軍事目標を正確に狙うことを困難にした場合、民間人被害の責任は攻撃を受けた国の当局が負うべきといった見解もあったという。田岡良一、前掲書、164-165頁。
122) 最上敏樹『国際機構論　第二版』東京大学出版会、2006年、42-43頁。
123) 国際連盟における集団安全保障の問題点については、Inis L. Claude, Jr., *Swords into*

*Plowshares: The Problems and Progress of International Organization, Fourth Edition*, Random House, 1971, pp. 261-264 の議論を主に参照した。
124) SIPRI, *The Problem of Chemical and Biological Warfare: A Study of the Historical, Technical, Military, Legal and Political Aspects of CBW, and Possible Disarmament Measures, Volume III: CBW and the Law of War*, Almqvist & Wiksell, 1973, p. 40; Myers S. McDougal and Florentino P. Feliciano, *Law and Minimum World Public Order: The Legal Regulation of International Coercion*, Yale University Press, 1961, p. 622.
125) Jeffrey W. Legro, *op. cit.*, pp. 141-143.
126) Ward Thomas, *op. cit.*, pp. 125-127.
127) ドイツとイギリスの間では、激しい都市爆撃の応酬がなされた。これは、1940年8月24日、ロンドン郊外の軍事施設を狙っていたドイツの爆撃機が誤ってロンドン中心街に爆弾を落としたことがきっかけだったとされる。イギリスは報復としてベルリンに爆撃を行い、それに報復する形でドイツもイギリスへの爆撃を開始し、英独あわせて50万人以上が犠牲になった。吉田敏浩『反空爆の思想』日本放送出版協会、2006年、100-105頁。ただ、第二次世界大戦開戦後1年近く、英独ともに軍事施設以外への空爆を控えた。アメリカについても同様である。陸軍航空軍副司令官、アイラ・C・イーカー (Ira C. Eaker) 将軍は、士気を破壊する目的で一般住民を攻撃することは、「我々が野蛮人である」と間違いなくドイツ人に確信させると主張し、そのような攻撃に反対した。ロナルド・シェイファー『新装版 アメリカの日本空襲にモラルはあったか―戦略爆撃の道義的問題』草思社、2007年、132頁。実際、日本空襲に際しても、1945年2月までは軍需工場など軍事目標への爆撃に限定していたという。
128) SIPRI, *The Problem of Chemical and Biological Warfare, Vol. IV: CB Disarmament Negotiations, op. cit.*, p. 175.
129) SIPRI, *ibid.*, p. 178.
130) SIPRI, *ibid.*
131) SIPRI, *ibid.*, p. 180.
132) Richard Price, *The Chemical Weapons Taboo, op. cit.*, p. 107. 同様に、イギリスがインドやアフガニスタンで、スペインやフランスがモロッコで化学兵器を使用するなどしていた。
133) SIPRI, *The Problem of Chemical and Biological Warfare, Vol. I: Rise of CB Weapons, op. cit.*, pp. 321-322.
134) Richard Price, *The Chemical Weapons Taboo, op. cit.*, pp. 109-133.

# 第四章 「国家間社会」の普遍化

## はじめに

　第二次世界大戦で核兵器が史上初めて使用され甚大な被害を生んだ。その凄まじい破壊力ゆえ、核兵器の管理をいかに行うのかという点が「国家間社会」の喫緊の課題となった。また、各地の植民地が独立を勝ち取り国連に加盟するなどし、「国家間社会」のメンバーは世界中へと広がった。きわめて破壊力の大きな核兵器の登場と、「国家間社会」の普遍化という現象とは、「国家間社会」および「国家間社会」における兵器使用をめぐる規範にいかなる影響を与えたのであろうか。本章で見ていくこととしよう。

## 第一節　「文明」基準の消滅と「国家間社会」の変容

　19世紀後半以降、「国家間社会」はヨーロッパという地理的範囲を越えて徐々に広がっていった。その際、14世紀から15世紀後半にかけてイタリアで発達し、その後「ヨーロッパ国家間社会」で用いられてきた外交ルールに基づいて各国間の利害調整が図られた。また、「国家間社会」の一員は、「ヨーロッパ国家間社会」の一員としての基準、すなわち「文明」基準を満たすことが求められた。これはとりもなおさず、「ヨーロッパ国家間社会」が世界全体へと拡張するという形をとりながら、「国家間社会」が形成されてきたということを意味する。しかし、戦間期あたりから、「国家間社会」の一員となる条件として「地域や文明に関して、あまり厳しい基準を主張しない傾向[1]」が見られるようになった。「宗教や、文明の程度などといった論争的な基準は、国家と認めるための条件ではなくなった」との指摘がなされるようになったのである[2]。

「国家間の社会としての『文明社会』」とか、世界の他の地域とは異なる『国家』といった概念は、もはや現実の世界にそぐわない」「現在の世界において、一部の国家が排他的なクラブに属し、そのメンバーは、より優勢な国家が曖昧なルールによって選別し、メンバーから排除されたものは、道義的原理の一般的な保護の埒外に置かれ、法の支配からも排除されるといった、見方を維持することは、もはや不可能である」と主張するものもあった[3]。

しかし、優勢な立場にあった国々—その多くはヨーロッパ諸国—にとって、「文明」と「野蛮」を区別し、「野蛮」に対して「国家間社会」における規範にとらわれることなく振る舞うことを可能にする国際社会観は、都合のよいものだった。戦間期、「文明」基準を疑問視する声が上がり始めていた一方で、「文明」基準を重視する声も依然少なくなかった。たとえば、チャールズ・ハイド(Charles Cheney Hyde)は、国家として承認される要件として「一定の文明(degree of civilization)」をあげている[4]。1927年にリオデジャネイロで開催された第6回米州国際会議に提出された文章にも、国家の要件として「文明」基準が含まれている[5]。前章で見たとおり、第二次世界大戦においては、「文明国」の「野蛮」に対する空爆や化学兵器使用を正当化しようとする言説は少なくなかった。圧倒的な物理的力の差を背景に、「文明」の「野蛮」に対するこうした振る舞いへの反発は押さえ込まれていた。

第二次世界大戦中、「文明国」とされた国々は、ドイツによるホロコーストを始め、到底「文明的」とはいいがたい行動を重ねた。「文明」基準によって「国家間社会」のメンバーか否かを分けるといった考え方は、激しく非難されるようになっていった。「野蛮な人々などは、互恵的意思を持たないので国家として承認される資格がないなどという主張は、事実にも道理にも反する[6]」、「現代の国際法において、国家承認に際して、文明国と非文明国の区別などない」といった主張が盛んになされた。「国家は、非文明的な国家と政府すらも承認する法的義務を負うと想定されるようになった[7]」という言説は、「文明」基準に固執しつつも、そのような基準がもはや適切ではないと考えるようになったことを示す象徴的なものといえよう。

第二次世界大戦後は、「文明」基準が問題とされることはなくなった。国連憲章には、国連加盟国の地位は、「平和愛好国家」のすべてに開放されている

と明記されている（国際連合憲章第4条1項）。しかし、「平和愛好国家」というのは、カル・ホルスティ（Kalevi J. Holsti）が指摘するように、きわめて柔軟かつ主観的に適用することが可能な概念で、ほとんど条件とはいえないものであった[8]。一方で、「国家間社会」の構成規範には変化が見られた。主権平等規範が、国連憲章に明記されたのである。主権平等という概念自体は18世紀には見られたものの、それが国家間の行動の基準とされるようになるには時間がかかった。各国間の能力差はきわめて大きく、理想と現実の間には大きなギャップが存在した。前章でふれたとおり、アメリカが、米州諸国会議で主権平等規範を持ち出した背景には、アメリカ大陸における自らの指導的役割を、ラテンアメリカ諸国に受け入れてもらうためという面があった。実際、アメリカによる主権平等規範の訴えは名目的なものに過ぎなかった。アメリカは、自らがアメリカ大陸で指導的役割を果たすことを当然視していたのである[9]。しかし、各国国内社会で法のもとの平等規範が広まるなかで、「国家間社会」において主権平等規範に反対することは困難になっていった。まずは南北アメリカ諸国間で主権平等規範が広まり、そしてそのラテンアメリカ諸国がハーグ平和会議以降、「国家間社会」で盛んに主権平等規範に従うように訴えるようになった。国際連盟設立時には、大国と小国の関係をどうするかは大きな論点の一つとなった[10]。結局、大国が常任理事国となる理事会と、加盟国すべてが対等な立場で参加する総会を併置させるという方策を採用したが、国際連盟が期待された機能を十分に果たすことはなかった。

　戦間期、南北アメリカ諸国間で、他国に先行して主権平等規範が各国の行動基準として定着していく状況が観察された。善隣政策を追求したフランクリン・ルーズベルト（Franklin Roosevelt）がアメリカ大統領を務めていた時期、南北アメリカ諸国が平等な立場で西半球の平和の問題に協働して取り組むようになった[11]。こうした経験を踏まえ、第二次世界大戦後の秩序を構想する際、アメリカの政策担当者のなかには、主権平等規範を全世界に広げようとするものもいた[12]。主権平等規範を否定することはいっそう困難になりつつあった[13]。国際連合においては、大国が指導的役割を果たすことを認める安全保障理事会を設立する一方で、「第二次世界大戦後、大国も小国も等しく国際連合に参加できるような動機づけとして[14]」主権平等規範も尊重され、国際連合憲章第2

条に主権平等が明記されることとなった。さらに、1970 年に国連総会で採択されたいわゆる友好関係原則宣言において、国家間の経済的、社会的、政治的、その他の相違にもかかわらず、すべての国家が平等の権利と義務を有することが宣言された[15]。「国家間社会」のメンバーによって、主権平等規範が、明示的に「国家間社会」の構成規範として認められるようになっていったのである。

　冷戦が開始され、脱植民地化が進むなかで、「国家間社会」はさらに大きく変容し始めた。米ソを中心とする東西両陣営間でイデオロギーをめぐる対立が激化すると、国家間でいかなる秩序を構築すべきかという点に関する合意が、「国家間社会」で形成される余地が著しく縮小した。1960 年代以降、それまで「野蛮」とされ植民地化されてきた地域の多くが脱植民地化した。脱植民地化の動きは植民地以前の地域秩序に回帰することを意味しなかった。脱植民地化した地域は、「ヨーロッパ国家間社会」を起源とする「国家間社会」のなかで、「国家」となる道を選んだ[16]。植民地状況を抜け出したとしても、これらの地域と欧米諸国との間には圧倒的な力の差があった。そうしたなかで、少なくとも法的に欧米諸国と対等な立場となって欧米諸国からの介入を防ぐうえで、「国家間社会」の一員となることは好都合だった。それゆえ、脱植民地化した地域は、「国家」としての体裁を整え、「国家間社会」のメンバーに加わろうとした。「国家間社会」の構成規範である主権尊重規範や主権平等規範を、新たに独立した国家は「法的盾」とみなしていたのである[17]。

　「文明」基準が消滅したとはいえ、国連憲章は、憲章に掲げる義務を受諾し、かつその義務を履行する能力および意思があることを加盟国に求めている。少なくとも当初は、国家としての能力の有無が、「国家間社会」の成員となるための条件とされていた（国際連合憲章第 4 条 1 項）。だが、こうした条件すら、東西両陣営間の対立のなかで、実質的内実や重要性を持たなくなった[18]。西側諸国は、植民地が独立する際、「国家」となるにふさわしいだけの自己統治能力があるかどうかを問い国家として承認しないことで、その地域を反植民地主義、あるいは親共産主義勢力にしてしまうことを恐れた[19]。東西両陣営にとって重要なのは、新たな独立国の内実ではなく、その国が自らの陣営にくみするかどうかであった。1960 年代に入りアフリカ諸国など多くが独立し国連に加盟すると、国連加盟国が世界中を覆うようになった。また、「国家間社会」の成員と

なる際、国家としての能力も問われないようになると、当初、国連加盟が認められないと解釈されていた小国家（mini-states）や極小国家（micro-states）すらも、徐々に国連加盟が認められていった[20]。こうして、「国家間社会」はきわめて多様な成員を包含するようになった。

「国家間社会」は、ヨーロッパ諸国間の関係から生まれ発達してきた。ヨーロッパ諸国間では、文化・宗教的な価値観が相当程度共有され、「国家」としての形態も国力もある程度近似していた。その後も、一定の国力を有し、かつ「ヨーロッパ国家間社会」で共有されていた「文明」基準を共有する「国家」のみを「国家間社会」の一員とみなしてきた。「国家」間の同質性は一定程度担保されていたといえる。ところが、国力や「文明」基準にとらわれることなく「国家」としての外観を有するものを「国家間社会」の一員として迎えるようになると、「国家間社会」の存立基盤が二つの意味で揺らぐこととなった。

第一に、社会としての一体性が揺らいだことが指摘できる。社会のメンバーは何らかの度合いにおいてオーガナイズされている必要がある。この点、たとえば、ヘドリー・ブルは「国際社会は、すべて共通の文化や文明を土台としていた」と指摘している[21]。あるいは、マーティン・ワイト（Martin Wight）は「メンバー間のある程度の文化的な一体感がなければ、国家間システムは存在しえない」と述べている[22]。ヨーロッパ文化や、あるいはそれを土台とする「文明」基準を共有しないメンバーが、はたして秩序立った社会を形成できるのかが、試されることとなった。ブルは、国際社会を支える共通の文化として、コミュニケーションを容易にする共通の言語や哲学、文学、芸術といった共通の知的文化と、国家間の一体感を高め、共有利益を認識するうえで重要な役割を果たす宗教や道義的基準といった共通の価値観の重要性を指摘している[23]。

しかし、新興独立国が大挙して「国家間社会」に加わると、共通の文化的基盤はいっそう弱いものとなった。各国は、文化・宗教的にも多様で、「文明」基準による秩序維持を掲げているわけでもない。ただし、冷戦期対立していた東西両陣営間でも、あるいは従来からの「国家間社会」のメンバー国と新興独立国との間でも、国家間のコミュニケーションは行われていた。各国は、「ヨーロッパ国家間社会」で発達してきた外交文化を受け入れていた。すなわち、各国は、主権尊重規範、主権平等規範を共有し、在外公館や国連などの各種国際

機関や国際会議の場を通して、国家間の持続的なコミュニケーションを維持していた。ブルは、少なくとも各国のエリート間では、近代性（modernity）という知的文化が共有され、主として英語でコミュニケーションがなされるなど、ある程度の共通の知的文化が存在すると指摘していた[24]。この知的文化を共有するのは各国エリートに限られており、その根はきわめて浅かった。また、外交文化だけでは「国家間社会」を円滑に機能させるには十分ではない。ブルは、外交文化が、共通の価値観などによって強化される必要があるとしていた。しかしながら、そのような共通の価値観は「国家間社会」が普遍化していくなかで、強化されるどころか、失われていった[25]。

　第二に、こうした多様な国家が「国家間社会」の成員となったことで、「国家間社会」を構成する主権平等規範の基盤を支える現実的要素が、著しく減少した点も指摘できる。先述のとおり、「第二次世界大戦後、大国も小国も等しく国際連合に参加できるような動機づけとして」、国連憲章に主権平等が明記された。しかし、その結果さまざまな成員が国際連合に加盟し、「国家間社会」の成員となると、まさにそれゆえに、主権平等規範を支える基盤が大きく揺らぐことになった[26]。「経済的に強力な旧国家群と経済的にはほとんど無力な新国家群」の間の異質性が目立つようになったのである[27]。「文明」と「野蛮」という境界線は消滅する一方、国家間の能力の格差は大きくなった。冷戦開始と、脱植民地化進展を受けて、「国家間社会」の一体性は大きく揺らぎ、質的にも変容していった。一方で、各国が少なくとも外交文化を共有し、持続的なコミュニケーションを行う「国家間社会」が存続した。むしろ、その範囲は広がり、「国家間社会」が地球全体を覆うようになっていった。

## 第二節　核兵器をめぐる規範の構成

　第二次世界大戦後、国際の平和と安全を維持するため、「国家間社会」は国際連合を創設した。国連憲章では侵略行為や武力行使だけでなく武力による威嚇すらも禁止し、戦争違法化を徹底した。しかし、第二次世界大戦後まもなくアメリカとソ連の対立は深刻なものとなり、国際連合は設立時に想定していた機能を果たすことができなくなった。国連の集団安全保障体制に戦争防止を期

待できない以上$^{28)}$、たとえ戦争が発生したとしても自らの身は自ら守らなければならないという状況が大きく変わることはなかった。それゆえ、各国が軍備を縮小したり、兵器の使用を禁止したりすることは依然容易ではなかった。とはいえ、第二次世界大戦で使用された核兵器が大規模に使用されてしまうと、地球そのものが破滅しかねない。圧倒的な破壊力を有する核兵器が使用されることを防ぐことが、「国家間社会」において喫緊の課題となった。

　1945年、広島に投下された原子爆弾は、TNT火薬の1万5,000トン分の爆発と同等の威力（15キロトン）があった。しかし、ドレスデン空爆のほうが広島よりも多くの犠牲者を出していたこともあり、第二次世界大戦直後は、通常兵器の延長という程度の位置付けがなされていたとの見方もある[29]。当時、原子爆弾の開発に成功していたのはアメリカのみであり、アメリカが保有する原子爆弾は第二次世界大戦終結時点では数発に過ぎなかった[30]。アメリカにおいてはその破壊力の大きさが認識され、核兵器の開発、製造、使用に対する国際的な統御の必要性が実感されていた[31]。それゆえ、アメリカは原子力の国際的管理を目指すバルーク案を提案した。この提案を、ソ連は、アメリカが核技術独占をもくろむものであるとみなして反対したため、バルーク案は頓挫した[32]。

　バルーク案が頓挫したことは、国家間関係がアナーキーで、各国が国益を追求している証左であるとする指摘がしばしばなされる[33]。確かに、そのように見ることも可能である。しかし、もし各国が権力最大化を目指すのだとすれば、アメリカは独占する核兵器を最大限活用して、対立しつつあったソ連に対して優位に立つこともできたはずである。アメリカがそのような行動に出るのではなく、原子力の国際管理を提案したのはなぜか。原子力の国際管理を行うほうが、核兵器能力を拡大してソ連と対峙するよりも、アメリカにとって、コストがかからず利益が大きいと判断した可能性もある[34]。しかし、もし国際関係がアナーキーなのだとしたら、そもそも原子力を国際管理下に置くことに合意できるのだろうか。アメリカが、そのような国際管理を信頼することができるのだろうか。アメリカの提案の背景には、核戦争を回避し、世界の破滅を防ぐという目的については、「国家間社会」において、たとえソ連とであっても、共有できると考えたことがあるのかもしれない。1945年11月に、アメリカ、イギリス、カナダが、原子力を国際的に管理する委員会を国連に設立することを提

唱し、国連原子力委員会が国連安保理の権限下に設置された。

 しかし、世界の破滅を防ぐという目的を掲げ、真にそうした意図があったとしても、原子力を国際管理することは、すでに核技術を保有しているアメリカにとって有利に働く。つまり、「原子力を国際管理すべき」という規範が受け入れられ、原子力が国際管理下に置かれるのならば、すでに核技術を保有しているアメリカにとって有利な秩序が形成・維持される可能性が高い。それゆえ、アメリカを十分に信頼することができなかったソ連が、国連原子力委員会に提示されたバルーク案を拒否したことは当然といえば当然であった。結局、この委員会は成果をあげないまま無期限休会することになった。1949年にはソ連が原子爆弾の実験に成功し、アメリカによる核兵器の独占は終焉する。その後、イギリス、フランス、中国が相次いで核実験を実施し、核開発競争は激化した。

 1952年、アメリカが初めて水素爆弾の実験を行った。水素爆弾は、核分裂ではなく原子が融合する際に放出される核融合エネルギーを利用するものである。この水素爆弾開発によってその破壊力は飛躍的に増大し、また大幅な小型化が可能となった。初期の原子爆弾は、B-36爆撃機によってようやく一発を搭載することが可能であったのに対して、水素爆弾は、弾道ミサイルに搭載することが可能であった。B-36で8時間かかる距離を、弾道ミサイルであれば30分で到達することが可能である。水爆開発を契機として、わずかな時間で、相手国に壊滅的な被害を与えることが可能となった[35]。

 冷戦対立が深まるなかで、原子力を国際的に管理することは不可能に思われた。米ソは、お互いのお互いに対する不信感を増幅させ、核兵器を持ち合いにらみ合う状況に陥っていた。そうしたなかにあっても、あるいはそうした状況にあったからこそ、両陣営は少なくともこれ以上の核拡散を防ぐことが望ましいという点では合意可能であった。核兵器保有国は、核兵器の開発、保有、使用について問題視するのではなく、「これ以上の核兵器の拡散を防ぐべき」という規範（以下、核不拡散規範[36]）を広めようとした。核兵器を保有している国にとって、そうした規範が広まることは、自らの優位を維持する権力維持機能を有する。国家間の軍事力、核兵器能力などの力の差が大きいなか、核兵器を保有する国がこうした規範の拡散に乗り出した結果、1968年に核不拡散条約（Non Proliferation Treaty：以下、NPT）が62カ国によって調印され、1970年に発

効した。NPTはすでに核兵器保有国となっていた米英仏ソ中については、核兵器の他国への譲渡を禁止し（第1条）、「誠実に核軍縮交渉を行う」ことを義務付けている（第6条）。その他の国については、核兵器を製造・取得することを禁止することで（第2条）、いっそうの核拡散を防ごうとした。

　NPTは核兵器保有国については核兵器保有を認める一方で、その他の国の核兵器保有を禁止するという不平等性を内包している。それにもかかわらず、多くの国がNPTに加入した理由の一つには、核兵器保有国と、非核兵器国との間に、軍事力、経済力などにおいて大きな格差が存在したことがある。核兵器保有国が主導するNPTに、非核兵器国が反対することは容易ではなかった。それに加え、非核兵器国が核保有を断念する代わりに、原子力の平和的利用を促進するための協力を受けられるとされた点も（第4条）、多くの国がNPTの不平等を受け入れた理由であった。また、核戦争が全人類を全滅させ得ることに鑑みると、核兵器保有国はもちろん、多くの非核兵器国の間でも、いっそうの核拡散を防ぐことは望ましいという認識がある程度共有可能であった。一方が核兵器を使用すれば、他方が確実に核兵器で報復する状況（相互確証破壊）に東西両陣営が置かれ、核戦争が抑止されることが重要という考え方は一定の説得力を有していた。1972年には、弾道弾迎撃システム制限条約（Anti-Ballistic Missile Treaty：以下、ABM条約）が米ソ間で締結され、相互確証破壊を安定させる制度的基盤も整っていった。NPTに基づく保障措置協定が、国際原子力機関（International Atomic Energy Agency：以下、IAEA）と各国の間で締結されていき、核関連品目や技術の移転を管理する原子力供給国グループ（Nuclear Suppliers Group：以下、NSG）も1978年に設立された[37]。こうして、各国は積極的にせよ消極的にせよ、NPTを中心として核拡散を回避し、核戦争を抑止しようとする「核不拡散レジーム」を受け入れていった[38]。

　このような規範が共有されたことは、「国家間社会」における兵器をめぐる規範を取り巻く状況が変容しつつあったことを示している。前章までで見てきたとおり、ヨーロッパ各国内社会においては、人々の間で相互に依存し合う関係が密になるにつれて、あからさまな暴力行使を控えるようになっていた。また、各国の国内社会で暴力を忌避する規範が共有されるようになるにつれ、各国内社会と「国家間社会」間の認知的不協和を生み、「国家間社会」においても、

ダムダム弾や毒ガスなどの特定兵器の使用を禁止する規範が発展してきた。「国家間社会」のメンバーがお互いを、文化的にも国力的にもある程度近似した「文明国」であると認識し、お互いが規範を遵守することを期待できると考えていた。それゆえ、「国家間社会」のメンバー間では、お互いに対する特定兵器使用を慎むという規範が共有され得た。規範逸脱行為は非難の対象となり、またそうした非難を通して規範が強化され、規範遵守へと各国が行動を収斂させた。一方で、「国家間社会」のメンバー国は、社会のメンバーでない「野蛮国」に対して、そうした兵器を使用することを躊躇しなかった。また、そうした使用が非難されることは、ほとんどなかった。

　冷戦が開始され、そして脱植民地化が進むにつれて、「国家間社会」から「文明」基準は消滅した。文化的にも、国力的にもきわめて多様な国家が「国家間社会」のメンバーに加わるようになっていた。激しい東西対立が続いたこともあり、他国も規範を遵守することを期待し、自らが特定兵器の使用禁止規範を遵守するだけの信頼感が、「国家間社会」からは消失していった。そうしたなかで、お互いに対する特定兵器の使用を慎む規範が、「国家間社会」で共有されることは困難になった。とりわけ、きわめて破壊力の大きい核兵器の使用は、相手国に甚大な被害を与え得る。他国による規範不遵守による結果があまりに甚大であるため、他国が核兵器不使用規範を遵守することを信頼し、自らも核兵器使用を慎むことは考えにくい状況だった。冷戦期の「国家間社会」において共有される可能性はほとんどなかったといってよい。一方で、核兵器の大規模な使用は、地球そのものを破滅させかねない。そうした状況下で生み出されたのが、NPTを中心とする「核不拡散レジーム」であった。

　この「核不拡散レジーム」は、核兵器国と非核兵器国という国家間の不平等性を前提としており、対等な国家間でお互いに対する暴力使用を抑制しようとするものではない。「文明国」と「野蛮」という区別は消滅し、「国家間社会」は世界中に広がりつつあった。その結果、国家間の能力格差が拡大するとともに多様性も増し、同質的な国家間の社会としての基盤が掘り崩されつつあった。対等ではないアクター間で、お互いに対する暴力を抑制することは容易なことではない。ただし、核戦争を防ぎたいという一点においては各国は一致が可能であった。そうした共有意識を背景に、核兵器国は、自らにとって有利な状況

**図 4-1：核兵器をめぐる規範の発展**

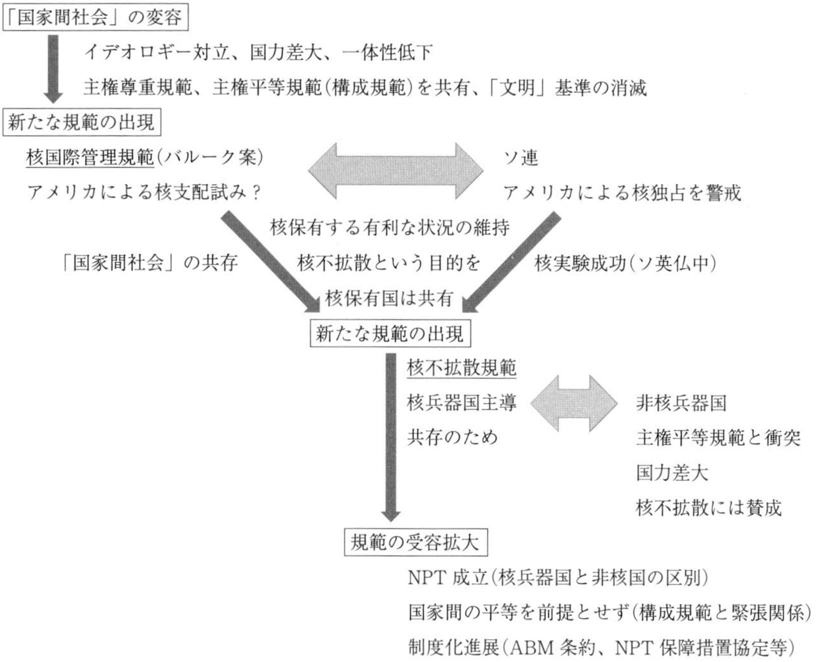

```
┌─────────────────────┐
│「国家間社会」の変容 │
└─────────────────────┘
    │   イデオロギー対立、国力差大、一体性低下
    ▼   主権尊重規範、主権平等規範（構成規範）を共有、「文明」基準の消滅
┌─────────────┐
│新たな規範の出現│
└─────────────┘
  核国際管理規範（バルーク案）    ⟷    ソ連
  アメリカによる核支配試み？           アメリカによる核独占を警戒
                    │
                    │   核保有する有利な状況の維持
  「国家間社会」の共存  核不拡散という目的を   核実験成功（ソ英仏中）
                    ▼  核保有国は共有
              ┌─────────────┐
              │新たな規範の出現│
              └─────────────┘
                    │
                    ▼
               核不拡散規範         ⟷    非核兵器国
                核兵器国主導               主権平等規範と衝突
                共存のため                 国力差大
                    │                     核不拡散には賛成
                    ▼
              ┌─────────────┐
              │規範の受容拡大 │
              └─────────────┘
                 NPT 成立（核兵器国と非核国の区別）
                 国家間の平等を前提とせず（構成規範と緊張関係）
                 制度化進展（ABM 条約、NPT 保障措置協定等）
```

を維持するべく、核不拡散規範という規制規範を広めようとした。核不拡散レジーム形成によって、核兵器国と非核兵器国というカテゴリー分けが生まれると、「国家間社会」のメンバー間の対等性は名実ともに失われた。ただし、核兵器国主導による核不拡散規範やそれを体現する「核不拡散レジーム」が、核兵器国のみならず非核兵器国にも相当程度受け入れられていた点は重要である。いっそうの核拡散を防ぎつつ、東西両陣営が相互確証破壊状況にあえてとどまることで核兵器使用を抑止しようとする試みは、核兵器国に限らず幅広い国に受け入れられ得るものだった。核兵器国が中心となって核不拡散規範が広められ、それを支える体制が整備されていった。「国家間社会」が変容するなかで、核兵器をめぐって従来とは性質が異なる兵器をめぐる規範が共有され、そのことが「国家間社会」のさらなる変容につながったのである。

核兵器使用がもたらす影響は、国家単位にとどまらない人類共通の課題ともいえる。そのため、国家以外の主体からも核問題への対処のあり方に対して、

声が上がることとなった。最初に問題視されたのは核実験であった。「国家間社会」においては、核実験についてはそれほど問題視されていなかった。しかし、核兵器がもたらす放射能汚染の問題は、アメリカやイギリス、あるいは日本などの国内社会では大いに問題視された。アメリカでは、「まっとうな核政策のための委員会（The Committee for a Sane Nuclear Policy）」が核実験禁止を求め始めていたし、イギリスでも「核軍縮委員会（The Campaign for Nuclear Disarmament）」などが盛んに街頭行動を行っていた。こうして、各国の国内社会で核実験禁止を求める声が高まったことが一つのきっかけとなり、1963年に部分的核実験禁止条約が形成された[39]。この条約は核兵器規制を行うものではない。また、地下核実験技術が確立していたため、安全保障上大きな問題とならなかった。しかし、本条約は、核兵器という国家の安全保障にきわめて大きな影響を有する兵器をめぐって、非国家主体から上がった声に影響され形成されたものである。国境を越え地球全体に影響を与え得る核兵器問題への対処が、人類共通の課題と認識されたのだとすれば、「新しい中世社会」、あるいは個々の人間を構成メンバーとする「グローバル社会」形成の萌芽をすでにここに見ることができるのかもしれない。地球を破滅に追い込みかねない核兵器問題への対処を進めることが、グローバルな領域において「国家間社会」とは異なる社会の形成を促進させる契機となるのかもしれない。

## 第三節　「国家間社会」の一体性低下

　前節で指摘したとおり、多様な国家が「国家間社会」のメンバーとなり、また東西対立が深まるなかで、他国が特定兵器の使用禁止規範を遵守することを期待し、自らもその兵器使用禁止規範を遵守するだけの信頼感が、「国家間社会」から失われていった。国家間の能力格差が拡大し、核兵器国と非核兵器国といった区別が生まれたことも、国家間の信頼感低下に拍車をかけた。では、それまで「国家間社会」で共有されてきた特定兵器の使用禁止規範は消滅したのであろうか。答えは否である。なぜか。この点を考える際には、規範の持つ正当化機能に注目することが重要である。「国家間社会」はその内実が大きく変容しつつあったとはいえ、依然として主権国家によって構成される社会であ

る事実に変わりなかった。それゆえ、「国家間社会」で共有されてきた規範を遵守することは、その国家の「国家間社会」のメンバーとしての正当性を高め得る。冷戦期、東西両陣営が自らの相手陣営に対する道義的優越を訴えて争っていた。それだけに、こうした規範を遵守することが重要であるとみなされたのかもしれない。また、新たに「国家間社会」のメンバーに加わった国にしても、「国家間社会」で共有されてきた規範に従う姿勢を示すことは、自らの国家としてのアイデンティティを強化するうえで有用である。新たにメンバーとなった国にとっては、「国家間社会」ですでに共有されていた規範は構成的効果を有し、行動を規制する力が強かったと思われる。

すでに具体化・ルール化されていた兵器使用禁止規範は、400グラム以下の爆発性・燃焼性発射物使用禁止規範、ダムダム弾使用禁止規範、毒ガス使用禁止規範、軽気球からの投射物使用禁止規範などであったが、もはやあまり使用されていなかったこれらの兵器を、あえて各国が使用することはなかった。また、文民保護規範や不必要な苦痛を与える兵器使用禁止規範といった原理レベルの規範も、それを否定するよりも、むしろ規範遵守姿勢を示すほうが自らの正当化につながり望ましいと考えられたと思われる。文民保護規範は、1949年にジュネーブ4条約のいわゆる第4条約（戦時における文民の保護に関する1949年8月12日のジュネーブ条約）において具体化され、明文化されている。

一方で、新たな兵器使用禁止規範が共有されることはなかった。文民保護規範に接ぎ木する形で、ICRCは特定兵器の使用禁止・規制を訴えていた。たとえば、1956年、ICRCは、「戦時一般住民の被る危険を制限するための規則案」を作成した[40]。本規則案において、ICRCは「焼夷弾性、化学的、細菌学的、放射性その他のものを散布するような兵器」や、「遅動兵器」の禁止を求めていた[41]。しかし、「国家間社会」のメンバーが、こうした非国家主体の声を聞き入れることはなかった。文民保護規範という原理レベルの規範を受け入れていたとしても、文民保護規範に具体的な兵器使用禁止規範が接ぎ木されることに対して賛同する国はほとんどなかった。それでも、ICRCは文民保護規範の重要性を繰り返し訴えた。1965年にウィーンで開催した第20回赤十字国際会議においては決議28を採択し、ICRCは、武力紛争においてすべての政府は、許容される害敵手段が無制限ではないという原則や、文民への攻撃は禁止されると

いう原則、戦闘員と文民を区別するという原則、戦争法の一般原則が核兵器ならびに類似の兵器に適用されるという原則に従うべきであると訴えた[42]。ICRCの訴えを受けて、1968年の国連総会で「武力紛争における人権の尊重」と題した決議が採択された[43]。この決議では、許容される害敵手段が無制限ではないという原則や、文民への攻撃は禁止されるという原則、戦闘員と文民を区別するという原則が、全会一致（111ヵ国）で確認された[44]。また、上記の三原則が「国家間社会」でも受け入れられたことを受けて、これら三つの原則を統合した戦闘員と文民を区別しない無差別の効果を持つ兵器を用いるべきではないという規範、すなわち、無差別兵器使用禁止規範が現れ始めた。無差別の攻撃を忌避する規範は、前章で見たとおり、ハーグ規則における無防守都市への攻撃の禁止（第25条）や、「ハーグ空戦規則」における非軍事目標への空爆禁止などに、その萌芽が見られる。文民保護規範を受け入れ、軍事目標と非軍事目標を区別しない攻撃禁止を受け入れていた「国家間社会」のメンバーにとって、戦闘員と文民を区別できない無差別の効果を持つ兵器の禁止に反対することは困難であった。特定の兵器を禁止・規制する動きはなかなか進展しなかったものの、メンバー国が大幅に増加した「国家間社会」において、改めて文民保護規範が確認され、また無差別兵器使用禁止規範が受容されていった。

　その間、毒ガス使用禁止規範を強化しようとする動きも存在した。1925年に採択されたジュネーブ毒ガス議定書は、生物・化学兵器の使用を禁じている一方で、その製造や保有を禁止していなかった。そのため、議定書採択後も各国はその開発を続け、第二次世界大戦後も米ソ両国はその開発競争に邁進していた[45]。こうした状況に危機感をつのらせたのが、当時の国連事務総長、ウ・タント（U Thant）であった。ウ・タント国連事務総長は、1969年に「化学・細菌（生物）兵器とその使用の影響[46]」を公表し、これらの兵器の開発、生産および貯蔵の禁止、そして廃棄を加盟国に求めた。同年、アメリカが一方的に生物兵器の不使用、および使用を目的とした活動の停止を発表したこともあり、生物・化学兵器の全面禁止に向けた交渉が進展した[47]。当初、生物・化学兵器を一括して交渉が進められた。しかし、イギリスの提案に従い、すでに広範に使用された実績のある化学兵器と、いまだ実戦における使用実績のない生物兵器とを、途中から分離して交渉を進めた。生物兵器は制御が困難で扱いにくい兵

器であったため、軍事・戦略的効果がそれほど高くないと考えられていた。1971年、「細菌兵器（生物兵器）および毒素兵器の開発、生産および貯蔵の禁止ならびに廃棄に関する条約（生物兵器禁止条約）」が採択された[48]。生物兵器については、ジュネーブ議定書においてその使用が禁止されていることに加えて、その開発、生産、貯蔵、取得、保有を禁止されることとなった。

一方、化学兵器の規制強化に関する交渉は遅々として進展しなかった。前章で見たとおり、第一次世界大戦から第二次世界大戦にかけて、規範の明確化と規範逸脱行為への非難を通して、化学兵器使用禁止規範はかなり強固なものになっていた。また、1979年と1980年に、アメリカとソ連は共同で報告書を提出し、化学兵器の開発、生産、取得、貯蔵、保有しない義務を引き受けるべきとの信念を表明していた[49]。両国は、少なくとも建前上は、化学兵器規制を強化すべきとの立場をとっていた。しかし、東西関係が悪化すると二国間の交渉は中断された。ジュネーブ軍縮会議においては、化学兵器規制強化に関する交渉が継続されていたものの、なかなか議論は進展しなかった。1984年には、アメリカが、ジュネーブ軍縮会議において化学兵器の包括的禁止に関する条約案を提案した。この条約案は、抜き打ち査察を規定する内容を含んでいた。ソ連は、そのような査察は「化学兵器の生産や貯蔵に関係しない国家機密を開示する」として拒否した[50]。東西両陣営間の対立が続き「国家間社会」の一体性や東西両陣営間の信頼関係が高くないなか、化学兵器の規制強化に「国家間社会」が合意することはできなかった。

文民保護規範や、不必要な苦痛を与える兵器使用禁止規範、あるいは無差別兵器使用禁止規範といった原理レベルの規範そのものに対する反対は、「国家間社会」のメンバー間にはほぼ存在しなかった。各国がこうした規範に明示的に反対をしていない以上、特定の兵器が不必要な苦痛を与えたり、戦闘員と文民を区別しない無差別な効果を有したりすることを指摘されると、その兵器の禁止や規制を行うべきと訴える声を無視することは困難となった。核兵器や化学兵器、生物兵器以外のいわゆる通常兵器のなかにも、その使用が問題視されるものは少なくなかった。そうした例として、ナパーム弾があげられる。ナパーム弾は、油脂焼夷兵器の一つで、きわめて高温で広範囲を焼尽・破壊する兵器である。ベトナム戦争において、ジャングルに潜む敵を攻撃するために、ア

メリカ軍は大量のナパーム弾を用いた空爆を行った。投下された一帯を焼き尽くす破壊力の大きさ、そして何よりその被害者の無残な姿が盛んに報道されると、ナパーム弾による空爆が問題視されるようになった[51]。大量のナパーム弾が空から投下されれば、その被害は戦闘員、文民の区別なく及ぶおそれがある。また、高温で焼き尽くすナパーム弾による被害は、不必要な苦痛を与えるものではないかとの声が上がるようになった。1968年、テヘランで開催された人権国際会議において、ナパーム弾を用いた空爆が人権を侵害するものであると指摘された[52]。1971年の国連総会では、国連事務総長にナパーム弾やその他の焼夷兵器に関する報告書を作成するよう要請する決議が採択され[53]、翌年報告書が作成された。報告書は、ナパーム弾など焼夷兵器の効果などについて淡々と分析するものである。しかし、報告書の結論部分は注目に値する。というのも、そこでは、「法的および人道的諸原則に照らして焼夷兵器の使用を評価することは、本報告書の目的ではない。しかしながら、この報告書のなかで示された事実に鑑み、われわれ専門家グループは、ナパームおよびその他の焼夷兵器の使用、生産、開発および貯蔵を禁止するための措置をとることの必要性について、総会の注意を喚起したい」と訴えていたからである[54]。国連の要請を受けて作成された報告書としては、相当踏み込んだ訴えがなされていた。

　新たな兵器が開発されたり、兵器の殺傷力が向上したりするにつれて、従来の兵器禁止や兵器規制では、文民を十分に保護できないとの懸念が高まり始めた。1972年の国連総会で採択された決議2932（XXVII）は、「不必要な苦痛を与える、あるいは無差別性を有する兵器の拡散と新たな害敵手段の出現は、各国政府にこのような兵器や、無差別で残虐な害敵手段の禁止を模索するよう求め」るものである。また、この決議は、焼夷兵器を取りあげ、それが恐怖を与える兵器とみなされてきたことを指摘し、ナパーム弾を始めとする焼夷兵器の使用に遺憾の意を表明した[55]。1973年にテヘランで開催された第22回赤十字国際会議では、不必要な苦痛を与え、あるいは無差別の効果を有する恐れのある兵器の使用禁止または規制について検討するよう、外交会議[56]に促す決議が採択された[57]。ICRCは、改めて不必要な苦痛を与える兵器使用禁止規範、無差別兵器使用禁止規範に言及し、各国に対応を求めた。戦時の文民の保護などの人道的活動に従事し、また先にふれた1949年のジュネーブ4条約を始めと

する文民保護を目的とする国際法の発展に尽くしてきたICRCは、繰り返し、文民を危険にさらしたり、不必要な苦痛を与えたりする可能性が高い兵器の禁止や規制を求めるようになっていた。ICRCは、長年の活動を通して、戦時の人道問題を検討するうえでの不可欠な助言者という立場を「国家間社会」において築いていた。そのようなICRCが規範起業家として特定兵器の禁止・規制を訴えると、各国政府も正面から反対することはせず、特定兵器の制限に対する関心を繰り返し表明した[58]。

1949年に採択されたジュネーブ4条約で十分に対処できない事態が増えたことを受けて、ジュネーブ4条約を補完する取り決めを検討する外交会議が、1974年に開始された。ICRCによる訴えを受け、ジュネーブで開催された外交会議では、特定兵器の禁止や規制についての議論も行われた。また、外交会議が進められている間、ICRCは各国政府の専門家を集め、1974年および1976年に、「不必要な苦痛を与えまたは無差別な効果を有する恐れのある兵器に関する政府専門家会合」を開催し、専門的な観点からの特定兵器の禁止や規制についての検討も進めた。第1回会合には49カ国、第2回会合には43カ国から政府専門家が出席した[59]。会合では、焼夷兵器、小口径火器、爆裂性兵器、遅動性兵器、ブービートラップ、将来開発される可能性のある兵器などについて、軍事的、医学的、法学的観点から検討が進められた。

政府専門家会合においても、外交会議においても、特定兵器の禁止には慎重な態度を示す国が少なくなかった。焼夷兵器や地雷などについては、それが不必要な苦痛や、無差別の効果を持ち得るという主張をする政府専門家が少なからず存在した[60]。一方で、そのような見解に真っ向から反論する政府専門家も少なくなかった。たとえば、焼夷兵器については、それ自体が不必要な苦痛を引き起こすとの十分な証拠はなく、むしろ軍事的に有効な兵器であるとの指摘や、焼夷兵器使用を禁止し他の兵器で代替するとかえって被害が拡大することもあり得るとの指摘がなされた。あるいは、特定の状況下で使用される特定の焼夷弾のみが、不必要な苦痛を引き起こすという主張もなされた[61]。地雷やブービートラップについても同様に、兵器そのものではなく、兵器の使用方法が問題を引き起こすとの主張がなされていた[62]。焼夷兵器や地雷の使用を継続したいと考えていた政府専門家は、焼夷兵器や地雷などの問題を、不必要な苦痛

を与える兵器使用禁止規範や無差別兵器使用禁止規範に接ぎ木する試みを阻止、つまり接ぎ木を切断しようとしていたのである。

　外交会議において、ナパーム弾を含む焼夷兵器の使用禁止が提案されている。この共同提案国は、アフガニスタン、アルジェリア、オーストリア、コロンビア、エジプト、クウェート、レバノン、マリ、モーリタニア、メキシコ、ノルウェー、スーダン、スウェーデン、スイス、ベネズエラ、ユーゴスラビアであり、その多くが途上国である[63]。ナパーム弾を用いた大規模な空爆を実施することが可能なのは、制空権を確保できる国である。すなわち、使用する側と攻撃される側、使用できる国と使用できない国とが明確に分かれる兵器ともいえる。こうした兵器の禁止を、ICRCに共鳴する形で、使用される側、つまり途上国が中心となって訴えた。逆にいえば、制空権を確保すれば高い軍事的効果を有し得るナパーム弾などの焼夷兵器は、軍事的に優位な国にとっては魅力的な兵器であった。それゆえ、こうした国は焼夷兵器の禁止には消極的な姿勢をとった。会議が全会一致方式を採用していたこともあり、規範守護者は、規範起業家の訴えに賛同せず慎重な姿勢を示し続けていれば十分であった。

　結局、1977年、外交会議で採択されたジュネーブ4条約追加議定書には、特定兵器に関する規定は全く含まれなかった。一般原則としては受け入れることができても、特定の兵器について制限を加えるとなると急に保守的となる国が多かった[64]。ただし、ジュネーブ4条約の第1追加議定書において、再び「過度の怪我や不必要な苦痛をおよぼす兵器、発射物、物質や方法の使用」が禁止され（第35条2項）、また「文民に対する無差別の攻撃」「無差別兵器の使用」が禁止された（第51条）。原理レベルの規範ではあったものの、これらの規範が繰り返し確認され、明文化されたことは重要であった。また、ジュネーブ4条約への追加議定書が採択された外交会議では、決議22（IV）が採択された。この決議は、不必要な苦痛を与えたり無差別な効果を有する兵器の禁止や使用規制に関する国際会議を、遅くとも1979年までに招集するよう勧告した[65]。

　これを受けて、1979年および1980年に、特定兵器の使用禁止・制限について議論を行う国連会議が開催された。各国とも、外交会議や、政府専門家会合の際と同様、不必要な苦痛を与える兵器使用禁止規範、無差別兵器使用禁止規範といった、原理レベルの規範には賛同していた。しかし、特定兵器の禁止に

ついては、慎重な立場に終始する国が依然として少なくなかった。会議は全会一致方式を採用していたこともあり、慎重姿勢を示すことで、規範守護者としての目的は十分に達せられた。それゆえ、こうした慎重派の国々が、規範守護者として大々的なキャンペーンを行うことはなかった。交渉の結果、実際に禁止されることが合意されたのは、当時まだ存在しなかった検出不可能な破片を利用する兵器のみであった（第1議定書）。ただし、原理レベルの規範、すなわち、不必要な苦痛を与える兵器使用禁止規範は改めて確認された。

　難航した交渉の末、1980年10月に採択された、いわゆる特定通常兵器使用禁止・制限条約（The Convention on Prohibitions or Restrictions on the Use of Certain Conventional Weapons Which May Be Deemed to Be Excessively Injurious or to Have Indiscriminate Effects：以下、CCW)[66]の前文では、「その性質上過度の障害又は無用の苦痛を与える兵器、投射物および物質並びに戦闘の方法を用いることは禁止されているという原則に立脚し」と明記され、本条約がそのような精神に基づくものである点が明確に示された。そのうえで、第1議定書では先述のとおり検出不可能な破片を利用する兵器を禁止し、第2議定書では地雷、ブービートラップおよび他の類似の装置の使用規制を、第3議定書では焼夷兵器の使用規制をそれぞれ定めた。第1議定書は、いまだ存在しない兵器を予防的に禁止するものである。一方、第2、第3議定書は、実際に多くの非人道的結果をもたらしている兵器について、特定の使用方法を規制したものである。

　第2議定書については、地雷を文民に対して使用すること、無差別に使用することを禁止し（第3条）、また非遠隔散布地雷の文民集中地域での使用を禁止した（第4条）。第3議定書についても同様に、焼夷兵器を文民および民用物に対して使用すること、文民集中地域での使用を禁止した（第2条）。兵器使用の許容性が問題になるのは軍事目標に対して使用される場合のことであって、文民に対する使用はそもそも許容されないはずである。このような議定書は、地雷やブービートラップ、焼夷兵器などの特定兵器を対象とした規制ではあるが、その内容はというとこれまで受け入れられてきた原理レベルの規範、すなわち文民保護規範が、これらの兵器使用にあたっても適用されることを確認したに過ぎない。むしろ、不必要な苦痛を与えたり、無差別な効果を持ったりすることが疑われ、その禁止が検討された地雷や焼夷兵器が、これらの議定書によっ

て合法化され、戦闘員に対して使用可能であるとのお墨付きが与えられたと指摘するものすらいる[67]。

　東西冷戦対立が激しく、また文化的、軍事的、経済的に多様な国家がメンバーに加わってくると「国家間社会」の一体性、そしてお互いへの信頼感が低下した。そんな時代にあっては、兵器の使用にできるだけ規制をかけられたくないというのが、各国国防関係者の本音であったと思われる。とはいえ、国家としての正当性を主張するうえでも、「国家間社会」で受け入れられてきた文民保護規範や不必要な苦痛を与える兵器使用禁止規範などの原理レベルの規範に反対しようとする国はあまりなかった。これらの規範を受け入れている以上、特定の兵器が無差別な効果を有したり、不必要な苦痛を与えたりすることが示されれば、その禁止や規制に反対することは困難になる。当初は、兵士の徴用を容易にしたり、反戦規範に対抗したりすべく、不必要な苦痛を与える兵器使用禁止規範に、どちらかというと便宜的に言及していただけかもしれない。しかし、たとえ便宜的にであっても規範への支持を繰り返し表明してきたことで、各国はある意味自縄自縛に陥っていた。

　合理主義国際政治学に従えば、アナーキーな国際関係において、兵器の使用方法を規制するルールが作成されることは考えにくい。もちろん、上で見たようにCCWの規制は緩やかなものであった。しかし、それでも第1議定書では検出不可能な破片を利用する兵器が禁止され、第2、第3議定書では地雷や焼夷兵器の使用規制が行われた。そのような兵器規制を行うことに、兵士徴用にとって有利といった利益を見出すことができるとしても、他国がそのような規制に従うことを信頼できない以上、自国のみがそのような規制に服することは国家間関係において不利に働く可能性が高い。「ヨーロッパ国家間社会」とは異なり、きわめて多様な国家間の社会において、しかも東西冷戦対立のさなかに、このような議定書が採択されたことは、合理主義国際政治学の観点から説明することは困難であると思われる。

　たとえ修辞上のものに過ぎなかったにせよ、「国家間社会」は、これまで文民保護規範や不必要な苦痛を与える兵器使用禁止規範を受け入れてきた。そのため、特定兵器とそうした規範との関係を説得的に示され続けるなかで、各国は反論を行うことが次第に困難になっていった。兵器使用を規制するCCWを

### 図 4-2：冷戦期における兵器をめぐる規範

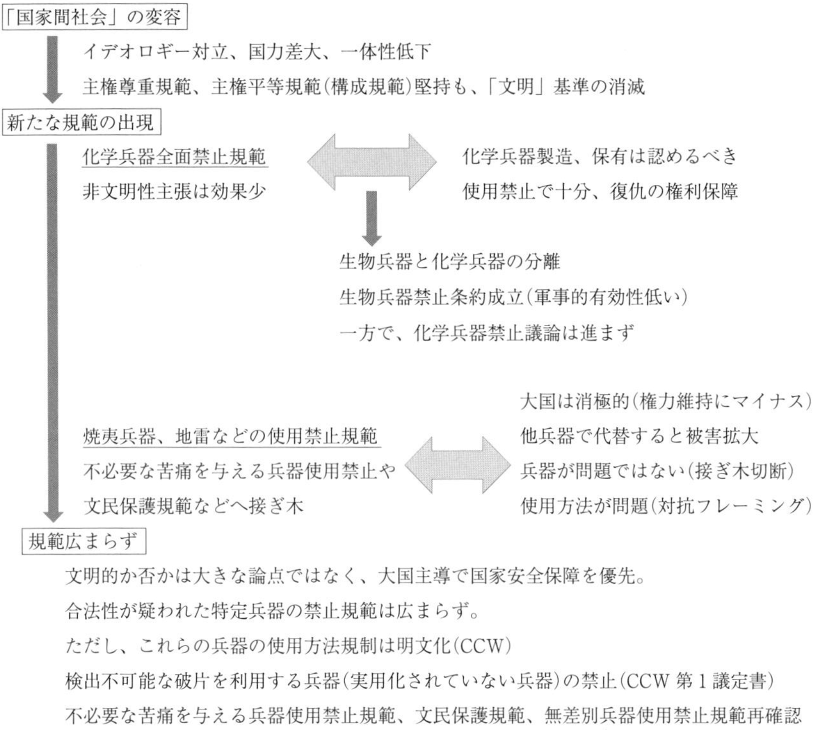

「国家間社会」の変容
↓ イデオロギー対立、国力差大、一体性低下
↓ 主権尊重規範、主権平等規範(構成規範)堅持も、「文明」基準の消滅

新たな規範の出現

化学兵器全面禁止規範　　　　　　　　　化学兵器製造、保有は認めるべき
非文明性主張は効果少　　　　使用禁止で十分、復仇の権利保障

　　　　　　　　　　生物兵器と化学兵器の分離
　　　　　　　　　　生物兵器禁止条約成立(軍事的有効性低い)
　　　　　　　　　　一方で、化学兵器禁止議論は進まず

　　　　　　　　　　　　　　　　　　　　大国は消極的(権力維持にマイナス)
焼夷兵器、地雷などの使用禁止規範　　　　他兵器で代替すると被害拡大
不必要な苦痛を与える兵器使用禁止や　　兵器が問題ではない(接ぎ木切断)
文民保護規範などへ接ぎ木　　　　　　　　使用方法が問題(対抗フレーミング)

↓

規範広まらず

文明的か否かは大きな論点ではなく、大国主導で国家安全保障を優先。
合法性が疑われた特定兵器の禁止規範は広まらず。
ただし、これらの兵器の使用方法規制は明文化(CCW)
検出不可能な破片を利用する兵器(実用化されていない兵器)の禁止(CCW 第1議定書)
不必要な苦痛を与える兵器使用禁止規範、文民保護規範、無差別兵器使用禁止規範再確認

締結することは、各国にとって必ずしも「合理的」とはいえなかったかもしれない。にもかかわらず、結局各国は CCW を締結せざるを得なくなったというのが、本書の見方である。ただし、この時点では、焼夷兵器にせよ、地雷やブービートラップにせよ、兵器そのものが無差別の効果を有したり、不必要な苦痛を与えたりするのか否か、という点に議論の余地が残っていた。その結果、兵器禁止規範そのものは広まらなかった。改めて文民保護規範や、不必要な苦痛を与える兵器禁止規範への支持を強調し、それらの規範に配慮していることを示しつつ、兵器の使用方法を規制するという形をとることになったのである。

## 第四節　冷戦終焉と兵器をめぐる規範

　冷戦の終焉は、国家体制の根幹にかかわるイデオロギーの相違からくる東西両陣営間の溶解しがたい対立が解消されたことを意味した。東西対立に陥ることなく、「国家間社会」の安全保障の問題について、各国が検討できるようになった。1990年8月にイラクがクウェートに侵攻した際、国連安全保障理事会は加盟国が必要なあらゆる手段をとることを認める決議676を採択した。28カ国からなる多国籍軍がイラクのクウェート侵攻に対して共同行動をとり、その費用は軍事的に参加しなかった日本なども含めて負担された。依然として「国家間社会」のメンバーは、文化的にも、軍事的、経済的にもきわめて多様である。それゆえ、各国がとる行動には大きな幅があった。とはいえ、湾岸戦争を契機として、「国家間社会」の平和を脅かす問題に対して各国が一致して行動する余地が広がっていた。

　冷戦終焉によって膨大な軍備の維持が不要になったこともあり、軍縮への機運も高まりを見せるようになった。1990年に、いわゆる欧州通常兵力条約（Treaty on Conventional Armed Forces in Europe：以下、CFE条約）が署名され、大規模な通常兵器軍縮が実施された。CFE条約はヨーロッパ地域に限定された通常兵器軍縮を行うものであったが、国際的にも兵器取引の透明性向上の重要性が認識されるようになった。むろん、兵器取引の透明性向上の重要性は、冷戦期にもたびたび指摘されてはいた[68]。たとえば1965年の国連総会において、マルタは、国家間の武器移転問題を審議するよう求める決議案を提出した。しかし、この決議案は、賛成18に対して反対39（棄権9）で否決された。1968年、1976年の国連総会においても兵器移転に関する決議案が提出されたが、いずれも表決には至らなかった。冷戦期には、第三世界への武器輸出の覇権をめぐっても、米ソが競っていたこともあり、兵器取引の透明性向上に向けた取り組みが実を結ぶことはなかった[69]。

　冷戦期、西側陣営の国から東側陣営の国に武器や武器技術が流出することを防ぐために、対共産圏輸出統制委員会（Coordinating Committee for Export Controls：COCOM、以下、ココム）が形成されるなどしていた。しかし、これは

あくまで同盟国間での兵器移転を防ぐための措置に過ぎず、通常兵器取引を規制するルールは存在しなかった[70]。軍事に関する情報は、できる限り秘匿することが自国の安全保障につながると考えられていた。通常兵器取引の自由と、軍事に関する情報が秘匿される状況とを最大限活用し、イラクは1980年代に急激に軍事大国化した。イラクの過大な武器の蓄積が地域の不安定化につながり、イラクによるクウェート侵攻を引き起こした。こうした経験を踏まえ、湾岸戦争後、通常兵器取引の透明性向上の重要性が各国で認識されるようになった[71]。また、冷戦終焉プロセスにおいてヘルシンキ宣言が重要な役割を果たすなかで、軍事情報を秘匿することが自国の安全保障につながるという認識は徐々に変容していった。ヘルシンキ宣言以来、ヨーロッパにおいては軍事情報についての透明性が、双方の不安や不信感を取り除くことに役立ち、ひいては安全保障上の利益となるということが認識されるようになりつつあった[72]。

1991年、日本はヨーロッパ諸国と協力し、「軍備の透明性に関する決議」を国連総会に提出した。湾岸戦争直後から、積極的に通常兵器移転の透明性向上の必要性を訴えていた日本による巧みな支持拡大戦略もあり[73]、決議は、賛成150、反対0、棄権2票で採択された[74]。この決議に基づき、翌1992年、国連軍備登録制度が設立された。この制度は、戦車、装甲戦闘車両、大口径火砲システム、戦闘用航空機、攻撃ヘリコプター、軍用艦艇、ミサイルおよびミサイル発射装置の7つのカテゴリーの通常兵器について、輸出入その他の情報を国連事務局に提出するものである。通常兵器の国際的な移転を中心として軍備の透明性や公開性を向上させ、各国の信頼醸成、過度の軍備の蓄積防止などを図る取り組みが開始された。この制度によって、ストックホルム国際平和研究所 (Stockholm International Peace Research Institute: SIPRI) によって出版されている年鑑などでは把握されていなかった通常兵器取引が数多く公開されるようになった。国連軍備登録制度は軍備透明化に大きく貢献しているといえる[75]。

同様の問題意識のもと、通常兵器取引の透明性向上のみならず、その輸出管理も喫緊の課題となった。旧共産圏を規制対象地域とした、冷戦期の輸出管理体制であるココムに対しては廃止要請が高まり、1994年3月末にココムは解散した。1995年9月からは、旧ココム参加国に加えてロシアや東欧諸国の参加も得てさらなる交渉が進められ、同年12月、「通常兵器および関連汎用品・技

術の輸出管理に関するワッセナー・アレンジメント（以下、ワッセナー・アレンジメント）」の合意に至り、翌 1996 年 7 月、発足した[76]。ワッセナー・アレンジメントは、ココムとは異なり、規制対象国をあらかじめ特定せず、全地域向けに規制を行うものである。また、参加国間で緊密な情報交換を行い、懸念の大きい地域への移転については、特に協調して規制を行おうとしている。このワッセナー・アレンジメントは条約ではないため法的拘束力を有するものではない。各国間で情報交換や意見調整、合意形成が行われることがその重要な機能となっている。ワッセナー・アレンジメントは、合意形成を経た後に、各国の国内法に基づいて実際の輸出管理を実施するという仕組みを持った、通常兵器および関連汎用品に関する緩やかなレジームといえる[77]。

　化学兵器規制を強化する動きも、冷戦終焉によって促進された。1980 年代のイラン・イラク戦争において化学兵器が使用され、化学兵器拡散の脅威が高まった。これを受けて、1985 年、化学兵器拡散抑制を目的とした輸出管理を行うオーストラリア・グループが結成された[78]。ミハイル・ゴルバチョフ（Mikhail Gorbachev）がソ連共産党書記長になったこともきっかけとなり、米ソ二国間で化学兵器禁止に向けた交渉が 1986 年に再開された。冷戦対立が緩和されるなかで、化学兵器禁止についても米ソ間の交渉は徐々に進展し、1989 年 9 月、化学兵器の保有、貯蔵、情報交換、査察などについて米ソ間で広範な合意が成立した。その間、1989 年 1 月には、およそ 150 カ国がパリで化学兵器問題に関する国際会議を開催し、化学兵器全廃によってその使用を防止するとの決意を表明した。採択された宣言は、化学兵器が引き続き貯蔵され、新たな国に拡散する限り、それらが繰り返し使用される危険があることを指摘した[79]。冷戦対立が弱まり、またイラン・イラク戦争で化学兵器が使用されたことで、化学兵器禁止に向けて「国家間社会」が一致して取り組む機運が生まれてきた。湾岸戦争において、イラクによる化学兵器使用の脅威が実感されると、そうした機運はさらに高まった。1991 年 5 月、当時のアメリカ大統領、ジョージ・ブッシュ（George H. W. Bush）は、それまでの政策を転換し、化学兵器を報復に用いる権利を放棄し、化学兵器を無条件で全廃することを約束した。そのうえで、化学兵器禁止条約交渉を 1 年以内に完成させるよう求める提案を行った[80]。こうして進められた化学兵器禁止条約形成交渉は「冷戦終結直後のきわめて理想主義

的な雰囲気のなかで[81]」行われ、1992 年に厳格な検証措置を伴う化学兵器禁止条約案が採択され、1993 年 1 月に署名式が行われた。この条約により、化学兵器はその使用に加えて、開発、生産、貯蔵、取得、保有が禁止された。

化学兵器禁止条約は、一つの範疇の大量破壊兵器を全面禁止し、条約遵守を確保する手段として実効的な検証制度を持つ初めての条約である。この条約は、発効に必要な 65 カ国が批准した 180 日後の 1997 年 4 月に発効した。同年 5 月には化学兵器禁止条約の実施にあたる国際機関として化学兵器禁止機関（Organization for the Prohibition of Chemical Weapons：以下、OPCW）がハーグに設立された。2014 年 8 月時点で、化学兵器禁止条約の締約国は 190 カ国である。また、1988 年のイラクによるクルド人への化学兵器使用を契機として、国家間紛争のみならず、非国際武力紛争においても化学兵器使用を禁止すべきという規範が強まっていた。イラクによるクルド人への化学兵器使用に対して、各国が批判したり、1994 年に国連人権委員会がジュネーブ議定書違反と非難する報告書を出したりするなかで[82]、この規範は「国家間社会」で徐々に広まっていった。そして、化学兵器禁止条約の成立・発効によって、非国際武力紛争においても化学兵器使用を禁止するという規範が、慣習国際法としての地位を獲得したと指摘されている[83]。もちろん、条約発効後も化学兵器使用が疑われる事例がなかったわけではない。たとえば、2013 年、化学兵器禁止条約の非締約国であるシリアにおいて化学兵器使用が疑われた。アサド政権側が化学兵器を使用したと考えたアメリカが軍事介入を示唆するなど、各国は化学兵器使用を強く非難した。当時シリアは条約締約国ではなかった。また、他国に対してではなく自国領内において、化学兵器を使用したことが疑われていた。それにもかかわらず、シリアに対して国際的に強い非難が向けられたことは、上記のような化学兵器禁止規範が「国家間社会」で共有されている証左であると思われる。また、こうした非難の結果、2013 年 10 月、シリアは化学兵器禁止条約に加入し、備蓄していた化学兵器の全面廃棄に合意した。規範逸脱の疑いがある行動に対して、各国が強く非難し、規範遵守行動を促したことで、化学兵器禁止規範はさらに強固なものになった。

以上のように、冷戦終焉後、「国家間社会」における東西対立が緩和されたことで、兵器をめぐる状況は大きく変化をし始めた。国家間のイデオロギー対

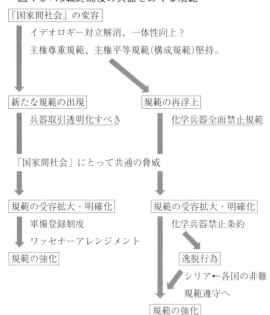

図4-3：冷戦終焉後の兵器をめぐる規範

立が緩和され、安全保障分野においてもグローバルな協力を行う余地が大きくなった。国連軍備登録制度、ワッセナー・アレンジメントなどを通した各国の協力が進められるようになった。また、化学兵器禁止条約が成立し、その遵守を監視する化学兵器禁止機関も設立された。また、冷戦終焉と前後して急激に進展しているグローバル化は、「国家間社会」における兵器をめぐる状況にとどまらず、より広範な影響を与えるものであった。実際グローバル化の深化によって、「国家間社会」自体が根本的な変容を迫られているのかもしれない。この点については、次章で詳しく見ていくこととしよう。

1) James Wilford Garner, *Recent Developments in International Law*, The University of Calcutta, 1925, p. 25.
2) Gerrit W. Gong, *The Standard of 'Civilization' in International Society*, Clarendon Press, 1984, pp. 83-84. 引用部は、L. Oppenheim, *International Law*, Longman, 5th edition, 1937, p. 46をゴンが引用していたもの。ゴンによれば、こうした記述が見られるのはオッペンハイムの『国際条約』第5版（1937年出版）以降であるという。
3) Gerrit W. Gong, *ibid.*, pp. 84-85.

4）　国家として承認される要件として、ハイドは、①国民の存在、②領土の存在、③組織された政府の存在、④対外外交権の保持、⑤領土の住む人々が一定の文明基準に達していることの五つをあげていた。Charles Cheney Hyde, *International Law Chiefly as Interpreted and Applied by the United States*, Little Brown, 1922, Vol. 1, pp. 16-17. また、その際言及した「文明」基準とは、ヨーロッパ文明と同義であった。同、p. 49。

5）　International Commission of Jurists, "Projects of International Public Law: Projects No. 2," Article 1 (5). この文章は、*American Journal of International Law*, Vol. 22, No. 1, Supplement Codification of International Law, 1928 に収められている。当該箇所は、p. 240. ここであげられていた要件も、国民、領土、政府、対外外交権、一定の文明基準の五つであった。

6）　Chen Ti-Chiang (Edited by L. C. Green), *International Law of Recognition With Special Reference to Practice in Great Britain and the United States*, Stevens & Sons Limited, 1951, p. 60.

7）　Georg Schwarzenberger, "The Standard of Civilization in International Law," *Current Legal Problems*, Vol. 8, No. 1, 1955, p. 227.

8）　K. J. Holsti, *Taming Sovereigns: Institutional Change in International Politics*, Cambridge University Press, 2004, p. 49. 実際、この点については、国連機関実務一覧でも、「4条1項の意味については各締約国からさまざまな言及が行われているものの、その意味を定義しようとする試みはなされたことはない。」とされており、何をもって「平和愛好国」とするのかという点について加盟国間で合意された定義はなかったといえる。*UN Repertory of Practice of UN Organs*, Vol. 1, 1955, p. 179.

9）　特に、当時のアメリカ大統領、セオドア・ルーズベルト（Theodore Roosevelt）は、文明国が非文明国に介入し、成熟するまでの間保護することは当然であると考え、西半球についてはアメリカが指導的役割を果たすことを当然視していたという。Robert A. Klein, *Sovereign Equality among States: The History of an Idea*, University of Toronto Press, 1974, pp. 49-50. 名目上とはいえ、主権平等規範に言及しつつ、アメリカ大陸で指導的役割を果たすことを当然視する考え方には、論理的な矛盾があるように見える。しかし、ロバート・クライン（Robert A. Klein）が指摘するとおり、国内において、酔っ払いや無法者を処罰することが個人の法のもとの平等を侵害しないのと同様、未熟な国に介入することは、主権尊重規範や主権平等規範を侵害するものではないと、アメリカは考えていたのかもしれない。同書、p. 53.

10）　このあたりについて、詳しくは、Robert A. Klein, *ibid.*, pp. 69-75 を参照。

11）　Robert A. Klein, *ibid.*, pp. 86-108.

12）　Robert A. Klein, *ibid.*, p. 108.

13）　Robert A. Klein, *ibid.*, pp. 109-134.

14）　篠田英朗『「国家主権」という思想―国際立憲主義への軌跡』勁草書房、2012 年、228 頁。

15）　正式には、「国際連合憲章に従った諸国間の友好関係及び協力についての国際法の原則に関する宣言」である。これは、第 25 回国連総会で採択された。UN Doc. A/Res/25/2625。

16）　古谷修一「イデオロギーとしての『国際共同体』」大沼保明編『国際社会における法と力』日本評論社、2008 年、170 頁。

17）　Prakash Sinha, "Perspective of the Newly Independent States on the Binding Quality of International Law," *International and Comparative Law Quarterly*, Vol. 14, 1964, pp. 121-131.

18）　Wilhelm G. Grewe, *The Epochs of International Law*, Walter de Gruyter, 2000, p. 660.

19）　Robert Jackson, *The Global Covenant: Human Conduct in a World of States*, Oxford University Press, 2000, p. 305.

20）　Robert Jackson, *ibid.*

21) Hedley Bull, *The Anarchical Society: A Study of Order in World Politics 2^nd edition*, Columbia University Press, 1995, p. 15.
22) Martin Wight (Edited with an introduction by Hedley Bull), *Systems of States*, Leister University Press, 1977, p. 33.
23) Hedley Bull, *op. cit.*, p. 304.
24) Hedley Bull, *ibid.*, p. 305.
25) Hedley Bull, *ibid.* ブル自身は、コスモポリタンな文化を育み、拡大していくことができるか否かに、今後の国際社会の行方はかかっていると主張し、そのために非西欧的要素を吸収して、真に普遍的なものとなっていくことが必要かもしれないと指摘した。
26) Robert A. Klein, *op. cit.*, p. 141.
27) 古谷修一、前掲論文、171頁。
28) 集団安全保障システムの強化と並んで国際連合の柱となっているのが、経済、社会分野における国際協力の増進である。経済社会分野における国際協力促進の背景には、機能主義といわれる考え方がある。それは、専門機関において国際協力を進めていくことは、個々の問題領域における国際機関に基づく管理を発展させるのみならず、戦争の起こりにくい環境整備にもつながるという考え方である。機能主義という考え方は、1930年代から40年代にかけてDavid Mitranyが主唱し、国際連合や専門機関の設立に影響を与えた。David Mitrany, *A Working Peace System*, Quadrangle Books, 1966, pp. 25-99. ただし、冷戦期においては、機能的な国際機関のなかでも東西対立が発生し、機能主義にも戦争防止機能をあまり期待できない状況に陥った。国際機関の政治化と機能主義の関係、あるいはUNESCOなどの国際機関からアメリカが脱退した経緯については、Mark F. Imber, *The USA, ILO, UNESCO and IAEA: Politicization and Withdrawal in the Specialized Agencies*, St. Martin's Press, 1989を参照。
29) Joseph S. Nye, Jr., *Understanding international Conflicts: An Introduction to Theory and History 7^th edition*, Pearson Longman, 2009, p. 146.
30) 黒沢満『核軍縮と国際平和』有斐閣、1999年、2-3頁。
31) 梅本哲也『核兵器と国際政治：1945-1995』日本国際問題研究所、1996年、46-47頁。
32) バルーク案が形成される過程、アメリカ内でのバルーク案をめぐる論争、国連原子力委員会におけるバルーク案をめぐる議論の詳細については、西崎文子『アメリカ冷戦政策と国連—1945-1950』東京大学出版会、1992年、45-89頁を参照。
33) Joseph S. Nye Jr., *op. cit.*
34) アメリカが、核兵器をソ連に対して優位に立つために活用するのか、それとも核戦争回避のためソ連と協調して管理を進めるのかという選択肢の間で揺れていたことについては、たとえばMcgeorge Bundy, *Danger and Survival: Choices about the Bomb in the First Fifty Years*, Random House, 1988, pp. 168-169.
35) Joseph S. Nye Jr., *op. cit.*, pp. 146-148.
36) 本書で、特に断りなく核不拡散規範という語を用いるとき、「核兵器数の増加を防ぐべき」という核の垂直拡散を防ぐべきとする規範と、「核兵器保有アクターの増加を防ぐべき」という核の水平拡散を防ぐべきという規範の二つの規範を含むものとする。
37) NSGでは、原子力関連資機材・技術の輸出国が守るべき指針に基づいて輸出管理を実施するものである。
38) 核不拡散レジームの形成過程や、内容についてはすでに多くの優れた研究が蓄積されている。そうしたものとして、梅本哲也『核兵器と国際政治：1945-1955』日本国際問題研究所、1996年；納家政嗣・梅本哲也編『大量破壊兵器不拡散の国際政治学』有信堂、2000年；秋山信将『核不拡散をめぐる国際政治：規範の順守、秩序の変容』有信堂、2012年などを参照。また、核兵器の使用禁止規範を扱う数少ない研究の一つとしては、Nina Tannenwald, *The Nuclear*

*Taboo: The United States and the Non-Use of Nuclear Weapons since 1945*, Cambridge University Press, 2007 がある。

39) 部分的核実験禁止条約形成に NGO が与えた影響については、目加田説子「軍縮とシビルソサエティ」黒沢満編『大量破壊兵器の軍縮論』信山社、2004 年、356-358 頁。

40) Louis Maresca and Stuart Maslen eds., *The Banning of Anti-Personnel Landmines: The Legal Contribution of the International Committee of the Red Cross 1955-1999*, Cambridge University Press, 2000, p. 16.

41) 規則案第 14 条。榎本重治「赤十字国際委員会が作成した『戦時において一般住民が被る危険の制限に関する規則案』の説明」『国際法外交雑誌』第 56 巻 3 号、1957 年、101-105 頁。

42) "The XXth International Conference of the Red Cross," *International Review of the Red Cross*, No. 56, 1965, pp. 567-569. また決議 28 については、"Resolutions adopted by the XXth International Conference of the Red Cross," *International Review of the Red Cross*, No. 56, 1965, pp. 588-590 を参照した。

43) UN Doc. A/RES/2444 (XXIII).

44) 赤十字国際会議で採択された決議 28 であげられた 4 原則のうち、戦争法の一般原則が核兵器ならびに類似の兵器に適用されるという原則は、ソ連などの反対によって、本決議での言及は控えられた。UN Doc. A/C.3/SR.1633, para44. ただし、米ソ両国とも、他の原則については支持している。アメリカ政府の立場については、UN Doc. A/C.3/SR.1634, para4.

45) 一方で、第二次世界大戦においては、多くの国が化学兵器を保有していたにもかかわらず、実戦での使用はかなり限定的であった。この点について、リチャード・プライス (Richard Price) は、ハーグ平和会議の毒ガス禁止宣言以来徐々に化学兵器使用禁止規範が広まり、この規範が各国の化学兵器使用を思いとどまらせるうえで大きな影響があったと指摘している。Richard M. Price, *The Chemical Weapons Taboo*, Cornell University Press, 1997.

46) 新井勉『化学軍縮と日本の産業—化学兵器禁止条約交渉を理解するための基礎知識』並木書房、1989 年、90 頁。

47) アメリカがこのような決定を行った背景については、エリック・クロディー『生物化学兵器の真実』シュプリンガー・フェアラーク東京、2003 年、243-244 頁を参照。

48) 生物兵器禁止条約の問題点、およびその後のレジーム強化の取り組みについては、杉島正秋「生物テロと不拡散」黒沢満編、前掲『大量破壊兵器の軍縮論』、および杉島正秋「生物兵器の禁止」黒沢満編『軍縮問題入門 第 4 版』東信堂、2012 年を参照。

49) ジョゼフ・ゴールドブラット『軍縮条約ハンドブック』日本評論社、1999 年、100-101 頁。

50) ジョゼフ・ゴールドブラット、前掲書、102 頁。

51) ナパーム弾から逃げまどう子供達を写した、1973 年のピュリッツァー賞を受賞した写真「戦争の恐怖」は、こうした声が強まる一つのきっかけとなった。

52) "Human Rights in Armed Conflict," Resolution XXIII adopted by the International Conference on Human Rights, Teheran, 12 may 1968.

53) UN Doc. A/Res./2852 (XXVI).

54) United Nations, *Napalm and Other Incendiary Weapons and All Aspects of Their Possible Use: Report of the Secretary-General*, United Nations Publication, 1973, p. 56, para 193. このように踏み込んだ記述がなされた要因は定かではない。レポート執筆にあたったのは、ナイジェリア、ルーマニア、チェコスロバキア、スウェーデン、ソ連、ペルー、メキシコの政府専門家であった。p. iv.

55) UN Doc. A/Res/2932 (XXVII).

56) 正式には、「武力紛争において適用される国際人道法の再確認と発展に関する外交会議」。この外交会議は、国際社会の発展や武力紛争の性質の変化に伴い不十分となったジュネーブ 4 条

約を補う議定書を作成するため、1974 年から開催された。
57) "Resolutions adopted by the XXIInd International Conference of the Red Cross," *International Review of the Red Cross*, No. 154, 1974, pp. 32-33.
58) 目賀田周一郎「特定通常兵器使用禁止制限条約の締結について」『ジュリスト』No. 776、1982 年、79 頁；浅田正彦「特定通常兵器使用禁止制限条約と文民の保護（一）」『法学論叢』114 巻 2 号、1983 年、48 頁。
59) 会議には、各国から派遣された専門家に加え、国連、世界保健機構、ストックホルム国際平和研究所や NGO のメンバーなども参加していた。
60) どの国がどのような立場をとったのかという点は、報告書では明らかにされていない。しかし、外交会議における「通常兵器に関するアドホック委員会」での各国の提案から、ある程度各国の立場をうかがい知ることはできる。*Official Records of the Diplomatic Conference on the Reaffirmation and Development of International Humanitarian Law Applicable in Armed Conflicts, Geneva*（*1974-1977*）, Volume 16, pp. 451-550.
61) International Committee of the Red Cross, *Conference of Government Experts on the Use of Certain Conventional Weapons*（*Lucerne, 24.9-18.10.1974*）*Report*, 1975, pp. 31-32.
62) International Committee of the Red Cross, *ibid.*, pp. 69-71.
63) CDDH/IV/201. この提案は、外交会議の、通常兵器に関するアドホック委員会に提出されたものである。*Official Records of the Diplomatic Conference on the Reaffirmation and Development of International Humanitarian Law Applicable in Armed Conflicts, Geneva*（*1974-1977*）, Volume 16, pp. 556-559 に収録されているものを参照した。
64) 浅田正彦、前掲論文、70-71 頁。
65) *Official Records of the Diplomatic Conference on the Reaffirmation and Development of International Humanitarian Law Applicable in Armed Conflicts, Geneva*（*1974-1977*）, Volume 1, pp. 215-216.
66) 日本語の正式名称は「過度に傷害を与え又は無差別に効果をおよぼすことがあると認められる通常兵器の使用の禁止又は制限に関する条約」である。
67) 藤田久一『新版 国際人道法 増補』有信堂、2000 年、93-99 頁。
68) 通常兵器の移転問題は、冷戦期に初めて問題となったわけではない。1925 年、武器および弾薬の取引についての情報提供を加盟国に求める連盟理事会決議が採択され、13 年間実施された。しかし、実質的にはほとんど意味のある情報は集められなかったようである。神余隆博「通常兵器移転国連登録制度に関する国連総会決議（上）」『月刊国連』1991 年 12 月号、3 頁。
69) 佐藤栄一「武器輸出の現状と通常兵器移転登録制度」『国際問題』第 387 号、1992 年、40-41 頁。
70) 兵器取引に対する批判が全く存在しなかったわけではない。兵器の取引に対しては、古くよりさまざまな批判がなされてきた。とりわけ、第一次世界大戦後は、「死の商人」批判が起こるようになった。兵器取引をめぐっても、その時々の社会において共有されている規範が影響を与える。このあたりについても言及する研究として、横井勝彦・小野塚知仁編『軍拡と武器移転の世界史：兵器はなぜ容易に広まったのか』日本経済評論社、2012 年がある。
71) 神余隆博、前掲「通常兵器移転国連登録制度に関する国連総会決議（上）」4 頁；堂之脇光朗「日本のイニシアチブでできた通常兵器の管理制度」『外交フォーラム』1996 年 9 月号、60 頁；堂之脇光朗「グローバリゼーションと安全保障―軍備登録制度、予防外交、小型武器、テロリズム」『国際問題』第 511 号、2002 年、33-37 頁など。
72) ヘルシンキ宣言とは、1975 年、CSCE 本会議の最終文書として採択された「欧州安全保障協力会議議定書」のことである。ヘルシンキ宣言は、安全保障に関する諸問題を扱う第 1 バスケット、経済協力などを扱う第 2 バスケット、人道問題を扱う第 3 バスケットから構成されてい

る。宮脇昇『CSCE 人権レジームの研究―「ヘルシンキ宣言」は冷戦を終わらせた』国際書院、2003 年、19 頁。ただし、本書は第 1 バスケットではなく、第 3 バスケットに焦点を当て、それが冷戦終焉に対して与えた影響について検討するものである。

73) 日本は、湾岸戦争終結後「中東の諸問題に対する当面の施策」を発表し、通常兵器の国際移転の透明性向上の必要性を訴え、その後もヨーロッパ諸国の支持とりつけやアジア諸国の理解を得るため奔走した。こうした経緯については、佐藤栄一、前掲論文、39-43 頁に詳しい。

74) UN Doc. A/RES/46/36 [L]. 棄権したのは、イラクとキューバであった。国連総会での議論や、日本政府による働きかけなどの詳細については、神余隆博「通常兵器移転国連登録制度に関する国連総会決議（下）」『月刊国連』1992 年 1 月号、2-4 頁を参照。

75) 堂之脇光朗、前掲「日本のイニシアチブでできた通常兵器の管理制度」60 頁；堂之脇光朗、前掲「グローバリゼーションと安全保障―軍備登録制度、予防外交、小型武器、テロリズム」33-37 頁など。

76) ワッセナー・アレンジメントが、スムーズに合意されたわけではない。とりわけ、他国が輸出許可を拒否した通常兵器関連物資・技術の輸出に関して、輸出許可の可否を参加国にいつの時点で通告するのかをめぐっては、アメリカとロシアやフランスとの間で激しい駆け引きがあった。このあたりの経緯については、山本武彦「通常兵器の輸出管理」浅田正彦編『輸出管理―制度と実践』有信堂、2012 年、108-110 頁。

77) このような緩やかな制度であるため、その実効性の向上は大きな課題である。山本武彦、前掲論文、116-123 頁。制度面の脆弱性に加え、冷戦期のココムのようなイデオロギー的に連帯感のある国家間における輸出管理に比べると、各国が何を安全保障上の脅威と認識しているのかが異なり、その結果、細部にわたる合意と厳格な遵守が困難となっているとの指摘もある。村山裕三「輸出管理の役割と課題」浅田正彦編、前掲『輸出管理―制度と実践』14-16 頁。

78) オーストラリア・グループとは、生物化学兵器不拡散を目的とし、参加国間で情報交換、政策協調を行い、化学兵器の生産に使用され得る化学物質の輸出管理を行う国家のグループである。法的拘束力はない。

79) ゴールドブラット、前掲書、102-103 頁。宣言の文言については、"Text of the Declaration From the Paris Conference on Chemical Weapons," *The New York Times*, January 12, 1989 を参照した。

80) Thomas Bernauer, "The Control and Disarmament of Chemical Weapons," in Serge Sur ed., *Verification of Disarmament or Limitation of Armaments: Instruments, Negotiations, Proposals（UNIDIR/92/28）*, United Nations Publication, 1992, p. 73; 浅田正彦「生物・化学兵器関連の輸出管理レジーム」浅田正彦編、前掲書、63-64 頁。

81) 浅田正彦「軍縮条約における申立て査察（チャレンジ査察）の意義と限界―化学兵器禁止条約を素材として」黒沢満編、前掲『大量破壊兵器の軍縮論』254 頁。

82) UN Doc., E/CN.4/1994/58, para185. また、この報告書の結論を支持し、前文において、ジュネーブ毒ガス議定書遵守をイラクに求める決議が、同年国連人権委員会で採択されている。UN Doc., E/CN.4/RES/1994/74.

83) 杉島正秋「化学兵器の国内的使用とその法的規制」村瀬信也・真山全編『武力紛争の国際法』東信堂、2004 年、407-421 頁。

# 第五章　「国家間社会」の自律性低下

## はじめに

　前章で見たとおり、冷戦終焉後、東西対立が解消されると「国家間社会」の一体性は向上し、兵器問題においてもグローバルな国家間協力を行う余地が拡大した。加えて、冷戦末期から、徐々に顕在化したグローバル化の進展、あるいはそれを可能にした移動や通信手段の急激な進歩は、「国家間社会」のあり方そのものにも大きな影響を与えつつあった。グローバル化が深化するなかで、国家が存続するのか、はたまた退場するのか、それとも変容するのかといった議論が盛んに行われるようになった[1]。また、価値観の多様化や政府部門への信頼の低下などによって、国内的にも政府のみに統治を任せるべきではないという主張がなされるようになった[2]。主権国家が、各国内社会の統治に責任を持つ一方、国境を越える問題に対しては、お互いの主権を尊重しつつ国家間の協力によって対処しようとする主権国家体制は、国家の外からも内からも脅かされるようになった。こうしたなか、「国家間社会」はいかなる影響を受けているのか。その結果、兵器をめぐる規範には何らかの変容は見られるのか。本章で見ていくこととしよう。

## 第一節　非国家主体のプレゼンス向上

　従来、「国家間社会」において、非国家主体が重要な役割を果たすことはあまり多くなかった。もちろん、本書で見てきたとおり、ICRC は文民保護規範を広めるうえで 19 世紀以来重要な役割を果たしてきた。戦争の現場で被害者支援などに取り組んでいた ICRC が、被害者の実情を伝え、その改善を求める

ことなしには、「国家間社会」のメンバーが戦争被害に目を向け、真剣に取り組むことはなかったかもしれない。文民保護規範、不必要な苦痛を与える兵器使用禁止規範を訴える規範起業家としての役割を、ICRC を始めとする非国家主体が担ってきた。ただし、こうした ICRC などの役割は、あくまで「国家間社会」に助言を与え、「国家間社会」のメンバーに何らかの行動をとるように、あるいはとらないように、促すというものであった。「国家間社会」が形成されてきた 20 世紀初頭、多国籍企業の数はそれほど多くなく、国際的に活動する NGO の数もわずかであった。グローバルな問題に影響を与えるのはもっぱら「国家間社会」のメンバーたる国家であった。

　グローバル化が進展するなかで、国境を越えて活動する非国家主体の数は激増した。また、グローバルな問題に対するその影響も大きくなった。たとえば、多国籍企業のなかには、一国の GDP をはるかにしのぐ売上高を誇るものが現れてきた。1993 年の統計で見ると、ゼネラル・モーターズの売上げは 1300 億ドルを超えており、これを上回る GDP を持つ国は 23 カ国しか存在しない。GDP の規模が 50 番目のエジプトよりも大きな売上高をあげる企業は実に 24 社もある[3]。世界経済の動向に対して、ときに国家以上に大きな影響を持ち得る多国籍企業が存在するようになった。国際 NGO についても、年間予算が、数千万ドル、なかには数億ドルに及ぶものさえ出てきた[4]。1992 年当時の国連環境計画の年間予算はおよそ 7,500 万ドルだったのに対して、国際グリーンピースは 1 億ドル、世界自然保護基金（World Wild Fund for Nature：以下、WWF）は 2 億ドルに上ったという[5]。もちろん、WWF の予算の一部には、国家や国際的な援助機関からの補助金も含まれている。そういった意味では、国家が環境問題への対策を一部 NGO にアウトソーシングしているという面もあろう。しかし、WWF の予算のなかでそうした補助金が占める割合は 2 割程度であり、国際グリーンピースに至ってはそうした補助金はおろか、企業からの寄付も全く受け取っていない[6]。国際 NGO のなかには、かなりの自律性を持って国際政治にインパクトを与え得るものが存在するといえる。国際 NGO が、盛んに国際会議に参加するようになり、「国際会議は国家間の駆け引きで進められるため、国家以外の当事者やその代弁者の声を反映するには NGO の参加が不可欠[7]」との声も上がるようになった。分野によっては、NGO の知識や技術が高く評

価され、大いに影響力を発揮することもある。ただし、国連などの会議に参加しても、NGOが国家から自律的な影響力を必ずしも発揮できるわけではない。安全保障にかかわる分野では、NGOの関与が政府関係者に特に敬遠されていたこともあり、NGOが具体的な影響力を行使することはきわめて困難であると思われていた[8]。

　越境犯罪組織や国際的なテロ組織などの活動も目立つようになってきた。グローバル化の進展に伴い、人身売買や違法薬物の取引など、国境を越えた犯罪行為も増加した。また、各地のテロ組織が国境を越えて緩やかに連携することもしばしば観察されるようになった。こうした国際テロ組織は、2001年の9.11同時多発テロが契機となり、国際の安全に脅威を与える存在と認識されるようになった。2001年の9.11同時多発テロ以降、インドネシアのバリ島爆弾テロ事件（2002年）、スペイン列車爆破事件（2004年）、ロンドン同時爆破事件（2005年）、ムンバイ同時多発テロ（2008年）など、国際的なテロ組織のネットワークが関係すると見られるテロが頻発している。主としてイラクで活動していた武装集団が、イラクとシリアの一部を実効支配し、2014年に「イスラーム国」を名乗り始める事態も発生した。従来は、国家間の戦争が「国家間社会」の安全を脅かす最大の脅威とみなされてきた。しかしながら、国際テロ組織のような非国家主体も、「国家間社会」の安全を脅かすようになった。こうしたテロ組織は、国境を越えて資金集めやリクルートなどを行っている。また、他の地域のテロ組織とも連携しており、国家の枠組みで対処することが難しい。

　冷戦終焉後、加速度的なグローバル化の深化を受けて、一国では対処しきれないグローバルな問題が頻発するようになった。そうした状況を受けて、各国政府だけではなく、国際組織、多国籍企業、NGOといったアクターを含めて、いかに国際秩序を形成・維持するのかを考察するグローバル・ガヴァナンスという概念が注目を集めるようになった。グローバル・ガヴァナンスのあり方について検討を行ったグローバル・ガヴァナンス委員会は、グローバル・ガヴァナンスを「公的および私的な個人や組織が共通の問題群を管理・運営する多くの方法の総体」と定義している[9]。多様な主体が協力し合いながら、グローバルな問題の解決を目指すという状況は、第一章でふれた「新しい中世社会」が立ち現れつつあることを意味するのかもしれない[10]。本書で用いている社会の

定義に照らしてみても、国家、NGO、企業などの多様な主体が、自由主義的民主主義や人権尊重といった価値を共有し、グローバルな問題解決に向けて、継続的に相互行為、コミュニケーションを行うようになった。

民主主義や人権自体は、「国家間社会」で以前から広く用いられている概念である。第二次世界大戦では、人権の保護と平和の維持との密接な関連性が認識され、連合国は民主主義の擁護、人権尊重を掲げて戦った。国連憲章では、「基本的人権と人間の尊厳および価値と男女および大小各国の同権とに関する信念を改めて確認（国連憲章前文）」と明記されている。このことは、人権尊重が、各国国内問題にとどまらず、「国家間社会」にとっても重要な問題であるとみなされていたことを意味する[11]。1948年には世界人権宣言が採択された[12]。その後、この宣言を援用、あるいは基礎にした重要な決議が数多く国連で採択されている。たとえば、国連総会で採択された、1959年の「児童の権利に関する宣言」、1960年の「植民地諸国、諸人民に対する独立付与に関する宣言」、1963年の「あらゆる形態の人種差別撤廃に関する国際連合宣言」などは、いずれもその根拠として世界人権宣言に言及している。また、1966年には、世界人権宣言の内容を基礎として国際人権規約が条約化された。さらに、人権を尊重すべきという原理レベルの人権尊重規範は、難民を保護すべき、人種差別を禁止すべきといった具体的規範となり、難民条約（1951年）、人種差別撤廃条約（1965年）、女子差別撤廃条約（1979年）、拷問禁止条約（1984年）、児童の権利に関する条約（1989年）などとして明文化された。これらの条約は、個人の権利保護を国家に義務付けるのみならず、個人の申し立てを認めるように変化してきた。そもそも、人権は人間の権利であるので、国際人権法が脱国家性を有することは自然なことである。人権が国際問題とみなされるようになった時点で、「国家間社会」の根底では、革命的な変化が起こりつつあった[13]。

冷戦期には、東西両陣営間の激しい対立のなかで、人権尊重規範よりも、主権尊重規範が重視されがちで、多国間の人権保護制度はきわめて弱いものにとどまっていた[14]。ところが、冷戦が終焉すると、第二次世界大戦直後から「国家間社会」に埋め込まれてきた「国家間社会」を根本的に変容させ得る人権尊重規範が、その潜在力を発揮し始めた。第二次世界大戦後以降、人権尊重規範を体現する条約を結んできた国家が、「その行動の帰結に、後からたじろいで

いる」のかもしれない[15]。世銀などは援助に際して、民主的な統治や、人権保障、法の支配などを重視するようになった。そして、こうした価値を反映したグッド・ガヴァナンスが、開発途上国において持続的成長が実現されるための前提条件とみなされたり、あるいは、開発援助などを通して実現されるべき価値・状態であるとみなされたりするようになった[16]。また、2000年の国連ミレニアムサミットで採択した国連ミレニアム宣言においても、「民主主義の促進、法の支配の強化、人権や基本的自由の尊重のため、いかなる努力もおしまない」と明記された[17]。「国家間社会」のメンバーは、たとえ内政干渉の恐れがあるとしても、積極的に人権や民主主義を広めようとし始めたのかもしれない。また、NGO や企業などのなかにも、こうした国家と協働するものが現れ始めた。

　他国で人権侵害が行われている場合に、「国家間社会」はそれを放置すべきではないとの考えも強まってきている。「保護する責任」という概念は、まさにこうしたものである。これは、国家が国民を保護するという義務を果たす能力がない、あるいは果たす意思がない場合、国際社会全体がその国の人々を「保護する責任」を負うという概念である。2005年の国連首脳会合成果文書において認められ、国連安保理決議1674において再確認された[18]。「国家間社会」における構成規範である主権尊重規範を認めつつも、人権侵害などから人々を保護する責任は主権尊重規範よりも優先され得るとしたのである。

　「国家間社会」が消滅したわけではないが、国境を越える領域における非国家主体のプレゼンスが増し、国家では対応しきれない問題も目立つようになってきた。また、非国家主体が、国家あるいは「国家間社会」の安全そのものを脅かす事態も発生した。こうしたなかで、一部国家と国際機関、NGO などが、共有する民主主義や人権といった概念を広め、それに基づいてグローバルな秩序を形成しようとする動きが出てきた。「国家間社会」がかつて「文明」基準を用いて成員と非成員を分けようとしたのになぞらえて、民主主義や人権が「新しい文明基準」となっていると主張するものもある[19]。「国家間社会」に加えて、「新しい中世社会」が徐々に広がり、グローバルな問題の問題解決に取り組んだり、影響を与えたりすることが大きくなってきたといえるのかもしれない。ただし、これらの主体の間で共有されつつある民主主義や人権は、欧米諸国で

共有されてきたそれらを色濃く反映するものである[20]。

## 第二節　対人地雷禁止条約の成立

　冷戦期には、兵器使用に伴って民間人の被害者が出たとしても、それはやむを得ない犠牲とみなされがちであった。焼夷兵器規制をめぐる動きで見たように、たとえ不必要な苦痛を与える可能性や、無差別な効果を有する可能性が高いと指摘された兵器であっても、国家、とりわけ大国にとっての軍事的有効性が高い兵器を規制することはできなかった。しかし冷戦が終焉し、「新しい中世社会」が拡大するにつれて、「国家間社会」において共有される兵器使用に関する規範も影響を受けるようになった。たとえ軍事的有効性が高い兵器であっても、非人道的な被害をもたらす兵器は廃絶すべきと訴える NGO などの声が強まった。そのような問題として、対人地雷問題がある。武力紛争の行われていた国や地域に積極的に入り、難民救援や社会の再建作業に取り組むようになっていた NGO は、地雷問題に強い懸念を表明するようになった。対人地雷は、埋設すれば、敵味方、老若男女の区別なく、踏んだ人の足元で爆発する。また、軍事的な効果を最大にするため、あえて手足を吹き飛ばす程度の爆発力に抑えられている[21]。地雷被害を目の当たりにした NGO のメンバーは、対人地雷は無差別性を有し、不必要な苦痛を与える兵器であるとして、その禁止を求め始めた。こうした NGO は地雷禁止国際キャンペーン（International Campaign to Ban Landmines：以下、ICBL）を立ち上げ、無差別兵器使用禁止規範と、不必要な苦痛を与える兵器使用禁止規範に接ぎ木する形で、対人地雷禁止規範を訴えた。

　規範起業家として NGO が対人地雷禁止を求め始めたころ、対人地雷をきわめて費用対効果が高い国防上不可欠の兵器であるとみなす国が多く、ほぼすべての国が対人地雷を保有していた。そこで、ICBL 傘下の NGO は各国で対人地雷禁止キャンペーンを展開した。加えて、1993 年 5 月にロンドンで第 1 回 NGO 国際会議を開催したのを皮切りに、1994 年 5 月にはジュネーブ、1995 年 6 月にはカンボジアで、それぞれ第 2 回、第 3 回 NGO 国際会議を開催した。こうした国際会議を通して、国際的に対人地雷禁止規範支持を訴えるとともに、

各国における国内キャンペーン立ち上げを支援した。ICBL のもとで各 NGO は国際的に連携しつつ、各国内においてメディアを巧みに利用した大々的なキャンペーンを展開した。こうしたイベントを通して、ICBL は一貫して対人地雷被害の実態を示すことで、いかに対人地雷が、無辜の市民に対して、無差別の被害を生み、不必要な苦痛を与えているのかを強調した。無差別兵器使用禁止規範や、不必要な苦痛を与える兵器使用禁止規範、文民保護規範に接ぎ木することで、対人地雷禁止規範支持を訴えていた。もちろん、冷戦期に、ICRC などが地雷やナパーム弾の禁止を求めた際もこれらの規範への接ぎ木を試みていた。しかし、当時と比べると NGO の能力は格段に向上していた。

　ICBL の訴えに共感した国連人道局や国連児童基金（United Nations Children's Fund：以下、UNICEF）などの国際機関も、対人地雷禁止規範支持を訴えるようになった[22]。これらの規範起業家は、対人地雷禁止規範支持を訴えるだけではなく規範守護者の弱体化を狙ったキャンペーンも巧みに行った。その際、各国の国防関係者に加え、対人地雷製造にかかわる企業がその標的となった。CCW 再検討会議中の 1995 年 11 月に UNICEF が呼びかけた地雷製造会社の製品に対する不買運動はそうしたものの先駆けであった。こうした呼びかけを受けて、地雷全廃を訴える NGO は各国企業の地雷製造状況を調査し始めた。とりわけ、ヒューマン・ライツ・ウォッチ（Human Rights Watch：以下、HRW）は徹底的な調査を行い、アメリカ企業の地雷製造状況をまとめた。こうした企業が、対人地雷禁止に消極的な国とともに規範守護者として活動することがないよう、地雷製造に関与している企業が将来地雷製造に関与しないことを宣言しなければ、企業の名前を公開することを宣言し圧力をかけた。非人道的な被害を発生させている対人地雷を製造しているというイメージが広まることは、企業にとって好ましいことではない。こうしたキャンペーンは、多くの企業に対人地雷やその部品製造を断念させる圧力となった[23]。少なくとも、地雷製造にかかわる企業が、地雷使用継続を求め規範守護者として活動することはほとんどなかった。

　NGO などの規範起業家の声を受けて、1995 年 9 月から CCW 再検討会議が開始されることとなった。CCW 第 2 議定書によって対人地雷の使用規制がなされていた。しかし、CCW 第 2 議定書による地雷使用規制は、地雷被害を減

少させる効果をほとんど持たなかった[24]。それゆえ、CCW 第2議定書を改正することによって、対人地雷問題に対処することが試みられた。CCW 再検討会議において、対人地雷の使用を継続したいと考える各国防衛関係者は、対人地雷は「国家安全保障上必要な合法兵器」と訴えた[25]。人道の観点から対人地雷禁止を訴える規範起業家に対抗し、彼等は規範守護者として安全保障の観点から対人地雷問題をフレーミングしようとした。また、規範守護者は、対人地雷の使用自体が問題なのではなく、無責任に使用する国や軍隊やゲリラなどが非難されるべきで、それらへの対人地雷の移転を規制し、責任をもって対人地雷を使用すればよいと主張した。加えて、規範守護者は、すべての地雷が非人道的被害を引き起こすわけではないと強調した。冷戦期に地雷やナパーム弾などの規制が求められたときと同様、規範守護者達は、地雷そのものが問題を引き起こしているわけではないと訴えて規範起業家に対抗しようとした。

　CCW 再検討会議は、各国の政府関係者によってコンセンサス方式で議論が進められた。それゆえ、規範守護者は、対人地雷地雷の規制強化に慎重な姿勢を示していれば、対人地雷禁止を阻止することが可能だった。規範起業家のNGO 等は会議に参加していなかったし、対人地雷の使用を継続したいと考える会議参加者も依然として多数派を占めていた。しかし、「国家間社会」における支配的な規範と、各国国民の間での支配的な規範とが必ずしも一致するとは限らない。規範起業家の巧みなキャンペーンの結果、各国内で対人地雷禁止規範を支持するものが増加していった。ICRC が行った調査によると、1996 年春の時点で、調査対象となった 21 カ国すべてで地雷禁止規範への支持が過半数に達し、うち 17 カ国では 7 割を超えていた。また、西欧諸国のみならず、ロシア（83%）、インド（82%）などにおいても、対人地雷禁止規範への支持者が大多数を占めていた[26]。こうした各国内の状況を受けて、ICBL の訴えを共有する国も徐々に増加しつつあった[27]。特に、民主主義や人権尊重を重視する国の間では、国民の多くが対人地雷禁止を支持している状況を無視することが困難になっていった。CCW 再検討会議が開催された時点で対人地雷禁止を支持していた国は、地雷被害に苦しむ国に加えて、ヨーロッパ諸国が多かった[28]。ICBL は、対人地雷禁止を求める各国の動きを側面支援すべく、『CCW ニュース[29]』を発行したり、巨大な「靴の山」をウィーンの会議場前に作ったりした。

『CCW ニュース』では、各国の対人地雷問題に対する政策・発言を検討し、それをもとに「良い国、悪い国、醜い国」に分類して公表し、各国政府に対して、対人地雷禁止に積極的となるよう圧力をかけた。

　地雷がもたらす非人道被害への批判が高まるなかで、地雷使用継続を訴える国の多くは、自己破壊装置付地雷以外は使用しない方針を明らかにするようになった[30]。地雷問題が深刻なものとなった原因の一つは、地雷の残存性の問題である。それゆえ、地雷に、一定期間が経過すると機能しなくなる自己破壊装置や自己不活性化装置を装備することを義務付けることで、地雷問題は緩和できると主張した。こうした主張によって、対人地雷禁止規範と無差別兵器使用禁止規範の接ぎ木切断を試みたのである[31]。新たな規範の挑戦を受けると、新たな規範に既存規範が代替されることを避けるべく、既存規範に一定の修正が行われることもある。

　「自己破壊装置付地雷を使用すれば問題は緩和される」という規範守護者の主張に対して、規範起業家は二つの観点から批判を加えた。一つ目は、この主張は、先進国が生産するハイテク地雷は合法で途上国が生産するロウテク地雷は違法であるといった差別的要素を内包しているという批判である。このような批判を加えることで、規範守護者の主張の広がりを限定しようとした。二つ目は、自己破壊装置の付けられた地雷も約1割が機能しないという批判である。「自己破壊装置付地雷ならば、非人道的被害が発生しない」という主張そのものを批判することで、規範守護者による規範の接ぎ木切断戦略を無力化しようとした[32]。また、規範起業家は、地雷は国防上必要不可欠な兵器であるという規範守護者の主張も切り崩そうとした。ICRC は 1996 年 2 月、朝鮮戦争やベトナム戦争、湾岸戦争などを含む第二次世界大戦以降の実戦において、地雷がいかに使用され、どの程度の有効性を有していたのかについて、戦闘に従軍した退役軍人を招いて検討した。会議の結果、出席者が全員一致で対人地雷の軍事的効果が高くなかったと結論付けた[33]。この会議の報告書『対人地雷─味方か？　敵か？　軍事問題としての対人地雷の研究』は、1996 年 3 月末に出版され、地雷使用継続を唱える根拠を揺るがせた。

　規範守護者にとって、国防上の有効性が高いとされていた対人地雷を全面禁止することは考えられないことであった。NGO により、盛んに対人地雷禁止

を求めるキャンペーンが行われていたものの、CCW再検討会議にはそうしたNGOの参加は認められていなかった。NGOなどの訴えを受けて、対人地雷禁止規範を受容する国も増え始めてはいたとはいえ、コンセンサス方式で進められたCCWでは対人地雷禁止が達成されることはなかった。結局、対人地雷使用を継続しつつ被害を緩和するため、対人地雷使用の規制を強化するCCW改正第2議定書が採択された。その主たる改正点は、①議定書の適用範囲が国家間紛争だけでなく国内紛争や内戦にも適用されるようになったこと（第1条2項）、②探知不可能な対人地雷の使用が禁止されたこと（第4条）、③一定期間内に自己破壊するか自己不活性化する装置を、対人地雷に装備することが義務付けられたこと（第5、6条）、④改正前の議定書が地雷の使用に限定して規制をしていたのに対し、改正議定書では地雷の移譲にまで踏み込んで規制を強化したこと（第8条）の4点であった。改正議定書はそれまでの議定書と比べると相当な強化が行われたといえる。

特に、改正議定書で、地雷移譲にまで踏み込んで規制が強化された点は重要である。CCWの時間的適用範囲は本来武力紛争の事態に限定されていた。それにもかかわらず、地雷移譲にまで規制を拡大したことは、人道的観点から対人地雷禁止規範を訴えるNGOなどの主張を受けて、CCWが変容を余儀なくされたことを意味している。CCWのもともとの時間的適用範囲を逸脱してまでも、改正議定書は対人地雷の引き起こす人道的惨禍の緩和のための規制を盛り込んだ。このことは、CCWにおいて、人道的配慮が改正前よりも強まったことを意味している。また、同じく人道的観点から、「失明をもたらすレーザー兵器に関する議定書」が第4議定書として採択された。これは、実際に兵器が配備・使用される前に使用禁止を行ったものであり、すでに多くの国が使用していた対人地雷のように議論が紛糾することはなかった[34]。

ICBLを始めとするNGOが、「国家間社会」で広く受け入れられている不必要な苦痛を与える兵器使用禁止規範や、無差別兵器使用禁止規範に接ぎ木をし、対人地雷禁止規範支持を繰り返し訴えた。その際、対人地雷被害の実情を、マス・メディアなどを通して積極的に広めることによって、対人地雷被害の実情を、イデオロギーとしてではなく具体的な事実として認識可能とする努力を行った[35]。こうしたキャンペーンの結果、地雷が多くの文民被害を生み、またそ

の被害が非人道的であるという点については、先進国、途上国を問わずに認識されるようになっていった。情報収集、発信能力が格段に向上したNGOのキャンペーンが各国において非常に効果的に行われ、NGOの地雷全廃を求める主張に同調する国が徐々に増え始めていた。対人地雷が、いかに不必要な苦痛を与えているか、無差別な効果を生んでいるのかということが、冷戦期とは比較にならないくらい説得力を持って提示されるようになったのである。

　不必要な苦痛を与える兵器使用禁止規範や、無差別兵器使用禁止規範を受け入れている以上、対人地雷が不必要な苦痛を与えたり、無差別性を有していたりすることを説得的に示されると、各国がそれに正面から反対することは困難であった。民主主義や人権尊重を重視する「新しい中世社会」のメンバー国であればなおさらである。ヨーロッパ諸国が、サンクト・ペテルブルク宣言において、不必要な苦痛を与える兵器禁止規範を掲げた際は、戦略的な意味合いが大きかったのかもしれない。しかし、その後、繰り返しこの規範への支持を言明してきたことで、各国は自縄自縛に陥りつつあった。規範起業家の攻勢の前に、規範守護者は追い詰められていった。「地雷使用をやめると、兵士が自ら防衛にあたる必要が出てくるため、兵士の命が危険にさらされ危険」といった言説を唱えるものも現れた。これは地雷使用を人道性の観点から主張する試みである。しかし、このような訴えへの支持が広がることはなかった[36]。

　地雷使用継続を訴える規範守護者は、一部の国の国防関係者に限定されており、その対抗戦略にもかかわらず、なかなか支持を広げられなかった。自己破壊装置付地雷使用が広がれば、地雷製造企業にとっては大きなビジネスチャンスとなる[37]。しかし、地雷禁止規範への支持が一般市民の間で広がり、対人地雷製造に関与している企業に対する不買運動や企業イメージ低下のリスクが大きくなると、地雷製造への関与をためらう企業が増加した[38]。地雷禁止規範への支持が高まりを見せるなか、あえて規範守護者のキャンペーンに加勢する地雷製造企業はほとんど現れなかった。地雷製造にかかわっていた企業のなかには、積極的に対人地雷禁止規範に賛同するものも少なくなかった。地雷製造に関する知識・経験は、地雷除去活動においても力を発揮するからである。対人地雷禁止運動が盛り上がるにつれて、地雷除去ビジネスは急成長し、地雷製造にかかわっていた企業も地雷除去へと乗り出していった[39]。多くの地雷製造企

業にとって、地雷禁止規範が支持を拡大し始めると、それに対抗するよりも、むしろそれを受容したうえでビジネスチャンスを追求するほうが得策であった。

規範守護者のキャンペーンは広がりを欠き、規範起業家のキャンペーンに押される一方であった。各国はこれまで不必要な苦痛を与える兵器使用禁止規範への支持を繰り返してきたため、対人地雷が不必要な苦痛を与えていることを示されると、無視することはできなかった。軍事的有効性が高いと考えられていた対人地雷の使用規制を行うことは、「合理的」ではないかもしれない。しかし、各国は対人地雷の規制強化に応じざるを得なくなっていった。対人地雷の規制強化を行うCCW改正第2議定書が形成されたことは、合理主義国際政治学の観点から説明することは困難である。各国がいかなる規範を共有していたのかという点に注目し、対人地雷問題が既存の規範にいかに関連付けられたのかという点に焦点を当てることで、よりよく理解ができると思われる。

対人地雷が、非人道的な被害を引き起こしていることは、すべての国にとって否定しがたい事実であった。それゆえ、規制強化には応じざるを得なかった。ただし、CCWにおいてコンセンサス方式で交渉を進める限り、規範守護者が対人地雷禁止条約の形成を阻止することは難しいことではなかった。その結果、上述のようなCCW改正第2議定書が採択された。この改正議定書は対人地雷の全面禁止とはほど遠い内容だったため、多くのNGOや地雷全廃に賛同する国々を失望させた[40]。このような状況を受けて、対人地雷禁止規範支持国とNGOは、CCWとは別に、対人地雷禁止規範を支持する国のみによる交渉—いわゆるオタワ・プロセス—を開始した[41]。オタワ・プロセスは、対人地雷全面禁止に賛同する国のみによる交渉なので、対人地雷を全面禁止することに関して交渉の余地がほとんどなかった。そのため、条約形成交渉にかかる時間が大幅に短縮されることとなった。従来の交渉方法では、各国の最大公約数の合意しか達成し得ず、交渉参加国が多いほど大きな進展をなし得ないという問題があった。しかし、対人地雷禁止規範に賛同する国のみによって進められたオタワ・プロセスは、この問題を回避することにも成功した。このような交渉過程を採用すると、対人地雷全面禁止に賛同しない限り交渉に参加できず、それゆえ、交渉参加国が少なくなるという問題がある。アメリカ、ロシア、イギリス、フランス、中国を始めとし、大国の多くが対人地雷全面禁止には消極的な態度

をとっており、これらの国を排除して交渉を進めることに対しては批判も少なくなかった。加えて、対人地雷禁止に消極的な国は、政策決定者がNGOなどの主張に耳を傾けることはあまりなかった。そこで、NGOを始めとする規範起業家は、各国、あるいは国際的に大々的な世論喚起キャンペーンを行った。対人地雷禁止規範に対する世論の支持は、国際的にも、多くの国の国内でも高まり、そのことがオタワ・プロセスへの参加を各国に促す圧力となった。

　また、カナダなどが旅費援助を行うなどして実際に対人地雷被害に苦しむ国のプロセス参加を呼びかけた。主要国がプロセスに参加していない弱みを、実際に地雷被害に苦しむ国のプロセス参加によって相殺しようとしたのである。オタワ・プロセスは、世論の支持、参加国数の多さ、地雷被害国の参加、という三つの要素によって、その正統性を高めようとした。人道問題の分野において権威を有していた国連機関やICRCなどがプロセス支持を表明したことは、その正統性をさらに高めることとなった[42]。対人地雷全廃を求める国々やNGOは、プロセス参加国を賞賛する一方で不参加国を非難し、あるいは多くの国が参加していることを背景に不参加国を貶めるといった社会的賞罰を通して、各国に規範適合的な行動をとるよう迫った。

　プロセスに明確な期限があったことも各国の早期の決断を促した。期限にせかされるようにして急激にプロセス参加国が増加すると、プロセスが掲げる規範へのコミットメントが弱まる恐れがある。しかし、交渉参加国が対人地雷禁止規範を支持していることが想定されていたオタワ・プロセスにおいては、交渉では常に規範が参照され、対人地雷禁止条約の内容を弱めるような動きが受け入れられることはなかった。対人地雷禁止規範を受容する国が増加し一定数に達すると、一気により多くの国が規範を受容するようになるいわゆるノーム・カスケードが起こり始めた。加えて、ICBLがノーベル平和賞を受賞したこともあり、オタワ・プロセス参加への圧力はいっそう強いものとなった。1997年、プロセス開始からわずか1年余りで、例外留保条件のない厳格な対人地雷禁止条約が採択され、1997年12月の調印式では120カ国以上が署名した。その後も条約加入は増加し続けており、2014年8月末時点で本条約の締約国は162カ国となっている。

　対人地雷禁止規範の影響は対人地雷禁止条約の非締約国にまで及ぶものとな

っている。条約に調印していない国であっても、その政策がかなりの程度規範に影響されてきたことは注目すべき点である。アメリカは自己破壊装置の付いていない対人地雷を2010年以降使用しないことを宣言し、ロシアも「予見される将来に参加する」意思を表明し、中国・インドについても地雷の究極的撤廃の支持を表明している[43]。これらももちろん、修辞上のものに過ぎないかもしれない。だが、そうした宣言自体に各国の行動が一定程度規定されることもまた確かである。条約に調印していないとはいえ、これらの国にとっても今後あからさまな地雷使用はますます困難になると予想される。

　対人地雷禁止規範の伝播過程は、それまでにないものであった。NGOが規範起業家として、対人地雷禁止規範を広めようと活動した際、単に各国の政策決定者への説得を行うだけではなく、各国国内社会、「新しい中世社会」にも規範受容を働きかけた。各国国内社会における規範への支持、そして国際機関、国際NGO、あるいは多国籍企業の間での支持拡大を背景に、「国家間社会」に規範受容を迫った。さらに、NGOは、対人地雷禁止規範を支持するようになった国とともに、条約形成プロセスを立ち上げた。このオタワ・プロセス開始後も、対人地雷禁止規範を支持する国家と、国際機関、NGOなどは協働して、規範への支持拡大に努めた。その際、規範守護者の活動が広がらないようにするため、各国政策決定者への説得に加えて、地雷製造にかかわる企業などへの働きかけも強めた。規範守護者の活動がなかなか広がりを見せないなか、対人地雷禁止規範はさらに支持を広げ、対人地雷禁止条約に多くの国が参加することになった。対人地雷禁止条約が形成された後も、規範をより多くのアクターに受容させるべく、NGOと地雷全廃派の国々は緊密な協力関係を継続している。対人地雷禁止規範の受容を迫る相手は、各国政府だけではない。条約の主体とならない非政府組織、反政府組織が対人地雷使用をすることがないよう、こうした主体にも規範受容を働きかけた。たとえば、ジュネーブ・コールというNGOは、非国家主体に対人地雷禁止条約の内容を遵守することを誓約するよう求める取り組みを行っている。対人地雷禁止の誓約書に署名する武装非国家主体（Armed Non-State Actors）は、2014年8月末時点で47となっている[44]。対人地雷禁止条約の履行状況の監視については、毎年開催されている締約国会議にICBLが1,000頁を超える『ランドマインモニター』を提出し、各国の対人

第五章 「国家間社会」の自律性低下　173

図5-1：対人地雷禁止規範の発展

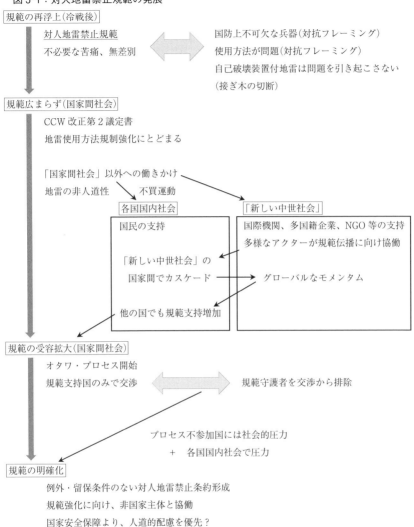

地雷の保有、移転や破壊などの情報を詳細に報告し、条約履行状況の透明化、規範強化に大きく貢献している。他国政府や国際機関が入ってくることを嫌う国であってもNGOであれば情報収集が可能となる場合もある。対人地雷問題において、NGOはときに国家を先導し、ときに国家を補完するなど、重要な

協働相手とみなされるようになった。対人地雷禁止規範は、「国家間社会」だけではなく、「新しい中世社会」においても共有されるようになり、対人地雷問題の解決に向けた取り組みが行われている。グローバル化が進展するなかで、「国家間社会」だけでは解決が困難なグローバルな問題が少なくない。「国家間社会」とともに、「新しい中世社会」などの他の社会も、そうした問題解決に一致して取り組むことの重要性が増していると思われる。その意味でも、この対人地雷問題をめぐる規範の形成・伝播過程およびその後のさまざまなアクターの協働のあり方は、他の問題に大いに示唆を与えるものといえる。

## 第三節　クラスター弾に関する条約の成立

　対人地雷問題での経験を踏まえ、NGO のなかには、他の兵器問題でも同様のキャンペーンを立ち上げることを模索するものが現れた[45]。1999 年、NATOによるコソボ空爆で大量にクラスター弾が使用されると、NGO はクラスター弾の使用をやめるよう求め始めた。その際、たとえば HRW は、クラスター弾被害が文民に及ぶこと、無差別性を有すること、そして不必要な苦痛を与えることを訴えた。対人地雷の際と同様に、文民保護規範、無差別兵器使用禁止規範、そして不必要な苦痛を与える兵器使用禁止規範に、クラスター弾使用禁止規範を接ぎ木した。加えて、HRW は、「不発化したクラスター弾は効果的に『対人地雷化』するので、使用すべきではない」と主張した。これは、対人地雷禁止規範にクラスター弾問題を接ぎ木しようとするものである[46]。NGO からクラスター弾[47]の禁止を求める声が上がり始めると、対人地雷問題の経験を踏まえ、各国国防関係者は NGO の声を封じ込めるべく迅速に対応した。2001 年12 月、第 2 回 CCW 再検討会議においてクラスター弾を含む不発弾および遺棄弾（Explosive of Remnants of War: 以下、ERW）問題が議論され、2002 年に政府専門家会議が開催されることとなった。NGO の声が強まりネットワークが形成され、世論の支持が高まる前に、CCW がこの問題に対処することで NGO に主導権を奪われないようにしたのである[48]。

　その際、クラスター弾としてではなく、ERW 問題として議論することで、特定兵器の使用規制や禁止がなされることを回避しようとした。焼夷兵器や対

人地雷問題において、これらの兵器使用を継続したい規範守護者はたびたび、兵器自体ではなく、兵器の使用方法が問題であると訴えた。こうした訴えは、対人地雷問題においては各国国内社会や、「新しい中世社会」においては十分な支持を得ることができず、対人地雷禁止条約が形成された。そうした経験を踏まえ、クラスター弾が問題視されるようになると、規範守護者は、兵器そのものではなく、不発化した兵器が問題であると主張した。このような主張は、特定兵器規制に結び付くことを避けようとするものである。クラスター弾は、対人地雷とは異なり設計どおりに作動しない、すなわちERW化することが問題を引き起こしていた。規範守護者は、クラスター弾は、本来無差別性を有している対人地雷とは本質的に異なると指摘して、接ぎ木の切断を行おうとした。また、ERW問題に取り組むべきと訴えることは、クラスター弾以外の兵器が引き起こす被害にも取り組むことを強調できるため、一般の人々にも共感を得やすい。規範守護者は、国家安全保障の論理のみに基づいた主張を行うのではなく、国内社会、そして「新しい中世社会」でも支持を得られるような議論を展開し、クラスター弾使用継続を可能にしようとした。

　CCWにおける議論は比較的スムーズに進み、2003年11月、CCW第5議定書が採択された。採択された議定書は、締約国と紛争当事国がその支配地域におけるERWの除去や破壊に責任を持つこと、ERW化した兵器を使用した国は紛争終結後、実行可能な技術的、財政的、物的、人的支援を行うことを定めている（第3条）。一方で、情報提供に関しては、可能な限り爆発兵器使用に関する情報を記録・保存し、紛争終結後速やかに、可能な限り当該領域を支配する締約国にそれを提供する、と定めるにとどまっている（第4条）。自己破壊装置などの予防措置装備に関しては、各国が個々の能力に応じて行うことが奨励されているに過ぎない（第9条）。CCW第5議定書は、ERWというより広範な問題に対処しつつ、クラスター弾という特定兵器の使用規制や禁止が行われることを巧みに回避することに成功した。実際、NGOが、まとまってクラスター弾問題を訴えるために、NGOネットワークであるクラスター弾連合（Cluster Munitions Coalition：以下、CMC）を2003年11月に設立したときには、すでにCCWの議論はほぼまとまっていた。CMCが形成されたときには、CCWにおける議論に影響を与える余地はほとんど残されていなかった。

しかし、それまで全く対処されてこなかった ERW 問題に関して、紛争当事国が ERW の除去・破壊に責任を負うことが明記され、紛争終結後の ERW 問題への対処方法に関するルールが定められた意義は小さくない。また、採択された議定書の内容からは、CCW が変容したことがうかがわれる。CCW の時間的適用範囲は、本来武力紛争の事態に限定されていた。しかし、第 5 議定書の多くの条文は、実質的内容からして武力紛争終了後において適用されることが想定されており、特に一般的防止措置については、恒常的になされることが期待されている。CCW の時間的適用範囲からの逸脱は地雷移譲規制を定めた改正第 2 議定書でも見られたものの、第 5 議定書では国が締約国になったときにすでに存在する ERW までも適用範囲に取り込んでいる。このことは、武力紛争後の事態への対処がいっそう重視されるようになったことの現れといえる[49]。

　CCW 第 5 議定書の形成過程において、NGO が直接的に国際交渉に関与したり影響力を行使したりすることはあまりなかった。CCW での議論がコンセンサス方式ゆえに停滞し、問題に対する効果的な対応ができないならば、CCW を飛び出して一部国家と NGO などが協働する非コンセンサス方式の別フォーラムが形成され得る。オタワ・プロセスの成功によってこうした事実が CCW 締約国に突き付けられたことで、ERW 問題をめぐる議論が真剣で活発なものになった。「国家間社会」で迅速に対応がなされた背景には、こうした「新しい中世社会」の台頭も、間接的に影響を与えたといえるのかもしれない。

　第 5 議定書が採択された後、CCW におけるクラスター弾をめぐる議論も、NGO のクラスター弾規制を求める動きも、いったんモメンタムを失うこととなった。NGO のなかには、クラスター弾に焦点を絞った規制がなされなかったことに対する不満を有するものも少なからず存在した。しかし、CCW 第 5 議定書が採択されたこともあり、クラスター弾そのものを規制すべきと訴える NGO の主張に対する共感は、なかなか広がらなかった。クラスター弾使用継続をしたい各国国防関係者は、クラスター弾自体を禁止・規制すべきと訴える NGO によるフレーミングを破壊しようとした。クラスター弾の代わりに多数の爆弾を使用するようになれば、かえって付随的被害は増大するおそれがあるといった言説は、そうしたものである。イギリスは、クラスター弾を「現時点では最も適切な空中投下型兵器」だと主張していた[50]。また、フランスは、「ク

ラスター弾は軍事的に必要不可欠な兵器」であり、「その使用禁止は合理的ではない」と述べていたし、ロシアも、「クラスター弾が危険という考えには根拠がなく、禁止を求める声は政治的主張に過ぎない」と訴えた[51]。クラスター弾の規制に前向きな国が存在しなかったわけではないものの、そうした国も文民居住区におけるクラスター弾の使用を問題視するにとどまっていた[52]。クラスター弾自体の使用禁止を主張する国はほとんど存在しなかった。

　転機となったのは、ベルギーでクラスター弾を禁止する国内法が成立したことである。ベルギー政府が当初からクラスター弾禁止に積極的だったわけではない。対人地雷問題でも活躍したハンディキャップ・インターナショナル（Handicap International）などのNGOがクラスター弾禁止運動を開始すると、ベルギー政府もクラスター弾問題に関心を示すようになった。クラスター弾製造に関係する企業への投資を引き揚げるよう求める運動なども行われ、クラスター弾禁止を求めるベルギー国内社会の世論は大いに高まった。そうしたなか、2006年2月、クラスター弾を禁止する国内法が成立した[53]。ベルギーが具体的な行動をとったことを受けて、クラスター弾規制に積極的な国々の間で、国際的なイニシアチブを発揮するタイミングをうかがうものが現れ始めた[54]。この直後、CMCがクラスター弾規制に関する非公式な会合開催を呼びかけると、ノルウェー、ベルギー、リトアニア、スイス、スウェーデン、オランダ、アイルランド、メキシコ、デンマークの9カ国の政府関係者が会合に参加した。2006年7月、レバノン南部の紛争でイスラエル軍によってクラスター弾が大量に使用されたこともあり、クラスター弾規制を求める声は再び勢いを取り戻し始めた。第3回CCW再検討会議では、スウェーデンを始めとする6カ国が、クラスター弾問題に関する法的拘束力を有する合意文書を交渉するための政府専門家会合創設を提案し、交渉マンデートを求めた[55]。しかし、この提案はアメリカ、イギリス、ロシア、中国などの反対によって採択されなかった[56]。会議最終日、ノルウェーやスウェーデンを始めとするクラスター弾規制に積極的な25カ国が共同提案国となり、クラスター弾禁止条約創設を求める「クラスター弾に関する宣言案」を提出した[57]。しかし、この宣言案も否決された。

　こうした状況を受けて、ノルウェー政府は、「受け入れがたい非人道的惨禍をもたらしているクラスター弾の禁止に向けて、CCWから独立した別プロセ

スを開始する」ことを発表した[58]。クラスター弾そのものの使用禁止ではなく、「受け入れがたい非人道的惨禍をもたらすクラスター弾」を禁止すべきと訴えたのである。そして 2006 年 12 月、ノルウェー政府は、クラスター弾問題に対処するための法的拘束力のある文書作成交渉を行う準備がある国を、会議に招待すると記した文章を各国政府に送付した[59]。このような自己選択方式による拒否国排除の条約形成交渉は、オタワ・プロセスの大きな特徴の一つであった。オタワ・プロセスになぞらえて、クラスター弾に関する条約形成プロセスが、オスロ・プロセスといわれるゆえんである。こうした交渉形態を採用すると、交渉に参加していない国をいかに交渉に引き込むかという点が重要となる。この点、クラスター弾そのものの禁止ではなく、「受け入れがたい非人道的惨禍をもたらしているクラスター弾の禁止」を訴えたことは重要であった。文民保護規範、あるいは不必要な苦痛を与える兵器使用禁止規範を支持している国にとって、「受け入れがたい非人道的惨禍をもたらしている」兵器の使用禁止に反対することは困難となった。サンクト・ペテルブルク宣言以降、繰り返し各国が不必要な苦痛を与える兵器禁止規範への支持を言明してきたことが、ここでも各国の行動に影響した。このように議論を提示されると、各国はプロセスに参加せざるを得なくなったのである。それでも、規範守護者は、クラスター弾禁止を検討する議論に参加しつつも、クラスター弾の不発率はきわめて小さく、クラスター弾が人道的な問題を引き起こすことはほとんどないと反論していた。これに対して、NGO を中心とする規範起業家は、一定の割合で不発化するクラスター弾は、それ自体使用禁止すべきと主張した。実験場におけるクラスター弾の不発率は確かにきわめて低い。しかし、実戦におけるクラスター弾の不発率については不確実性が高く、アメリカも実戦における不発率調査は危険だとして実施していなかった[60]。そこで、CMC 創設以来のメンバーであるノーウィージャン・ピープルズ・エイド（Norwegian People's Aid：以下、NPA）はノルウェー防衛研究所などとともに、クラスター弾の実戦における不発率に関する初めての大規模調査を実施した[61]。レバノン南部での調査の結果、不発率が 1 ％未満とされていた改良型 M85 であっても、実戦での不発率は10％以上に上っていたことが明らかにされた[62]。イギリス、フランス、ドイツなどを中心に、自己破壊装置を装備したクラスター弾を禁止対象外とするよう

訴える国は少なくなかった。しかし、このレポートによってそうした主張は見直しを迫られることとなった[63]。ノルウェーの国防省関係者やCMCのメンバーは、各国代表団に対して、報告書のデータなどを根拠に、技術的な改良ではクラスター弾による非人道的被害はなくならないと繰り返し訴えた。その結果、2008年5月に開催された、条約案を検討する最終会議であるダブリン会議では[64]、自己破壊装置つきのクラスター弾を例外とするよう求める声は弱まっていた。

　オスロ・プロセス参加国は、少なくとも「文民に対して許容しがたい被害をもたらすクラスター弾を禁止する」ことに賛同していることが想定されていた。それゆえ、不発率1％未満とされていた改良型自己破壊装置付クラスター弾が、実戦では10％以上不発化し文民に対して脅威となっている事実を突き付けられると、このクラスター弾を禁止対象外とするよう求める主張を維持することは困難となっていった。「文民に許容しがたい被害をもたらすか否か」という観点に照らして交渉が進められた。交渉の結果、一つの子弾が規定重量（4キログラム）を超え、全子弾が10個未満で、単独の攻撃目標を攻撃し、自己破壊装置および自己不活性化装置が付いたもののみを例外として認めるという議長案がまとめられ、会議最終日に全会一致で採択された。プロセス参加国の当初の主張からすれば、禁止対象外となるクラスター弾の範囲はきわめて狭いものに限定されたといえる。

　オスロ・プロセスを先導したノルウェーのヨーナス・ストーレ（Jonas Gahr Støre）外相は、条約案の採択を受けて、「歴史的瞬間」「実質的にはこれまで使用されてきたすべてのクラスター弾が禁止される」と述べ、条約を高く評価している[65]。閉会式において、CMCコーディネーターのトーマス・ナッシュ（Thomas Nash）も、「不可能と思われた全クラスター弾の禁止を成し遂げたことは素晴らしい成功」と述べている[66]。確かに条約は、現在広く使用されているクラスター弾を実質的にすべて禁止するものであり、その意義は大きい。被害者支援に関する条項が盛り込まれたことや、使用国が不発弾処理に際して情報提供を行うとともに技術的、財政的、物質的、人的支援を行うことを強く促す条項が盛り込まれたことも、クラスター弾による人的被害を減少させるうえで意義がある。2008年12月、クラスター弾に関する条約の調印式が行われ、

図 5-2：クラスター弾禁止規範の発展

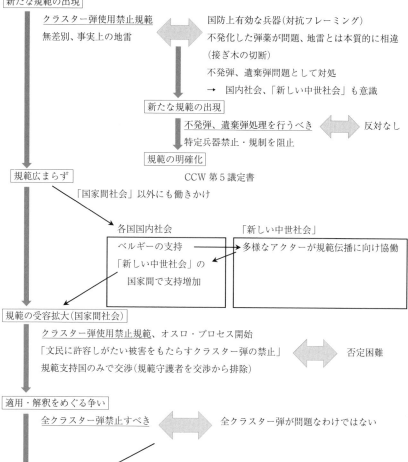

94 カ国が調印した。オスロ・プロセス開始当初は主要大国が消極姿勢を示していたにもかかわらず、交渉開始から 1 年余りで条約が形成され、2010 年 8 月に発効した。2014 年 8 月末時点で、113 カ国が署名、または批准・加入している。

## 第四節　核不拡散レジームの揺らぎ

　東西間の核戦争の脅威が後景に退くと、核不拡散レジームに対する不満を抑え込む力が弱まった。1991 年にはイラク、1993 年には北朝鮮の核開発が疑われた。また、核軍縮が進展しないことに対する不満も高まり始めた。NPT 第 6 条では、核保有国が誠実に核軍縮交渉を行うことが規定されている。それにもかかわらず、東西核戦争の脅威が大幅に低下した後も核兵器の削減は遅々として進まなかった。冷戦終焉後、東西核戦争の脅威が減少したこともあり、核兵器の存在自体が脅威であると訴える NGO に共感する人も増えていった[67]。核兵器問題においても、非国家主体の影響が顕著になりつつあった。国際反核兵器法律家協会などによる働きかけを受けて、1993 年には世界保健機関が、1994 年には国連総会が、核兵器使用の合法性について国際司法裁判所に勧告的意見を要請する決議を採択した[68]。国連総会の要請に対して、国際司法裁判所は「核兵器の威嚇または使用は武力紛争に適用される国際法の規則に一般的には違反する」との意見を与えた。一方で、「国家の存亡そのものが危険にさらされるような自衛の極端な状況における、核兵器の威嚇または使用が合法であるか違法であるかについて裁判所は最終的な結論を下すことができない」ともしている[69]。

　1995 年に開催された NPT 運用検討会議では、核保有国の核軍縮問題をめぐって紛糾した。最終的には、NPT の無期限延長が合意されたものの、究極的廃絶を目標とした核兵器国による核軍縮努力が強調された。1995 年には核廃絶を求める NGO のネットワークである「アボリッション 2000（Abolition 2000）」が設立された。また、核軍縮を求める非核国グループの新アジェンダ連合が 1998 年に結成された[70]。新アジェンダ連合は、核廃絶を求める決議案を国連総会に提出するなど、核軍縮の具体的推進を求めている。こうした動きは、新ア

ジェンダ連合に限られるわけではない。たとえば、日本は1994年以来、核軍縮を求める決議を国連総会に毎年提出しているし、非同盟運動（Non-Aligned Movement）諸国も、1995年以降毎年核軍縮を求める決議を出している[71]。

1998年には、NPT非締約国のインド、パキスタンが相次いで核実験を行った。2003年にはNPT締約国であるイランの核開発が疑われるようになり、北朝鮮がNPT脱退を宣言した。北朝鮮は2006年および2009年に地下核実験を行い、核保有を宣言するに至っている。また、2007年にはNPT締約国のシリアが北朝鮮に支援を受けて核開発を進めているとの疑惑が持ち上がるなどした。核保有を断念することで、原子力の平和利用促進への協力を得られるようにしたことも、核不拡散レジームの重要な要素の一つであった。それにもかかわらず、2005年、アメリカはNPT非締約国のインドと原子力分野における協力推進に合意し、2007年に米印原子力協力協定を締結した。この協定には、核不拡散強化のためにインドを孤立させるのではなく取り込もうとする意図がある。経済成長や戦略的重要性を背景に、インドとの関係を強化したいという外交戦略上の考慮もあろう。しかし、NPTに加入せずとも核保有国から原子力の平和利用への協力を受けられるという事実は、これまでNPTを支持して核開発を断念してきた非核兵器国に不公平感を生む。NPTを中心とする核不拡散レジームへの信頼が大きく揺らぐようになった。

また、テロ組織など、非国家主体への核拡散の懸念も、核不拡散レジームにとって深刻な問題である[72]。というのも、核による報復攻撃を恐れない非国家主体に対しては核抑止が効かないおそれが強いからである。非国家主体による核兵器使用に対抗するため、2002年6月、アメリカはABM条約から脱退し、ミサイル防衛の開発に邁進した。相互確証破壊の重要な基礎となってきたABM条約から脱退してでも、アメリカはテロ組織への核拡散の脅威に対処しようとした。当時のアメリカ大統領、ジョージ・ブッシュ（George W. Bush）は、守るべき国家も国民も持たないテロ組織に対しては、「抑止」「封じ込め」は効果がなく、自衛のために「先制攻撃」が必要であると主張した[73]。

先制攻撃、すなわち先制的自衛権の行使が許容されるかどうかについては、「国家間社会」のなかで見解が分かれている[74]。そもそも、テロ組織に対して自衛権を行使できるのかという問題もある。国連憲章第51条では、加盟国に対

して武力攻撃が発生した場合に、自衛権を行使できるとしている。しかし、この第 51 条に規定される「武力攻撃」は国家によるものとされ、テロ組織の行動は、その大きさにかかわらず「武力攻撃」にあたらないと考えられてきた[75]。それにもかかわらず、アメリカは、2001 年の 9.11 同時多発テロに際して、「個別的及び集団的自衛の固有の権利の行使」として、アフガニスタンを攻撃した。9.11 同時多発テロを受けて採択された国連安保理決議 1368 の前文では、「テロ集団がもたらす国際の平和および安全に対する脅威に対してあらゆる手段を用いて戦うこと」が決意され、「個別的または集団的自衛の固有の権利」が認識された[76]。少なくとも、アメリカによるアフガニスタン攻撃は「国連の目的と両立する」との見解は、多くの国に共有されつつあるようである[77]。非国家主体が、国家の安全を脅かすようになったことで、武力行使をめぐって「国家間社会」で共有されてきた規範が変容し始めたのかもしれない。

　冷戦終焉後、核不拡散レジームに挑戦する国家が次々と現れ、非国家主体への核拡散も現実味のある課題として浮上してきた。こうした状況に対して、NPT 非締約国のインドと協調したり、ABM 条約を破棄したりして対処しようとするアメリカの行動は、核不拡散レジームの土台をさらに掘り崩す状況となっている。そうしたなかで、核軍縮や核廃絶を求める NGO の声はいっそう大きくなり、NGO の訴えに共感する国も現れつつある。日本が国連総会に提出している核軍縮決議には、「核不拡散、核軍縮において市民社会が果たす建設的役割を評価し、さらに促し、すべての国が、市民社会と協力しつつ、核軍縮、核不拡散を促進するための国際的な取り組みの機運を高めることとなる軍縮・不拡散教育を促進することを奨励する」との文言が、1999 年以降見られるようになった[78]。核兵器問題に取り組むうえで、幅広いアクターからの支持を得ることの重要性が認識されたからこそ、アメリカの国防政策の中枢を担ってきた重鎮やオバマ（Barack Obama）大統領自身から「核なき世界」を追求すべきとの声が上がるようになったのかもしれない[79]。2010 年の NPT 運用検討会議の最終文書でも核軍縮を進めるための措置がうたわれた。また同文書には、核兵器に関して人道法を遵守する必要性があることを確認するとの文言が入った[80]。国家安全保障だけではなく、人道的な観点からも核兵器問題を見る必要性があるとの指摘が、「国家間社会」でもなされるようになってきた[81]。対人地雷問題

図 5-3：核不拡散規範の揺らぎ

```
「国家間社会」の変容
  ↓  イデオロギー対立解消、一体性向上？
     主権尊重規範、主権平等規範(構成規範)は堅持
  ↓  ただし、非核兵器国、核問題をめぐる主権平等に反する状況に不満
規範の揺らぎ
  │  核不拡散規範
  │    →  不満(国家間の不平等、構成規範に反する)
  │    →  冷戦終焉で、不満を抑え込む力弱まる
  │
  │    逸脱行為
  │ ⇒ 核開発疑惑(イラク、北朝鮮)
  │  非難
  │
  │  核廃絶、核軍縮を求める NGO の声の強まり
  │    →  一部国家の共鳴(新アジェンダ連合、非同盟運動諸国)
  │
  │  非国家主体の脅威
  │    →  アメリカ、ABM 条約破棄しミサイル防衛
  │        →  核不拡散レジームの土台掘り崩す
  │
  │  米印原子力協定
  ↓    →  非核兵器国の不満
規範のさらなる揺らぎ？
     核兵器禁止規範の強まり？
     核不拡散規範の弱体化？
```

やクラスター弾問題のように、人道的配慮から核兵器禁止が近い将来達成される可能性は高くないのかもしれない。しかし、核兵器問題においても、人道的配慮を求める声が強まっている。今後、核兵器をめぐる規範がいかなるものになるかは不明であるが、少なくとも NPT を中心とする核不拡散レジームは、それへの支持にもその実効性にも疑問符がつくようになりつつある。

## 第五節　「新しい暗黒」？

冷戦が終焉し、東西間の激しい対立が後景に退くと、「国家間社会」の一体

感が高まり始めた。移動、通信技術の進歩によって、国境を越えたコミュニケーションが容易になったことも重要である。国境を越えて活動する国際機関、国際 NGO、多国籍企業と一部の国家の間では、共有する価値観に基づいて、従来「国家間社会」で共有されてきた規範とは異なる—ときには衝突する—規範が、共有されるようになった。前節までで見てきたように、たとえ国防上有効な兵器だとしても、不必要な苦痛を与える可能性が高い兵器は禁止すべきという訴えが、NGO などの間で広まってきた。こうした声に押され、対人地雷禁止や、ほぼすべてのクラスター弾の禁止が達成された。また、核兵器についても、人道的配慮の必要性が言及されるようになった。NGO などの訴えに共感する国家が増加すると、それが「国家間社会」にも影響を与えた。一部の国の間で、先行カスケードが発生し、「国家間社会」のなかでも、新たな規範を支持する国が増加すると、そのことが「国家間社会」内での規範のカスケードにつながったりした。大国ではなく、非国家主体や中小国が主導する形で、国家安全保障よりも人道的配慮を優先させるかに見えるルールが、対人地雷やクラスター弾をめぐって「国家間社会」で形成された。

　「国家間社会」は、依然として、国境を越える問題に対処するうえで重要な役割を担っていることは間違いない。一方で、「国家間社会」の自律性は低下しつつある。国家が、内と外からその自律性を侵食されるなかで、国境を越える問題に国家が対応する際、国内社会、あるいは「新しい中世社会」の選好も無視し得ない状況が生まれつつある。ある国の国内社会における規範と合致しない行動を、その国がとった場合、政策決定者は国内で強い批判にさらされるようになった。それが「国家間社会」において支配的な規範と適合的な行動であったとしても、である。同様に、たとえある国の国内社会における規範や「国家間社会」における規範と合致した行動であったとしても、「新しい中世社会」で共有される規範に照らして適切でない行動は、国際 NGO などから激しく非難されることもある。

　たとえば、他国内で人権侵害と思われる事件が起こったとしても、そうした国の主権を尊重し内政に干渉しないことが、「国家間社会」で共有されてきた規範であった。しかし、たとえ他国内のことであっても、人権侵害を放置すべきではないと考える人々は、増えてきた。このような考え方を有する人が多数

派となった国が、「国家間社会」で共有される内政不干渉規範を理由に行動をとらないと、その国の政府は国内で強い批判にさらされる。また、民主主義や人権尊重といった価値を共有する「新しい中世社会」が広がりつつある。そうした「新しい中世社会」では、人権侵害は放置すべきではないと考えるアクターが多い。それゆえ、たとえ自国内で内政不干渉を支持する声が多数派であったとしても、介入を躊躇する国は、依然として国際 NGO などの批判にさらされる可能性がある。各国国内社会や「新しい中世社会」で共有される規範と対立する規範を、「国家間社会」で維持することは困難になりつつあるのかもしれない。実際、各国国内社会や、「新しい中世社会」に影響され、「保護する責任」概念が「国家間社会」において共有されるようになった。こうした動きは、第二次世界大戦直後から「国家間社会」に埋め込まれてきた人権尊重規範が、その潜在力を発揮し始めたと見ることもできる。主権尊重規範よりも、人権尊重規範を優先するよう求める訴えが NGO などによってなされ、問題によっては、そうした訴えに共鳴する国家が少なからず現れるようになった。その結果、「国家間社会」の構成規範である主権尊重規範が揺らぎ始めたのかもしれない。このことは、「国家間社会」が根本的な変容を迫られつつある、あるいは崩壊しつつあるということなのであろうか。

　グローバル化の進展とともに、国境を越えた相互作用が密接になるにつれて、暴力行使抑制の要請と、われわれ意識とが、国境を越える領域でも強まる可能性がある。暴力が抑制され忌避される、エリアスのいうところの「文明化」が、グローバルにも進展していく可能性はあるのだろうか[82]。国境を越える領域においても、相互依存の増大やわれわれ意識の高まりが暴力抑制につながるという指摘は、カール・ドイチュ（Karl W. Deutsch）によってなされている[83]。ただし、その際、ドイチュが取りあげたのは NATO 諸国であった。東西両陣営間では、激しいイデオロギー対立が続いていただけに、東側陣営、西側陣営間では、お互いに対する他者意識、自陣営内のわれわれ意識が強いものとなった。その西側諸国間で相互作用が増大し、民主主義と人権といった価値が共有された。その結果、お互いの間では戦争自体が考えられないような状況、不戦共同体が生まれたとドイチュは指摘した。近年、ヨーロッパ以外の地域における不戦共同体形成の可能性について検討する議論が現れてきている[84]。また、対人

地雷禁止規範やクラスター弾使用禁止規範のような形で規範伝播が積み重ねられていけば、「国家間社会」においても、国家安全保障以上に、人権や民主主義を重視するようになっていく可能性もある。「保護する責任」概念が「国家間社会」でも受容されたことに見られるように、「国家間社会」全体においても、国家安全保障より、人権や民主主義の尊重が優先される兆しはある。「国家間社会」が、「新しい中世社会」と価値観を共有するようになり、「国家間社会」で共有されてきた主権尊重規範などの構成規範が変容するならば、「国家間社会」は根本的に異なるものになる。そのような状態は、「国家間社会」が「新しい中世社会」の一部に包摂されていると見ることができるのかもしれない。

　ただし、「保護する責任」概念は、総論としては受け入れられたものの、解釈・適用をめぐって見解の対立が続いているのが現状である。規範の明確化、内在化には至っていない。現時点では、「保護する責任」が各国の行動基準となっているといえる状況にはない。また、対人地雷禁止条約や、クラスター弾に関する条約には米中ロなどが参加していない。米中ロなどに受け入れられていないこれらの条約が、はたしてどの程度機能し得るのか不透明な面もある[85]。米中ロなどの大国が、対人地雷禁止規範やクラスター弾禁止規範から逸脱する行動をとり続けることで、「国家間社会」において支配的となったこれらの規範が、消滅していく可能性がないとはいい切れない。

　実際、「国家間社会」の自律性が低下し、多様なアクターが国境を越える活動を活発化させることが、「新しい中世社会」の広がりにつながるとは限らない。非国家主体が国境を越えた活動を活発化させることは、「国家間社会」が徐々に作り上げてきた秩序を崩壊させ、混沌とした状況を生む可能性もある。前節で見たとおり、2001年の9.11同時多発テロによって、国際的なテロ組織などの非国家主体であっても国家の安全を脅かし得ることは明白になってきた。また、こうしたテロ組織への核拡散も懸念されている。従来、国家の生存を脅かす主体は基本的に国家に限定されると考えられてきた。だからこそ、国家よりも上位の権威が存在しない状況下においても、国家同士がお互いに暴力抑制規範を発展させることができた。国家がお互いに、一定の兵器使用を慎む限り、お互いに不当に生存を脅かされることはない、と期待することが可能だったからである。その際、国家同士が、お互いが持続的な相互行為を行うことによっ

て、社会関係を形成していた点が重要であった。すなわち、国家が、特定の兵器使用を抑制する規範を共有することが可能となった背景には、国家同士がお互いに「国家間社会」の構成員であると認知し合い、お互いの行動をある程度信頼できたことがあった。

　しかし、「国家間社会」の自律性が低下し、非国家主体が国家の安全にも大きな影響を及ぼすようになったことで、「国家間社会」において、兵器規制が進展することを可能にした前提が崩れてしまう可能性が出てきた。というのも、国家の安全を脅かす国際テロ組織などの非国家主体と国家との間には、「国家間社会」で見られたような社会関係が成立していないからである。国家が、国際テロ組織などと対峙する際、同じ社会の一員であるという意識を持つことはほとんどないと思われる。国家と非国家主体の間には、「国家間社会」で共有されてきた規範はいうに及ばず、何ら適切な行動の基準が存在し得ない状況にある。もちろん、そのことが、非国家主体に対して国家がありとあらゆる行動をとるということを意味するわけではない。国家は、依然として「国家間社会」の一員である。そのため、「国家間社会」の一員である国家が、国家としてふさわしくない行動をとることは、たとえ非国家主体相手であってもためらわれると思われる。国家が、自国の国内社会において支配的な規範と相容れない行動をとることも容易ではない。

　一方で、国際テロ組織との相互作用において、これまで慎まれてきた行動をとる国家が散見されるようになってきたことも事実である。アメリカは 9.11 同時多発テロ後、従来、国家による武力攻撃に対してのみ発動されると考えられてきた自衛権を根拠に、アフガニスタンを武力攻撃した。また、「国家間社会」内でも見解が分かれる先制的自衛権を、テロ組織に対して行使する必要性を主張している。同様に、拷問や法的手続きによらない他国への容疑者引渡し (extraordinary rendition)、あるいは暗殺など、従来「国家間社会」では適切ではないと考えられてきた行動をとる国家も目立つようになってきた[86]。2001年の 9.11 同時多発テロ以降、法的手続きによらない他国への容疑者引渡しへの支持は、ヨーロッパ諸国や、中東、東南アジア諸国にも広まり、これらの国からテロ容疑者がアメリカに移送される事例も少なくない[87]。テロリストに対する拷問については、積極的に正当化しようとする動きすら見られる[88]。

第五章　「国家間社会」の自律性低下　　189

　ある規範が消滅するか否かの一つの指標となるのが、規範逸脱行為に対する当該社会のメンバーによる反応がいかなるものかという点である。規範からの逸脱行為の存在そのものが、規範の消滅にすぐにつながるわけではない。しかし、国家と、非国家主体とりわけテロ組織とが相互作用を繰り返すなかで、「国家間社会」で共有されてきた一部の規範に対する挑戦が行われるようになった。規範からの逸脱行為を、例外的な事情による行為として釈明しているうちは、依然として規範は維持されている。しかし、とりわけ暗殺禁止規範については、逸脱行為が盛んに観察され、テロリストに対してそれを行うことを積極的に正当化しようとする動きが見られる。実際、国際テロ組織の重要人物などが数多く「暗殺」されている[89]。その際、「暗殺」という言葉ではなく、「標的殺人（target killing）」という言葉が用いられている。これは、暗殺とは異なる表現を用いることで、標的殺人を暗殺と区別し、積極的に正当化しようとするものである[90]。9.11同時多発テロの首謀者とされたウサマ・ビン・ラーディン（Osama bin Laden）が、2011年にアメリカの海軍特殊部隊によって殺害されたことは、その象徴的な出来事であった。9.11同時多発テロという未曾有の国際テロの首謀者が、パキスタン領内でアメリカ軍関係者によって殺害されたことに対して、疑問が投げかけられることはあまりなかった。拷問や法的手続きによらない他国への容疑者引渡しに比べると、標的殺人に対する批判は今のところ少ないようである。その理由の一つには、暗殺禁止規範については国家間条約などで明文化されていなかったことが指摘できる。また、国際テロ組織と国家との間の非対称な戦いにおいて、国家が国際テロ組織に対抗するうえで有効な手段とみなされていることもあげられるかもしれない[91]。

　もちろん、人権や民主主義を重視する国の国内社会や、「新しい中世社会」においては、標的殺人や、拷問、法的手続きによらない他国への容疑者引渡しに対する批判が、今後強まっていく可能性は十分にある。ただし、人権侵害や民主主義に反する行為を行うことを厭わないテロ組織に対して、人権や民主主義に配慮しつつ対応することは困難をきわめる。標的殺人などを批判することは、単に人権や民主主義といった規範を共有しないテロ組織などを利するだけに終わる可能性もある。国家が、テロ組織の脅威に対処する際には、その非対称性ゆえ、「国家間社会」で共有されてきた規範に従っていては上手く対処で

きない面があることは確かである。一方で、たとえテロ組織が相手であるとしても、国家がこれまで「国家間社会」で共有されてきた規範から逸脱する行動をとることには危険性もある。国家が「国家間社会」の規範にそぐわない行動を、たとえ非国家主体相手とはいえ、繰り返していくうちに、そうした行動をとることへの心理的ハードルが下がることは十分に考えられる。その結果として、「国家間社会」における規範も弱体化していく可能性もある。アメリカによる標的殺人に関していえば、単に暗殺禁止規範を弱体化させるだけではなく、主権尊重規範も揺るがしている。というのも、ウサマ・ビン・ラーディン殺害がそうであったように、標的殺人は、他国領内で行われることが多いからである。その際、しばしば無人航空機が使用されていることを問題視するものもいる[92]。国内社会においては自国兵士の安全を守るためとして訴え、「国家間社会」においてはテロ組織と対峙するうえで必要であると主張し、アメリカはこうした行動の正当化を試みている。しかし、このような行動が繰り返されれば、暗殺禁止規範を衰退させるのみならず、主権尊重規範を弱体化させ、ひいては「国家間社会」すら揺るがせるおそれがある。

　非対称戦の増加によって、「国家間社会」の兵器使用をめぐる規範、あるいは「国家間社会」の構成規範そのものが再解釈を迫られている。むろん、そのことがすぐ「『野蛮』への逆戻り[93]」につながるとは限らない。しかし、「国家間社会」の自律性が低下し、国家が非国家主体と相互作用を繰り返すなかで、「国家間社会」で共有されてきたさまざまな規範が衰退・消滅し、何ら価値観や規範が共有されない状況に陥る可能性がないとは言い切れない。中世を、価値観や規範を共有しない多様なアクターが無秩序に活動し、政情が不安定で、戦乱が続き、疫病も蔓延し、社会が乱れた暗黒時代とする見方もある。今後、国家と非国家主体が相互作用を繰り返すなかで、「国家間社会」が崩壊し、国家も含む多様なアクターが無秩序に活動するようになるならば、中世に似た「新しい暗黒」ともいい得る状況に陥る恐れがある。実際、第一節でも触れた「イスラーム国」のような国家を自称しているにもかかわらず、「国家間社会」から十分な承認を得られていないアクターも増えつつある[94]。国家と非国家主体との境界線も曖昧になりつつある。中世にも、疫病の蔓延や、多様なアクターによる暴力は存在した。しかし、現在は、国境を越えた人の移動の速度も密

度も中世とは比べものにならない。そのため、感染症にしても、テロなどの暴力などにしても、それらが広がる範囲や速度は、中世とはレベルが異なる。また、現在、テロ組織にせよ、国家にせよ、中世の主体に比して桁違いに大きな暴力手段を有するようになっている。もちろん、「中世ヨーロッパ社会」で教皇がクロスボーなどの禁止を試みたように、「新しい暗黒」にあっても、兵器禁止が試みられることはあり得る。とはいえ、キリスト教的価値観が共有され教皇の権威がある程度認められていた「中世ヨーロッパ社会」においてすら、クロスボー禁止は成功しなかった。「新しい暗黒」においては、アクター間で共有される宗教的、文化的価値観は存在しない。そのような状況下で、兵器禁止規範や兵器不拡散規範が、多様な主体間で共有される可能性はきわめて低い。グローバル化が進展するなかで、非国家主体に対して、核兵器を含むさまざまな兵器の拡散を阻止することはますます困難になっている。多様なアクターが無秩序に行動することが世界に与える影響は、中世とは比較にならないほど大きい。中世とさまざまな点で類似しつつも、より暴力的で、より暗い、「新しい暗黒」の到来。こうした事態を防ぐことははたしてできるのであろうか。終章では、本書のこれまでの議論を振り返りつつ、この点についても若干の考察を行いたい。

1） たとえば、ポール・ハースト（Paul Hirst）は、現在のグローバル化は 19 世紀の古典的金本位制度の時代よりも経済統合のレベルは低く、依然として主権国家が国際経済活動を規制する力は強いと主張している。Paurl Hirst, "Global Economy: Myths and Realities," *International Affairs*, Vol. 73, No. 3, 1997. 一方で、大前研一やスーザン・ストレンジ（Susan Strange）のように国家が果たす役割は小さくなってきていると指摘するものもいる。Kenichi Ohmae, *The End of the Nation State: The Rise of Regional Economies*, Free Press, 1997; Susan Strange, *The Retreat of the State: The Diffusion of Power in the World Economy*, Cambridge University Press, 1996. さらにはグローバル化の進展は、国家のパワーと世界政治を変容させていると考える転換主義者と呼ばれる論者も存在する。転換主義者については、デイヴィッド・ヘルド、アンソニー・マグルー、デイヴィッド・ゴールドブラット、ジョナサン・ペラトン『グローバル・トランスフォーメーションズ：政治・経済・文化』中央大学出版部、2005 年、12-17 頁を参照した。
2） 中邨章「行政、行政学と『ガバナンス』の三形態」日本行政学会編『年報行政研究』第 39 号、2004 年、7-11 頁。
3） 田中明彦『新しい「中世」― 21 世紀の世界システム』日本経済新聞社、1996 年、131-135 頁、特に 132 頁掲載の表を参照。
4） Thomas Princen and Matthias Finger, eds., *Environmental NGOs in world politics: Linking the Local and the Global*, Routledge, 1994, p. 2.

5) Paul Wapner, "Politics Beyond the State - Environmental Activism and World Civic Politics", *World Politics* Vol. 47, No. 3, 1995, p. 315.
6) WWFの予算に関しては、WWF's Global Conservation Programme 2001/2002 を参照した。国際グリーンピースについては、国際グリーンピースの年報（Annual Report 1999）を参照。なお年報は、www.archibe.greenpeace.prg/report99/index2.html（最終閲覧日、2002年11月）を参照した。
7) 功刀達郎「市民社会と国連の将来」『軍縮問題資料』1997年3月号、1997年、12頁。
8) Ann Marie Clark, Elizabeth Friedman and Kathryn Hochstetler, "The Sovereign Limits of Global Civil Society: A Comparison of NGO Participation in UN World Conferences on the Environment, Human Rights and Women," *World Politics*, Vol. 52, No. 1, 1998, p. 32.
9) Shiridath Ramphal S. and Ingvar Carlsson, *Our Global Neighborhood: The Report of the Commission on Global Governance*, New York: Oxford University Press, 1995, pp. 2-3.
10) 田中明彦、前掲書。
11) 芦田健太郎『地球社会の人権論』信山社、2003年、78-81頁。
12) 世界人権宣言は、一国の反対もなく採択された。ただし、ソ連を始めとする社会主義国や、南アフリカ、サウジアラビアなど8カ国が棄権している。とはいえ、これらの国も、宣言そのものを一般的に否定したわけではなく、その趣旨は基本的に認めていたという。田畑茂二郎『国際化時代の人権問題』岩波書店、1988年、38-45頁。
13) 小寺彰・岩沢雄司・森田章夫編『講義国際法』有斐閣、2004年、329-330頁。
14) Jack Donnelly, "Human Rights: A New Standard of Civilization?," *International Affairs*, Vol. 74, No. 1, 1998, pp. 14-15.
15) Kathryn Sikkink, *The Justice Cascade: How Human Rights Prosecutions are Changing World Politics*, Norton, 2011, p. 237.
16) Development Assistance Committee, *Shaping the $21^{st}$ Century: The Contribution of Development Co-operation*, OECD, 1996 May, p. 2.
17) UN Doc. A/55/2 United Nations Millennium Declaration, para 24.
18) UN Doc. S/Res/1674.
19) Jack Donnelly, *op. cit.*
20) たとえば、冷戦後、旧東中欧諸国が欧州評議会に加盟する際、欧州人権条約を批准することを義務付けられたり、報道の自由の不足などを理由に加盟容認を先送りされたりしている。地域レベルではあるものの、西欧的人権基準への適合を求める動きといえる。小寺彰・岩沢雄司・森田章夫編、前掲書、337頁。
21) これは、単純に兵士を殺してしまうよりも、自力で動けない程度に傷つけるほうが、敵に与えるダメージが軍事的、物理的、精神的にも大きいという計算からである。
22) たとえば、UNICEFは、1994年に地雷に関する報告書を出版し、「対人地雷の使用は、子供の権利議定書の多くの核となる条項を侵害する」と訴えていた。UNICEF, *Anti-personnel land-mines a scourge on children*, UNICEF House, 1994, p. 9.
23) HRWが圧力をかけた地雷製造に関与していた企業のうち16企業が、対人地雷に使用される部品を一切販売しないことを宣言し対人地雷全廃支持を誓った。その後、HRWは地雷製造への関与をやめない企業名を公開し、地雷製造に関与している企業を非難するキャンペーンを開始した。Human Rights Watch Arms Project, *Exposing the source: U. S. Companies and the Production of Antipersonnel Mines*（*A Human Rights Watch Report*, Vol. 9, No. 2）, April 1997。これを受けて、地雷製造への関与をやめると宣言する企業がさらに増加した。
24) 議定書の不備については、浅田正彦「対人地雷の国際的規制―地雷議定書からオタワ条約へ」『国際問題』第461号、1998年、48頁；岩本誠吾「対人地雷の国際法規制―その経緯と概

要』『新防衛論集』第 26 巻 1 号、1998 年、55-56 頁を参照。
25) CCW 再検討会議において、対人地雷全廃に反対する立場を明らかにしていた国としては、インド、イギリス、オーストラリア、中国、ロシア、パキスタンなどがある。
26) 詳細については、拙著『オタワプロセス―対人地雷禁止レジームの形成』有信堂、2004 年、120 頁を参照。
27) Michael Dolan and Chris Hunt, "Negotiating in the Ottawa Process: The New Multilateralism", Maxwell A. Cameron, Robert J. Lawson, and Brian W. Tomlin eds., *To Walk Without Fear: The Global Movement to Ban Landmines*, Oxford University Press, 1998, p. 401.
28) 1995 年 9 月時点で対人地雷禁止支持を表明していた国は、オーストリア、ベルギー、カンボジア、コロンビア、デンマーク、エストニア、アイスランド、アイルランド、ラオス、マレーシア、メキシコ、モザンビーク、ニュージーランド、ニカラグア、ノルウェー、ペルー、スロベニア、スウェーデンであった。ICBL, *Report on Activities: Review Conference of the Convention on Conventional Weapons, Vienna, Austria, 25 September–13 October*, 1995, p. 110.
29) ICBL は、CCW の進展状況、各国の態度、対人地雷に関する基本的データなどをまとめた『CCW ニュース』を週 2 回発行していた。各国政府代表やマス・メディアにとって『CCW ニュース』は貴重な情報収集手段となるとともに、ICBL の主張を広める重要な機会を提供した。
30) 地雷被害者を減らしつつ地雷使用を継続するため、自己破壊装置付地雷使用を訴えていたアメリカに対し、ロシア、インド、パキスタンなどは、そのコストを問題視して当初反対していたが、徐々に態度を軟化させていった。Sarah Walkling, "First CCW Review Conference Ends in Discord Over Landmines," *Arms Control Today*, November 1995, p. 27.
31) 拙著、前掲『オタワプロセス』第 4 章。
32) 拙著、前掲『オタワプロセス』第 4 章。
33) ICRC『対人地雷―味方か？ 敵か？ 軍事問題としての対人地雷の研究』自由国民社、1997 年、49-106 頁、および 137-142 頁。
34) レーザー兵器については、当時測遠機や目標指示器としては広範に使用されるようになっていたものの、対人用にはいまだ使用されていなかった。ただし 1980 年代以降、急速に戦闘員の無力化兵器としての研究開発が進むようになっていた。こうした状況に危機感を持ったスイスとスウェーデンが「対人使用のレーザー兵器は、不必要な苦痛を与える」ため、違法であると訴え、1986 年に第 25 回国際赤十字会議に付託した。不必要な苦痛を与える兵器禁止規範に接ぎ木されたのである。当時は多くの国はレーザー兵器の開発状況についてあまり詳しくなく、SF の世界のように受け止めたこともあり、ほとんど議論されることはなかったという。結局、レーザー兵器への言及を削除のうえ、新兵器は国際人道法に違反しない方法で開発されるよう注意するように、各国に要請する決議が採択されるにとどまった。ICRC はその後も専門家会合を 4 回開催して、レーザー兵器について多角的に検討を続けた。第 4 回会合では、法的規制を行うことが望ましく、CCW の追加議定書としてそれを進めることが最も理にかなうという見解が大勢を占めた。CCW 再検討会議に向けた政府専門家会合での議論などを経て、CCW 再検討会議ではレーザー兵器規制に関する議定書案が提出された。改正第 2 議定書の議論がこう着状態に陥っていたのとは対照的に、こちらは 1995 年 10 月 13 日、第 1 会期最終日に、CCW 第 4 議定書（失明をもたらすレーザー兵器に関する議定書）として採択された。もちろん、意見対立が皆無だったわけではない。レーザー兵器開発を進めていたアメリカは、レーザー兵器規制の存在しない状態を維持すべく、規制には消極姿勢を示していた。CCW 再検討会議に提出された議定書案にも、唯一アメリカが反対姿勢を示していたという。以上の経緯については、Louise Doswald-Beck, "New Protocol on Blinding Laser Weapons," *The International*

Review of the Red Cross, No. 312, 1996, pp. 272-299 を参照した。当初、消極姿勢を示していたアメリカが立場を変更した背景には、レーザー兵器の拡散への懸念を背景に法規制を求める国際的動向、および、レーザー兵器の法規制を求める国会議員による国防長官宛への書簡、の影響があったと指摘されている。岩本誠吾「『新』兵器の使用規制―レーザー兵器を素材として」村瀬信也・真山全編『武力紛争の国際法』東信堂、2004 年、389-392 頁。アメリカの方針転換もあり、第 4 議定書は比較的スムーズに採択された。

35) たとえば、子供や女性の対人地雷被害者の映像を積極的に用いることで、対人地雷被害の日常性を強調したり、巨大な片足のジーンズなど視覚効果の強いシンボルを用いることで世論を喚起したりした。あるいは、22 分ごとに新たに一人の被害者が出たことを点滅して知らせるカウンターを設け、刻一刻と対人地雷被害者が増えている様子を具体的に「目に見える」ようにし、対人地雷問題に早急に取り組むように訴えた。

36) ただし、アメリカにおいては、「一般市民が入ることのない朝鮮半島の非武装地帯において地雷使用を継続することは、民間人犠牲者を生むことがない一方で、地雷を使用しないと米軍兵士の命が危険にさらされる」という訴えは一定の支持を得ていた。拙著、前掲『オタワプロセス』204-208 頁。

37) すでに存在する地雷に自己不活性化装置をつけるのに 1 個あたり 2 万 4000 円を要するという見積もりもある。長有紀枝『地雷ハンドブック』自由国民社、1997 年、154 頁。

38) 実際、1995 年 11 月、UNICEF は地雷製造会社の製品に対する不買運動を呼びかけ、こうした呼びかけに呼応し、地雷禁止を訴える NGO は各国企業の地雷製造状況を調査し始めた。なかでもアメリカの NGO である HRW は、地雷製造に関与している企業が将来地雷製造に関与しないことを宣言しなければ、企業の名前を公開することを宣言し圧力をかけた。Human Rights Watch Arms Project, *Exposing the Source: U. S. Companies and the Production of Antipersonnel Mines* (A Human Rights Watch Report, Vol. 9, No. 2), April 1997.

39) そうした代表的な例は、南アフリカのメッカム社である。メッカム社は、南アフリカ政府のみならず、他のアフリカ諸国を中心に対人地雷の販売を行っていた。しかし、対人地雷禁止運動が高まりを見せるなか、国連などからの地雷除去作業の受注を増やしていった。世界各国で開催されていた地雷関連の国際会議の場には、積極的に地雷除去技術の売り込みに出向いていたという。神保哲生『地雷レポート』築地書館、1997 年、320-334 頁。

40) 改正議定書の内容については浅田正彦、前掲「対人地雷の国際的規制」、および岩本誠吾、前掲「対人地雷の国際法規制」を参照。

41) オタワ・プロセスの詳細については、拙著、前掲『オタワプロセス』を参照。

42) ICRC は、当初対人地雷被害縮小を各国に求めつつ、その禁止については慎重な態度をとっていた。しかし、CCW が停滞するなか、1995 年 11 月に方針を転換し、大々的な地雷禁止キャンペーンを開始した。拙著、前掲『オタワプロセス』106-107 頁。ICRC のキャンペーンについては、ICRC, *Landmines Must Be Stopped*, August, 1997, p. 21 を参照。

43) ICBL, *Landmine Monitor Report 1999: Toward a Mine-Free World Executive Summary*, p. 3.

44) ジュネーブ・コールについての詳細、および誓約書に署名した武装非国家主体のリストなどについては、ジュネーブ・コールのホームページを参照した。http://www.genevacall.org/（最終閲覧日、2014 年 9 月 2 日）。

45) たとえば、対人地雷禁止条約の調印式翌日に開催されたフォーラムにおいて、オタワ・プロセス同様の方法で小火器規制を行う提案がなされている。Edward J. Laurance, "Proposed Convention on the Prevention of the Indiscriminate and Unlawful Use of Light Weapons," presented to the Ottawa Process Forum, Ottawa, Canada, 5 December 1997. 対人地雷問題と小型武器問題の間の相互作用については、拙著『レジーム間相互作用とグローバル・ガヴ

ァナンス―通常兵器ガヴァナンスの発展と変容』有信堂、2009 年、第 4 章を参照。
46) Human Rights Watch, *Ticking Time Bombs: NATO's Use of Cluster Munitions in Yugoslavia*, June 1999.
47) クラスター弾とは、多数の小さな子爆弾を容器に詰めた爆弾で、集束爆弾とも呼ばれている。
48) この点については、拙稿「CCW 第 5 議定書形成過程の分析―『規範の接ぎ木』戦略の効果と限界」『金沢法学』第 49 巻 1 号、2006 年を参照。
49) CCW 第 5 議定書の法的意義については、真山全「爆発性戦争残存物（ERW）議定書の基本構造と問題点―文民・民用物に生じる unintended effect の武力紛争法上の評価」浅田正彦編『二一世紀国際法の課題』有信堂、2006 年を参照した。
50) CCW/GGE/X/WG.1/WP.1, para6.
51) それぞれ、CCW/GGE/XII/WG.1/WP.9, para3, para43、CCW/GGE/XIII/WG.1/WP.11, para10。
52) ノルウェー、スウェーデン、オーストリア、スイスなどがこうした主張を行った。それぞれ CCW/GGE/XI/WG.1 の WP5, para16; WP.8, para4; WP.13, para15; WP14, para18。
53) この経緯については、目加田説子「クラスター爆弾の禁止に向けて」『JCBL ニュースレター』39 号、2007 年、6-8 頁を参照した。
54) NGO がクラスター弾を問題視する声を上げ始めた当初より、CCW 枠外でクラスター弾問題の交渉を進めるためのイニシアチブ発揮の機会をうかがう国は存在していた。たとえばオランダ軍縮代表部次席代表のダニエル・プリンス（Daniël Prins）は、「CCW の対処では不十分なことが明らかになるか、世論が盛り上がるなど機が熟したら第二のオタワ・プロセス開始について検討する」と述べていた。ダニエル・プリンスとのインタビュー、2006 年 3 月 30 日（ジュネーブ）。
55) CCW/CONF.III/WP.1.
56) Human Rights Watch, *Survey of Cluster Munition Policy and Practice*, February 2007, p. 3.
57) CCW/CONF.III/WP.18.
58) CCW/CONF.III/SR.9, para29.
59) この招待状は 2006 年 12 月ごろに各国政府に送付されたようである。なお招待状本文については、Human Right Watch, *Survey of Cluster Munition Policy and Practice*, February 2007, Appendix IV に掲載されていたものを参照した。
60) 『毎日新聞』2007 年 12 月 7 日。
61) NPA は、1982 年以来ベイルートに事務所を構えるなど、現地で地雷・不発弾処理などの活動に従事していた。2006 年のレバノンでのクラスター弾の使用の規模がきわめて大きいことに衝撃を受けていた NPA は、2006 年 10 月、12 月、2007 年 5 月の 3 回にわたって、イスラエル軍、レバノン軍などが除去作業を行っていない場所でノルウェー防衛研究所と共同で調査を行った。NPA のパー・ネガードとのインタビュー、2009 年 8 月 5 日（オスロ）、およびノルウェー防衛研究所のオヴァ・デュラム（Ova Dullum）とのインタビュー、2009 年 8 月 3 日（オスロ）。
62) Norwegian People's Aid, *M85: An analysis of reliability*, 2007.
63) 報告書に関するコリン・キングによるプレゼンテーションは、各国代表団に強い印象を与えるものだったようである。報告後も、クラスター弾の有用性を唱える国は依然少なくなかったものの、少なくとも報告書の結果に対して疑問を提示する国はほとんど見られなかったという。オヴァ・デュラムとのインタビュー、2009 年 8 月 3 日（オスロ）、およびオスロ・プロセスにおいて事務局の法律部門長を務めたグロ・ニステゥエン（Gro Nystuen）とのインタビュー、2009 年 8 月 6 日（オスロ）。両者とも、この報告書の提出が、オスロ・プロセスの大きなター

ニングポイントになったとの見解で一致していた。
64) 以下、ダブリン会議の詳細については、CMC のホームページにおける Dublin Conference Update を参照した。http://www.stopclustermunitions.org（最終閲覧日 2008 年 6 月 15 日）。
65) Norway Ministry of Foreign Affairs, *Press Release No. 058/08*（ノルウェー外務省ホームページ、http://www.regjeringen.no/en/dep/ud/press/News/2008/ を参照（最終閲覧日、2008 年 6 月 30 日）。
66) Statement by Cluster Munition Coalition, Final Plenary, Dublin Diplomatic Conference on Cluster Munitions, 30 May, 2008.
67) 廣瀬和子「核兵器の使用規制―原爆判決から ICJ の勧告的意見までの言説分析を通して見られる現代国際法の複合性」村瀬信也・真山全『武力紛争の国際法』東信堂、2004 年、439 頁。
68) 世界保健機関は、「武力紛争下における核兵器使用の合法性」について、国連総会は「核兵器による威嚇、または使用の合法性」について、それぞれ国際司法裁判所に勧告的意見を求めており、その要請内容は同一ではない。
69) ICJ による勧告的意見の分析と評価については、廣瀬和子、前掲論文、447-453 頁を参照。
70) 新アジェンダ連合は、ブラジル、エジプト、アイルランド、メキシコ、ニュージーランド、南アフリカ、スウェーデン、スロベニアにより設立された（スロベニアは、その後脱退）。
71) これらの 3 グループによる核軍縮決議の内容比較などについては、津崎直人「冷戦後の国連総会における核軍縮議論―日本、非同盟運動諸国、新アジェンダ連合提出核軍縮決議の比較検討（1994-2013）」、日本国際連合学会 2014 年度研究大会、研究報告を参考にした。
72) この懸念は、2004 年にパキスタンのカーン（Abdul Q. Khan）博士が中心となっていたとされる「核の闇市場」の存在が明るみになると、より現実的なものと感じられるようになった。
73) "President Bush Delivers Graduation Speech at West Point," United States Military Academy, June 1, 2002, http://georgewbush-whitehouse.archives.gov/news/releases/2002/06/200 20601-3.html（最終閲覧日、2012 年 8 月 1 日）。
74) 学説上、自衛権の行使は、武力攻撃が発生した場合に限られ、先制攻撃は許容されないという立場（制限的解釈説）と、自衛権の行使は、現実に発生した武力攻撃に対するものに限られず、国家の本質的利益が脅かされたときにも許容されるとする立場（許容的解釈説）との間で争われてきた。小寺彰・岩沢雄司・森田章夫編、前掲書、450-453 頁。
75) 小寺彰・岩沢雄司・森田章夫編、前掲書、454 頁。
76) UN Doc. S/Res/1368.
77) 小寺彰・岩沢雄司・森田章夫編、前掲書、前掲箇所。
78) 2013 年に国連総会で採択された決議では、パラグラフ 20 にこの文言が見られる。UN. Doc., A/C/1/68/L.43, para 20.
79) 2007 年 2 月、キッシンジャー（Henry Kissinger）元国務長官、ペリー（William Perry）元国防長官、シュルツ（George Schultz）元国務長官、ナン（Sam Nunn）元上院議員の 4 人が、ウォール・ストリート・ジャーナル紙に「核なき世界」を追求すべきと主張する論考を寄稿した。George P. Schultz, William Perry, Henry A. Kissinger and Sam Nunn, "A World Free of Nuclear Weapons," *Wall Street Journal*, January 4, 2007. また、2009 年、アメリカのオバマ大統領はチェコ共和国のプラハにおける演説で「核なき世界」における平和と安全保障の実現を目標として掲げた。Remarks of President Barack Obama at Hradcany Square Prague, Czech Republic on April 5, 2009. http://www.whitehouse.gov/the_press_office/Remarks-By-President-Barack-Obama-In-Prague-As-Delivered（最終閲覧日 2012 年 8 月 20 日）。
80) *2010 Review Conference of the Parties to the Treaty on the Non-Proliferation of Nuclear Weapons Final Document, Volume 1*, p. 19.
81) NPT 最終文章以外でも、たとえば、日本が国連総会に提出し採択された核軍縮決議の前文

には、核兵器使用によって非人道的な結末がもたらされ得ることへの憂慮や、人道法への言及が 2010 年以降見られる。
82) グローバルな文明化という議論については、Andrew Linklater, "International Society and the Civilizing Process," *Ritsumeikan International Affairs*, Vol. 9, 2011 を参照。本論文は、2010 年 3 月に、立命館大学で開催された国際シンポジウムにおける報告を基にしている。そのシンポジウムで筆者が司会を務めたことが、本書の着想を得るきっかけとなった。その後も、リンクレーター教授と何度か、グローバルな文明化の可能性について議論をする機会があり、そうした議論は本書執筆にあたってきわめて重要であった。リンクレーター教授は、自分達の過去を他者として、一体感のあるグローバルな社会は構築可能であると主張している。ただし、筆者自身は、社会が一体感を持つためには、同時代の他者の存在が必要なのではないかと考えており、グローバルな文明化という点については懐疑的である。
83) Karl W. Deutsch et al, *Political Community and the North Atlantic Area: International Organization in the Light of Historical Experience*, Princeton University Press, 1957.
84) Emmanuel Adler and Michael Barnett eds., *Security Communities*, Cambridge University Press, 1998.
85) ただし、対人地雷禁止条約やクラスター弾に関する条約に参加していない国も、これらを無視しているわけではない。米中ロを始めとする非締約国にも、これらの兵器の輸出を控えたり、使用を縮小したり慎んだりする傾向が観察されている。拙著、前掲『レジーム間相互作用とグローバル・ガヴァナンス』77、153 頁。
86) 拷問については、国際慣習法上禁止されているという見方も多いが、加えて国連人権規約の自由権規約の第 7 条や、1984 年の拷問等禁止条約（拷問および他の残虐な非人道的なまたは品位を傷つける取り扱い又は刑罰に関する条約）で明示的に禁止されており、拷問禁止規範は「国家間社会」で確立しているといえる。法的手続きによらない容疑者引渡しについては、それが拷問につながることが多いこともあり問題視されており、国際法に反するとの指摘も多い。たとえば、Association of the Bar of the City of New York and The Center for Human Rights and Global Justice, *Torture by Proxy: International and Domestic Law Applicable to "Extraordinary Renditions,"* 2004, pp. 30-53. http://www.nycbar.org/pdf/report/Torture%20by%20Proxy%20-%20Final%20(PDF).pdf（最終閲覧日、2014 年 8 月 1 日）。暗殺については、これを禁止する国際条約などはない。しかし、「国家間社会」において、暗殺禁止規範は広く受け入れられていたとする見方が多い。暗殺禁止規範の形成と発展について論じるものとして、Ward Thomas, *The Ethics of Destruction: Norms and Force in International Relations*, Cornell University Press, 2001, pp. 47-85.
87) Michael L. Gross, *Moral Dilemmas of Modern War: Torture, Assassination, and Blackmail in an Age of Asymmetric Conflict*, Cambridge University Press, 2010, pp. 122-152, p. 236.
88) アメリカのブッシュ（子）政権による拷問正当化の試みと、それに対する国際社会の反応、および拷問禁止規範が受けた影響については、Vincent Charles Keating, "Contesting the International Illegitimacy of Torture: The Bush Administration's Failure to Legitimate its Preferences within International Society," *British Journal of Politics and International Relations*, Vol. 16, 2014 を参照。
89) 標的殺人について、アメリカ、イギリス、スイス、ドイツ、イスラエルにおいて見られる動向を分析したうえで、それらの意味について国際法的な観点から検討するものとして、Nils Melzer, *Target Killing in International Law*, Oxford University Press, 2008.
90) 標的殺人を正当な行為とみなす論者は、暗殺と標的殺人を異なるものとして定義している。たとえば、トーマス・ハンター（Thomas B. Hunter）は、「暗殺は純粋に政治的、イデオロギ

一的な理由に基づき個人を殺害するのに対して、標的殺人は政治やイデオロギーとは関係なく、国家の自衛のためだけに、個人を殺害する」と定義し、国家の自衛権を認める「国家間社会」の規範に接ぎ木し、標的殺人を正当化しようと試みている。Thomas B. Hunter, *Targeted Killing: Self-Defense, Preemption, and the War on Terrorism*, BookSurge, 2009, p.7.
91) Michael L. Gross, *op. cit.*, p.121.
92) 無人航空機による標的殺人の多用は、長期的に見れば、むしろ戦争への敷居を下げ、戦争への関与や死傷者の増加につながる恐れがあると指摘されている。こうした指摘を行うものとして、たとえば、Frank Sauer and Niklas Schörnig, "Killer Drones: The 'Silver Bullet' of Democratic Warfare?" *Security Dialogue*, Vol. 43, No. 3, 2012, pp. 371-375.
93) Michael L. Gross, *op. cit.*, pp.250-252.
94) たとえば、「ソマリランド共和国」は1991年に独立宣言をし、相当程度自律的な政治体として機能しているものの、2014年時点で国家として承認する国は存在しない。そのほかにも、「沿ドニエストル共和国」、「ナゴルノ・カラバフ共和国」、「アブハジア共和国」、「南オセチア共和国」などは、一定の領域を事実上支配し、国家を自称している。「アブハジア共和国」「南オセチア共和国」については、2014年時点では、ロシアに加えて、ナウル、ニカラグア、ベネズエラの4カ国が国家として承認をしている。現在存在する未承認国家の概要については、廣瀬陽子『未承認国家と覇権なき世界』NHK出版、2014年、12-31頁。

# 終章　「国家間社会」と兵器使用をめぐる規範の行方

## はじめに

　国際政治における規範への注目は高まりつつある。これまでの規範研究の多くは、いかなる社会において、誰に共有される規範について論じているのか、という点が曖昧にされがちであった。しかし、国際社会の内実は、時代とともに大きく変容してきた。国際社会の構成メンバーやその構成規範は、決して一定ではなかった。また、ある時点の国際社会は、それ以前の国際社会のあり方に大きく規定される。超歴史的に、国際的な規範について論じることはナンセンスであると思われる。それゆえ、本書では、時代とともに国際社会が発展・変容する経緯を跡付け、その時代の国際社会の成員が誰か、成員間でどのような規範が共有されていたのか、という点を明らかにしようとしてきた。そのうえで、規範ライフサイクル論を精緻化させた分析枠組みを用いて、アクターの生存に直結する兵器使用に関する規範について分析を進めてきた。本章では、そうした分析を通して明らかになった点を振り返る。そのうえで、兵器使用をめぐる規範、あるいは国際社会そのものが今後どのようなものになっていくのかという点について、若干の考察を行うことで結びに代えたい。

## 第一節　「国家間社会」の発展

　現在の「国家間社会」は、ヨーロッパで形成された主権国家間の社会である「ヨーロッパ国家間社会」が世界へと広まったものである。ヨーロッパ諸国間では「キリスト教共和国（respublica christinana）」意識が存在した。「中世ヨーロッパ社会」において共有されていたキリスト教に根ざした価値観や規範が、

相当程度ヨーロッパ諸国間でも共有されていた。「ヨーロッパ国家間社会」は、社会としての一体感が高かった。それゆえ、各国国内社会において暴力を忌避する規範が広まると、「ヨーロッパ国家間社会」のメンバー国家間の紛争においても、暴力抑制を求める声が強まった。国内社会と異なり、暴力の独占が進んでいない「ヨーロッパ国家間社会」においては、いかに一体感が高いとはいえ、暴力抑制は容易ではなかった。そこで生まれてきたのが、戦争の悲惨さ軽減に努めるべき、「文明的」な戦争を目指すべき、という考え方である。こうした考え方に基づき、不必要な苦痛を与える兵器使用禁止規範が「ヨーロッパ国家間社会」で共有されるようになった。このような規範の共有は、成員間の一体感の高い社会であったからこそ可能になった面がある。「文明的」な戦争を行うべきという規範は、規制的効果を有するとともに、そうした規範に従う「文明国」というアイデンティティを生み出す構成的効果も有していた。「文明」に対置される「野蛮」が存在することで、「文明国」アイデンティティは明確なものとなり、成員と非成員の区別が明瞭になった。兵器使用は自らの生存にかかわる問題であったにもかかわらず、自らを「文明国」と考える国にとって、不必要な苦痛を与える兵器使用禁止規範はかなりの規制的効果を有した。

　ヨーロッパ諸国とヨーロッパ外との相互作用が増えるにつれて、「ヨーロッパ国家間社会」はヨーロッパ以外の国家を含む「国家間社会」へと発展していった。当初、「文明」基準によって、成員と非成員を峻別したため、依然として「文明国」と「野蛮国」が対置される状況は続いていた。もはやすべての成員がキリスト教的価値観を共有していたわけではなかった。しかし、成員間で少なくとも「文明」基準が共有されていることが想定されていた。そのため、「国家間社会」の成員間で、不必要な苦痛を与える兵器を使用したり、文民を攻撃したりするといった「非文明的」な行為を行うことは慎まれた。新たに「国家間社会」の成員となった非ヨーロッパの国は、自らがヨーロッパ諸国と同様に「文明的」であることを示すべく、「ヨーロッパ国家間社会」で共有されていた規範を積極的に受け入れた。たとえ、そうした規範が、本来自らが国内的に共有していた規範と相容れなかったとしても、新たに「国家間社会」の成員として認められ、生き残っていくために、「国家間社会」で共有されている規範を受容することは不可欠と考えられがちであった。不必要な苦痛を与える兵器使

用禁止規範や、あるいは騎士道から発展した文民保護規範は、非ヨーロッパ諸国を含む「国家間社会」の成員の間で共有された。またそれらの規範に接ぎ木された、軽気球からの投射物使用禁止規範、毒ガス使用禁止規範、ダムダム弾使用禁止規範なども、「国家間社会」で広まり明文化された。毒ガス使用禁止規範については、第一次世界大戦において規範からの逸脱行為が観察された。しかし、こうした逸脱行為を通して、毒ガス使用禁止規範は消滅するのではなく、明確化され、強化されていった。第二次世界大戦中、「国家間社会」内で毒ガスなどの化学兵器が大々的に使用されることはなかった。

　第二次世界大戦後、このような状況は大きく変容した。「文明」と「野蛮」とを区別する考え方は激しく批判されるようになった。「国家間社会」から「文明」基準は消滅した一方、主権平等規範が国連憲章に明記されるようになった。この主権平等規範は、アメリカがラテンアメリカ諸国の支持を得るために用いた結果、ラテンアメリカ諸国間で先行して広まったものである。その後、アメリカもそれを受け入れるようになり、さらに「国家間社会」へと広まっていった。一部国家間で、先行して新たな規範が受容されることが、「国家間社会」全体の新たな規範の受容につながることもある。脱植民地化が進むなかで、「国家間社会」は世界中へと広まった。こうして、非常に多様な国が、主権尊重規範、および主権平等規範のもと、「国家間社会」を構成するようになった。宗教的、文化的な多様性や、国家間の国力差はいっそう大きくなり、「国家間社会」のまとまりは弱まらざるを得なかった。東西両陣営のイデオロギー対立が激化したことも、「国家間社会」の一体感低下に拍車をかけた。それでも、各国は、「ヨーロッパ国家間社会」で発達してきた外交文化を受け入れ、国家間の持続的なコミュニケーションを維持した。一方で、各国が共存以上の価値を共有することは困難であった。各国が、自らの生存にかかわる兵器使用をできるだけ制約されたくないと考えるようになったのも無理のない状況であった。

　各国は「国家間社会」の成員というアイデンティティを有する以上、それまで「国家間社会」で共有されてきた規範を放棄することはなかった。ただし、不必要な苦痛を与える兵器使用禁止規範や、文民保護規範、無差別兵器使用禁止規範に接ぎ木する形で、特定兵器の使用禁止や規制が新たに唱えられても、多くの国は、そうした禁止や規制に乗り出すことには消極的だった。とりわけ、

自らの優位を維持するうえで役立つ兵器の規制には、強国は強く反対した。こうした典型例は核兵器である。核兵器は、不必要な苦痛を与えたり、文民に害悪を加えたり、無差別性を有する可能性が高い。それにもかかわらず、核兵器の規制や禁止を行うことはできなかった。地球の破滅を防ぐという最低限共有できる目的に照らして、「国家間社会」は核不拡散規範を共有し、それに基づいて核不拡散レジームを整備するのが精一杯だった。焼夷兵器や対人地雷などの規制についても同様である。不必要な苦痛を与えたり、無差別性を有したりする可能性が高いと指摘されたにもかかわらず、それらの兵器の使用禁止や規制は進展しなかった。各国国内社会と、「国家間社会」の間の認知的不協和は存在した。しかし、激しい東西対立のなかで、国家が「国家間社会」において生き抜くためには、各国内社会とは異なる行動論理が必要であると考えられがちであった。1980年代に入りCCWが採択されたものの、これも不必要な苦痛を与える兵器使用禁止規範や、無差別兵器使用禁止規範を確認するにとどまり、特定兵器の規制はきわめて限定的なものにとどまった。とはいえ、一定の兵器使用方法の規制がなされたことも事実である。その背景には、それまで各国が、繰り返し不必要な苦痛を与える兵器禁止規範や、文民保護規範への支持を表明してきたことが指摘できる。こうした規範への支持を表明してきた以上、特定兵器が不必要な苦痛を与えたり、文民に被害をもたらすことを示されると、無視することが困難になったのである。

　冷戦期、「国家間社会」が普遍化し、「文明」と「野蛮」、成員と非成員といった区別が、少なくとも国家間ではなくなった。国家間の差別、区別がなくなったこと自体には積極的な意味も多い。一方で、他者が存在しないことは、メンバー間でアイデンティティを共有することを難しくする。アイデンティティ自体は、他者との差異を通じて確立されるものであるし、そのアイデンティティを維持していくうえでも他者は必須だからである[1]。国家であるために、「文明」基準を満たすことが必要とされたときには、「文明」基準に従って行動することが構成的効果も有するため、各国の行動を規制する効果も大きかった。しかし、「文明」基準が消滅し、きわめて多様な国家が「国家間社会」の成員として認められるようになると、国家としてのアイデンティティも弱まらざるを得ない。「国家間社会」で共有されている規範が、国家の行動に与える影響力

もまた低下することは避けられなかった。国際政治学は、冷戦期に大きく発展した学問である。それゆえ、規範の影響を軽視し、国家間の関係をアナーキーなものとしてとらえる見方が主流となった面があるのかもしれない。西側諸国、東側諸国といった、一部の国家グループ内では一定のアイデンティティが醸成された。とりわけ、東西両陣営間では、激しいイデオロギー対立が続いていただけに、お互いに対する他者意識、陣営内のわれわれ意識は強いものとなった。しかし、「国家間社会」全体としては、一体感が低く、共存という最低限の目標が共有されるにとどまっていた。

## 第二節　「国家間社会」の自律性低下

　冷戦が終焉し、東西間の激しい対立が後景に退くと、「国家間社会」の一体感は高まり始めた。移動、通信技術の進歩によって、国境を越えたコミュニケーションが容易になったことも重要である。また、国家単位では上手く対応できない国境を越える問題が頻出するようになった。その結果、「国家間社会」の成員が協力してそれらの問題に対処する必要性が増していると認識されるようになった。国家単位で上手く対応できない問題の多発は、「国家間社会」の一体感を高めるのみならず、国家と非国家主体が協働する機運も高めた。そうしたなか、国際機関、国際NGO、多国籍企業と一部の国家の間では、従来「国家間社会」で共有されてきた規範とは異なる—ときには衝突する—規範が、共有されるようになっていった。「新しい中世社会」が広がり始めたのである。実際、地球環境問題などは、各国の国益を重視していては解決が難しく、地球単位で対策を考える必要がある。あるいは、難民問題などは、個々の人間を単位として対策を考えることが重要である。

　兵器をめぐっても、国益よりも、兵器によって殺傷される個々人の視点から対策を考えるよう求める声が、とりわけ紛争現場で活動していたNGOなどから上がるようになった。国防上有効な兵器だとしても、対人地雷やクラスター弾の使用をやめるべきという主張はそうした例である。こうした規範を訴える際、すでに「国家間社会」で受け入れられていた、不必要な苦痛を与える兵器使用禁止規範に、これらの規範が接ぎ木されたことは重要であった。不必要な

苦痛を与える兵器使用禁止規範を受容している以上、対人地雷やクラスター弾がそうした苦痛を与えることが示されると、各国は反論することが困難となった。それでも、冷戦期には、国防を最優先することの重要性を訴えて、こうしたNGOなどの主張をかわすことができた。しかし、NGO等は、情報収集・発信能力を大幅に向上させ、対人地雷やクラスター弾がいかに不必要な苦痛を与えたり、文民に被害を生んだりしているのかということを、以前にも増して説得力を持って訴えるようになった。また、「新しい中世社会」や国内社会が、「国家間社会」に与える影響が強まるなか、単に国防を最優先すべきと訴えるだけでは、NGOなどの訴えを抑え込むことはできなくなった。NGOなどの声を受けて、対人地雷やクラスター弾を禁止すべきとの主張が、「新しい中世社会」や一部の国の国内社会で支配的になるようになった。そうなると、「国家間社会」がその主張を無視することはいっそう困難となった。一部の国の間で、先行カスケードが発生し、「国家間社会」のなかでも、新たな規範を支持する国が増加すると、そのことが「国家間社会」内での規範のカスケードにつながり得る。対人地雷やクラスター弾をめぐっては、NGOの訴えに共鳴した中小国が主導する形で、国家安全保障よりも人道的配慮を優先させるかに見えるルールが、「国家間社会」で形成された。

　国境を越える問題に対応するにあたっては、依然として国家間条約が中心的役割を担っている。第一章でふれたように、国境を越える問題に対処すべく、国家を迂回するプライベートレジームが形成される事例も散見される。しかし、「国家間社会」が、今も国境を越える問題に対処するうえで重要な役割を担っていることは間違いない。一方で、「国家間社会」の自律性は低下しつつある。国家が、内と外からその自律性を侵食されるなかで、各国国内社会や「新しい中世社会」で共有される規範と対立する規範を、「国家間社会」で維持することは困難になりつつあるのかもしれない。

　グローバル化の進展とともに、国境を越えた相互作用が密接になるにつれて、暴力行使抑制の要請と、われわれ意識とが、国境を越えた領域でもいっそう強まりつつある。多様なアクターが、人権や民主主義といった価値観を共有する「新しい中世社会」は広がりつつあるように見える。実際、「国家間社会」においても、国家の安全保障より人権や民主主義の尊重が優先される兆しはある。

「新しい中世社会」に影響を受けて、「国家間社会」においても、対人地雷禁止規範やクラスター弾使用禁止規範が広まったり、「保護する責任」概念が受容されたりしている。こうした状況がさらに進めば、「国家間社会」自体が「新しい中世社会」に包摂されていくこともあり得る。

ただし、ひとたび社会で受容された規範が、その社会において受容され続ける保障はどこにもない。対人地雷禁止規範やクラスター弾禁止規範から逸脱する行動が繰り返されると、これらの規範が衰退する可能性がある。現時点では、米中ロなどの大国が対人地雷禁止条約やクラスター弾条約のメンバーとなっていない。これらの国が逸脱行為を繰り返すならば、その蓋然性は高まる。「保護する責任」概念にしても、依然として、その解釈・適用をめぐる争いが繰り広げられている。こうした解釈・適用をめぐる争いを経て、規範が明確化していくのか、消滅していくのかは、不透明である。

グローバル化が深化するなかで、多様なアクターが国境を越えて活動する状況が進むことの影響は、多様なアクター間の協働を促すことだけではない。非国家主体が、国際の平和と安全を脅かす状況をも生み出している。人権や民主主義を顧みない非国家主体による脅威に対して、人権や民主主義に配慮しつつ対処することは困難をきわめる。それゆえ、「新しい中世社会」のアクターから非難を受けつつも、国家はときとして人権や民主主義に反するような行動を、テロ組織などに対してとることがある。標的殺人や拷問、法的手続きによらない他国への容疑者引渡しなどはそうした例である。対テロ戦争に代表されるような、国家と非国家主体との間の非対称戦においては、国家が「国家間社会」で共有されてきた規範を遵守しない行動をとることも増えつつある。そのこと自体が、すぐに「国家間社会」における規範の消滅につながるわけではない。しかし、国家が、「国家間社会」の規範にそぐわない行動を、たとえ非国家主体相手とはいえ、繰り返していくうちに、そうした行動をとることへの心理的ハードルが下がることは十分に考えられる。その結果として、「国家間社会」における規範も弱体化していく可能性は否定できない。また、テロ組織への対処の必要性を掲げて、「新しい中世社会」や国内社会の批判を封じ込め、こうした行動を続けていくと、「新しい中世社会」や国内社会においても、人権や民主主義を重視すべきという声が弱まってしまうおそれもある。多様なアクター

が、国境を越えた領域の安全をも脅かすようになったことで、「国家間社会」や各国国内社会で発展してきた暴力抑制の規範が弱体化、消滅し、「新しい暗黒」に陥る危険性も決してないとはいい切れない。

## 第三節　国際社会と兵器をめぐる規範の変容から見る国際政治の行方

　グローバル化が深化するにつれて、「国家間社会」の成員間の相互作用の密度は劇的に増している。そのことは、「国家間社会」における暴力抑制がいっそう進展することにつながる可能性がある。事実、冷戦終焉後、化学兵器禁止条約、対人地雷禁止条約、クラスター弾条約など、特定兵器の禁止が大きく進展した。その背景には、「国家間社会」の一体感が向上したことがある。加えて、非国家主体の能力が向上して、国家と非国家主体が協働して、国境を越える問題解決に取り組むようになってきた点も無視できない。国家と非国家主体が協働するなかで、「国家間社会」で共有されてきた規範とは異なる行動を求める国家も現れてきた。対人地雷禁止条約やクラスター弾条約の形成過程で見られた、こうした規範形成過程が繰り返されれば、「国家間社会」は大きく変容していく可能性はある。多様なアクターが、人権や民主主義を共有する「新しい中世社会」を構成するようになり、「国家間社会」自体が、そこに包摂されていくならば、「国家間社会」における暴力はいっそう抑制されるようになるかもしれない。

　一方、グローバル化の進展とともに、多様なアクターが国境を越えて活動するようになったことで、国境を越えて様々なアクターが無秩序に振る舞う「新しい暗黒」に陥るおそれもある。実際、非国家主体と対峙するにあたって、「国家間社会」において不適切とされてきた行動を国家がとることも目立つようになった。こうした行動は、人権や民主主義と相容れないことが多い。それだけに、こうした行動に対する、各国国内社会や「新しい中世社会」からの批判が無視され続けるならば、各国国内社会や「新しい中世社会」においても、人権や民主主義が弱まってしまうかもしれない。テロ組織を押さえ込むために、力だけに頼るのであれば、多様なアクターが、グローバルに暴力の応酬を続ける「新しい暗黒」へとつながる可能性も否定できない。

終章　「国家間社会」と兵器使用をめぐる規範の行方　207

　「新しい暗黒」に陥ることを避けるには何が必要なのであろうか。本書でこれまで見てきたとおり、社会を秩序立ったものにさせ、安定させるには、力だけではなく規範が必要である。国家のみが、国境を越えた領域の平和と安全に影響を及ぼすアクターなのであれば、国家間の力を均衡させることで、秩序を作り出すことは可能かもしれない。ただし、それは力の均衡が崩れれば揺らいでしまうもろい秩序である。多様なアクターが、国境を越えた平和と安全に無視し得ない影響を及ぼし得る現在、力のみで安定的な秩序を形成・維持することは、いっそう困難となった。国家間の力関係が均衡状態にあったとしても、テロ組織の暴力行使を抑止することはできない。圧倒的に強い力を持つ覇権国が存在したとしても、同じことである。覇権国が形成する秩序に不満を持つアクターが、テロ行為に訴える可能性は十分にある。覇権国が圧倒的な力を誇っていても、あるいは圧倒的な力を誇っているからこそ、不満を持つアクターはテロ行為に訴えることをやめない。そして、テロ組織は、いまや世界全体の平和と安全を脅かすだけの力を持ちつつある。かつて、ヘドリー・ブルは、一体感が低下していた「国家間社会」の将来を展望し、共通のルールや制度の土台となる、国家間の共通利益と共有価値、コスモポリタン文化を維持・拡大していくことが重要であると主張した。その際、大国の利益のみならず、非西欧の弱く、貧しい国々の要求にも配慮しなければならないと訴えた[2]。

　「新しい暗黒」への転落を回避するために現在必要とされているのは、同様に共通のルールや制度の土台となる、地球上に存在する多様なアクター間の共通利益と共有価値を維持・拡大していくことなのかもしれない。実際、「新しい中世社会」の拡大の兆しはある。しかし、「新しい中世社会」で共有される人権や民主主義が、普遍性を欠き、一部の地域の人々や国の間でしか受け入れられないものなのだとしたら、そのような社会は安定しない。自らの信じる人権や民主主義概念を共有しないアクターに、自らの信じる人権や民主主義概念を押し付けることは解決につながらないどころか、解決をいっそう困難にするだけである。そうした押し付けは、「新しい中世社会」の外に意識的にとどまる、あるいは「新しい中世社会」を攻撃する、アクターの出現を促すだけだからである。

　また、規範は物理的真空に存在するわけではない。いかにすばらしい規範で

あっても、それが力の現実や利益を無視したものだとしたら、その規範は安定的な秩序を生み出す土台とはなり得ない。このような指摘は、結局のところ力がすべてである、ということを意味しているわけではない。ある規範が、たとえ大国の利益にかなわないものだったとしても、相互作用を繰り返すうちに、大国もその規範を受け入れることはある。主権平等規範は大国にとって不利なものであったにもかかわらず、「国家間社会」で広まっていった。力にも利益にも支えられ、多様なアクターが共有し得る規範や価値を見つけ出し、育み、拡大し、それに基づいて秩序を形成・維持していくことは困難きわまりない。しかし、そうした努力を続けていくほかない。これまでの長い人類の歴史のなかで、人々は一定程度暴力行使を抑制する規範をそれぞれの社会で育んできた。本書で見てきたとおり、そうした社会間の相互作用を通して「国家間社会」でも兵器使用を抑制する規範が発展してきた。暴力行使を抑制する規範をすでに受け入れているアクターは少なからず存在する。このような状況を上手く生かせば、各アクターが暴力行使を控え続けることも不可能ではない。ある規範をいったん受け入れたアクターは、たとえ「合理的」でない行動であったとしても、その規範に縛られ一定の行動をとったり、控えたりせざるを得ないことがしばしばある。多様な主体が活動するグローバルな領域において、暴力行使抑制規範を拡大し安定的な秩序を形成・維持していくうえで、暴力行使を抑制する規範をすでに受容しているアクターが果たすべき役割は大きい。

　「国家間社会」が崩壊するのか。「新しい中世社会」が拡大し「国家間社会」をも包摂するようになるのか。それとも「新しい暗黒」が到来するのか。あるいは……。国際政治の行方を予想することは難しい。しかし、国際社会にせよ、そこで共有される規範にせよ、超歴史的空間に存在するわけではない。グローバルな秩序が今後いかなるものとなっていくのかを考察する際、これまで国際社会がいかに形成され、発展してきたのか、そしてその社会においていかなる規範が形成されてきたのか、ということを改めて確認することは必須である。過去から、完全に断絶した現在や未来というものはあり得ないからである。そういう意味でも、グローバル化が進展し、「国家間社会」が揺らぎ、将来が見通しにくい現在だからこそ、改めて、国際社会の生成・変容過程を歴史的に振り返り、その特徴を検証することが肝要であると思われる。国境を越える領域に

いかなる社会が存在し、その成員は誰で、そしていかなる規範が成員間で共有されてきたのか。そして、その社会が、現在どういう点で変容し、どういう点では変容していないのか。現在ある変容の兆しをとらえ、それを望ましい方向に向けていくためには何が必要か。本書が、こうしたことを考察する一助になれば幸いである。

1） William E. Connolly, *Identity/ Difference: Democratic Negotiations of Political Paradox*, Cornell University Press, 1991, p. 64. こうした見方は、ポストモダンの系譜の研究者に多いが、たとえば、アレクサンダー・ウェント（Alexander Wendt）のように、国家のアイデンティティ形成・維持にとって、必ずしも他者は必要ないという見方もある。ただし、ウェント自身、国家がいかなる行動をとるかという点にかかわる「役割アイデンティティ（Role Identity）」の形成・維持にあたっては他者が重要であるとしている。Alexander Wendt, *Social Theory of International Politics*, Cambridge University Press, 1999, pp. 224-229.
2） Hedley Bull, *The Anarchical Society: A Study of Order in World Politics, Second Edition With A New Foreword By Stanley Hoffmann*, Columbia University Press, 1995, pp. 303-305.

# 参考文献

## 英文

- Acharya, Amitav, *Whose Ideas Matter?: Agency and Power in Asian Regionalism*, Cornell University Press, 2011
- Adler, Emanuel, and Michael Barnett, *Security Communities*, Cambridge University Press, 1998
- Anderson, M. S., *The Rise of Modern Diplomacy, 1450-1919*, Longman, 1993
- Arend, Anthony Clark, and Robert J. Beck, *International Law and the use of Force*, Routledge, 1993
- Axelrod, Robert, "An Evolutionary Approach to Norms," *The American Political Science Review*, Vol. 80, No. 4, 1986
- Bachrach, Peter and Morton S. Baratz, *Power and Poverty: Theory and Practice*, Oxford University Press, 1970
- Badescu, Cristina G. and Thomas G. Weiss, "Misrepresenting R2P and Advancing Norms: An Alternative Spiral?" *International Studies Perspectives*, Vol. 11, No. 4, 2010
- Barnett, Michael, *Empire of Humanity: A History of Humanitarianism*, Cornell University Press, 2011
- Bartelson, Jens, *A Genealogy of Sovereignty*, Cambridge University Press, 1995
- Batchelor, Peter, "NGO perspectives: NGOs and the small arms issue," *Disarmament Forum*, 2002
- Beitz, R. Charles, *Political Theory and International Relations*, Princeton University Press, 1979, 進藤栄一訳『国際秩序と正義』岩波書店、1989 年
- Berger, Thomas U., "From Sword to Chrysanthemum: Japan's Culture of Anti-militarism," *International Security*, Vol 17, No. 4, 1993
- Best, Geoffrey, *Humanity in Warfare*, Columbia University Press, 1980
- Best, Geoffrey, *War and Law since 1945*, Clarendon Press, 1994
- Bieler, Andreas and Adam David Morton, "The Gordian Knot of Agency-Structure in International Relations: A Neo-Gramscian Perspective," *European Journal of International Relations*, Vol. 7, No. 1, 2001
- Biersteker, Thomas J., and Cynthia Weber, *States Sovereignty as Social Construct*, Cambridge University Press, 1996
- Bob, Clifford, *The Marketing of Rebellion: Insurgents, Media, and International Activism*, Cambridge University Press, 2005
- Bob, Clifford ed., *The International Struggle for New Human Rights*, University of Pennsylvania Press, 2009
- Bob, Clifford, *The Global Right Wing and the Clash of World Politics*, Cambridge University Press, 2012
- Boese, Wade, "CD Ends Session Without Resolving Divide Over Agenda," *Arms Control Today*, June/July, 1997
- Boissier, Pierre, *History of the International Committee of the Red Cross: From Solferino to Tsushima*, Henry Dunant Institute, 1985
- Boli, John, and George M. Thomas, *Constructing World Culture: International Nongovernmental Organizations Since 1875*, Stanford University Press, 1999
- Bordwell, Percy, *The Law of War between Belligerents: A History and Commentary*, Stevens

& Sons, 1908
- Boutros-Ghali, Boutros, "The Land Mine Crisis; A Humanitarian Disaster," *Foreign Affairs*, September/October, 1994
- Brown Chris, *International Relations Theory: New Normative Approaches*, Columbia University Press, 1992
- Brown, Frederic J., *Chemical Warfare: A Study of Restraints*, Princeton University Press, 1968
- Brundage, James A., *Richard Lion Heart*, Charles Scribner's Sons, 1974
- Bull, Hedley, "Society and Anarchy in International Relations," H. Butterfield and M. Wight eds., *Diplomatic Investigation*, George Allen & Unwin, 1966
- Bull, Hedley, *The Anarchical Society: A Study of Order in World Politics*, Columbia University Press, 1977
- Bull, Hedley, *The Anarchical Society: A Study of Order in World Politics, Second Edition With A New Foreword By Stanley Hoffmann*, Columbia University Press, 1995
- Bull, Hedley and Adam Watson eds., *The Expansion of International Society*, Clarendon Press, 1984
- Bundy, Mcgeorge, *Danger and Survival: Choices about the Bomb in the First Fifty Years*, Random House, 1988
- Buzan, Barry, *From International to World Society?: English School Theory and the Social Structure of Globalisation*, Cambridge University Press, 2004
- Buzan, Barry, "Culture and International Society," *International Affairs*, Vol. 86, No. 1, 2010
- Buzan, Barry, Ole Wæver and Jaap de Wilde, *Security: A New Framework for Analysis*, Lynne Reinner Publishers, 1998
- Buzan, Barry, and Richard Little, *International Systems in World History: Remaking The Study of International Relations*, Oxford University Press, 2000
- Cameron, Maxwell A., Robert J. Lawson, and Brian W. Tomlin eds., *To Walk Without Fear: The Global Movement to Ban Landmines*, Oxford University Press, 1998
- Campbell, David, *Writing Security: United States Foreign Policy and the Politics of Identity*, University of Minnesota Press, 1992
- Cardamone, Thomas A., "Landmines Victory: A Road Map for Small Arms?," *Arms Trade News*, December 1997/January 1998
- Carlsnaes, Walter, "The Agency-Structure Problem in Foreign Policy Analysis," *International Studies Quarterly*, Vol. 36, 1992
- Carpenter, R. Charli, "Setting the Advocacy Agenda: Theorizing Issue Emergence and Nonemergence in Transnational Advocacy Networks," *International Studies Quarterly*, No. 51, 2007
- Carpenter, R. Charli, "Vetting the Advocacy Agenda: Network Centrality and the Paradox of Weapons Norms," *International Organization*, Vol. 65, No. 1, 2011
- Carr, E. H., *The Twenty Years' Crisis 1919-1939: An Introduction to the Study of International Relations Reissued with a New Introduction and additional material by Michael Cox*, Palgrave, 2001
- Charny, Geoffroi de, *A Knight's own Book of Chivalry* (Introduction by Richard W. Kaeuper, Translation by Elspeth Kennedy), University of Pennsylvania Press, 2005
- Chayes, Abram and Antonia Handler Chayes, "On Compliance," *International Organization*, Vol. 47, No. 2, Spring, 1993
- Checkel, Jeffrey T., "International Norms and Domestic Politics: Bridging the Rationalist-Constructivist Divide," *European Journal of International Relations*, Vol. 3, No. 4, 1997

- Checkel, Jeffrey T., "The Constructivist Turn in International Relations Theory," *World Politics*, Vol. 50, No. 2, 1998
- Checkel Jeffrey T., "Why Comply? Social Learning and European Identity Change," *International Organization*, Vol. 55, No. 3, 2001
- Checkel, Jeffrey T., *International Institutions and Socialization in Europe*, Cambridge University Press, 2007
- Chen, Ti-Chian, (L. C. Green ed.), *The International Law of Recognition with Special Reference to Practice in Great Britain and the United States*, Stevens & Sons Limited, 1951
- Christiansen, Thomas, and Knud Erik Jørgensen & Antje Wiener eds., *The Social Construction of Europe*, Sage, 2001
- Cirincione, Joseph, ed, *Repairing the Regime: Preventing the Spread of Weapons of Mass Destruction*, Routledge, 2000
- Clark, Ann Marie, Elizabeth Friedman and Kathryn Hochstetler, "The Sovereign Limits of Global Civil Society: A Comparison of NGO Participation in UN World Conferences on the Environment, Human Rights and Women," *World Politics*, Vol. 52, No. 1, 1998.
- Clark, Ann Marie, *Diplomacy of Conscience: Amnesty International And Changing Human Rights Norms*, Princeton University Press, 2001
- Claude, Inis L. Jr., *Swords into Plowshares: The Problems and Progress of International Organization, Fourth Edition*, Random House, 1971
- Connolly, William E., *Identity / Difference: Democratic Negotiations of Political Paradox Expanded Edition*, Cornell University Press, 2002
- Contarino, Michael, Melinda Negrön-Gonzales and Kevin T. Mason, "The International Coriminal Court and Consolidation of the Responsibility to Protect as an International Norm," *Global Responsibility to Protect*, No. 4, 2012
- Cookson, J. E., *The Friends of Peace: Anti-Wear Liberalism in England 1793–1815*, Cambridge University Press, 1982
- Cooper, Andrew F. ed., *Niche Diplomacy: Middle Powers after the Cold War*, Macmillan Press LTD, 1997
- Cooper, Andrew F., and Geoffrey Hayes, *Worthwhile Initiatives?: Canadian Mission-Oriented Diplomacy*, Irwin Publishing, 2000
- Cooper, Robert, *Post Modern State and the World Order*, Demos, 1996
- Cooper, Sandi E., *Patriotic Pacifism: Waging War on War in Europe, 1815–1914*, Oxford University Press, 199
- Copeland, Dale C., "The Constructivist Challenge to Structural Realism," *International Security*, Vol. 25, No. 2, 2000
- Cox, Robert W., with T. J. Sinclair, *Approaches to World Order*, Cambridge University Press, 1996
- Cox, Robert W., *Production, Power and World Order: Social Forces in the Making of History*, Columbia University Press, 1987
- Crenson, Matthew A., *Un-politics of Air Pollution: Study of Non-decision Making in the Cities*, Johns Hopkins University Press, 1971
- Deibert, Ronald J. and Masashi Crete-Nishihata, "Global Governance and the Spread of Cyberspace Controls," *Global Governance*, Vol. 18, No. 3, 2012
- Deitelhoff, Nicole and Lisbeth Zimmermann, "Things We Lost in the Fire: How Different Types of Contestatino Affect the Validity of International Norms," *PRIF Working Paper No. 18*, Peace

Research Institute Frankfurt, December 2013
- Desch, Michael C., "Culture Clash: Assessing the Importance of Ideas in Security Studies", *International Security*, Vol. 23, No. 1, 1998
- Development Assistance Committee, *Shaping the 21$^{st}$ Century: The Contribution of Development Co-operation*, OECD, 1996
- Donnelly, Jack, "Human Rights: A New Standard of Civilization?," *International Affairs*, Vol. 74, No. 1, 1998
- Downs, G. W., ed. *Collective Security beyond the Cold War*, The University of Michigan Press, 1994
- Draper, G. I. A. D., "The Interaction of Christianity and Chivalry in the Historical Development of the Law of War," *International Review of the Red Cross*, No. 46, 1965
- Durand, André, "Gustave Moynier and the Peace Societies," *International Review of the Red Cross*, No. 314, 1996
- Edwrads, Michael, and David Hulme, *Beyond the Magic Bullet: NGO Performance and Accountability in the Post-Cold War World*, Kumarian Press, 1996
- Elster Jon, *The Cement of Society: A Study of Social Order*, Cambridge University Press, 1989
- Epstein, Charlotte, *The Power of Words in International Relations: Birth of an Anti-Whaling Discourse*, MIT Press, 2008
- Evans, Peter B., Harold K. Jacobson and Robert D. Putnam, *Double-Edged Diplomacy: International Bargaining and Domestic Politics*, University of California Press, 1993
- Falk, Richard, *On Humane Governance*, Pennsylvania University Press, 1995
- Finnemore, Martha, *National Interests in International Society*, Cornell University Press, 1996
- Finnemore, Martha and Kathryn Sikkink, "International Norm Dynamics and Political Change," *International Organization*, Vol. 52, No. 4, 1998
- Finnemore, Martha, *The Purpose of Intervention: Changing Beliefs about the Use of Force*, Cornell University Press, 2003
- Fleck, Dieter ed., *The Handbook of International Humanitarian Law 2$^{nd}$ ed.*, Oxford University Press, 2009
- Florini, Ann M., ed., *The Third Force: The Rise of Transnational Civil Society*, Carnegie Endowment for International Peace, 2000
- Flynn, Gregory and Henry Farrell, "Piercing Together the Democratic Peace: The CSCE, Norms, and the 'Construction' of Security in Post-Cold War Europe," *International Organization*, Vol. 53, No. 3, 1999
- Forsythe, David P. *The Humanitarians: The International Committee of the Red Cross*, Cambridge University Press, 2005
- Francisco, Ramirez, Yasemin Soysal, and Susanne Shanahan, "The Changing Logic of Political Citizenship: Cross-national Acquisition of Women's Suffrage Rights, 1890 to 1990," *American Sociological Review*, No. 62, 1997
- Frank, Schimmelfennig, "NATO Enlargement: A Constructivist Explanation," *Security Studies*, Vol. 8, No. 2, 1998
- Furigo, Daniela, "Prudence and Experience: Ambassadors and Political Culture in Early Modern Italy," *Journal of Medieval and Early Modern Studies*, Vol. 38, No. 1, 2008
- Furigo, Daniela, (translated by Adrian Belton), *Politics and Diplomacy in Early Modern Italy: The Structure of Diplomatic Practice, 1450-1800*, Cambridge University Press, 2011
- Garner, James Wilford, *Recent Developments in International Law*, The University of Calcutta,

1925
- George, Jim, *Discourses of Global Politics: A Critical (Re) Introduction to International Relations*, Lynne Rienner Publishers, 1994
- Gill Stephen ed., *Gramsci, Historical Materialism and International Relations*, Cambridge University Press, 1993
- Goldblat, Jozef, "Land-mines and Blinding laser weapons: the Inhumane Weapons Convention Review Conference," *SIPRI Year Book 1996: Armaments, Disarmament and International Security*, 1996
- Goldstein, Judith and Robert O. Keohane eds., *Ideas & Foreign Policy: Beliefs, Instituitions, and political change*, Cornell University Press, 1993
- Gong, Gerrit W., *The Standard of 'Civilization' in International Society*, Clarendon Press, 1984.
- Goodin, Robert E., and Charles tilly eds., *The Oxford Handbook of Contextual Political Analysis*, Oxford University Press, 2006
- Graber, Doris Appel, *The Development of the Law of Belligerent Occupation 1863-1914*, Columbia University Press, 1949
- Gray, Christine, *International Law and the Use of Force Third Edition*, Oxford University Press, 2008
- Green, Leslie C., *The Contemporary Law of Armed Conflict 3$^{rd}$ edition*, Manchester University Press, 2008
- Greenspan, Morris, *The Modern Law of Land Warfare*, University of California Press, 1959
- Grewe, Wilhelm G., *The Epochs of International Law*, Walter de Gruyter, 2000
- Gross, Michael L., *Moral Dilemmas of Modern War: Torture, Assassination, and Blackmail in an Age of Asymmetric Conflict*, Cambridge University Press, 2010
- Guzzini, Stefano, "A Reconstruction of Constructivism in International Relations," *European Journal of International Relations*, Vol. 6, No. 2, 2000
- Haas, Ernst B., *When Knowledge Is Power*, University of California Press, 1990
- Haas, Peter M., "Do Regimes Matter? Epistemic Communities and Mediterranean Pollution Control," *International Organization*, Vol. 43, No. 3, 1989
- Haas, Peter M., "Introduction: Epistemic Communities and International Policy Coordination," *International Organization*, Vol. 46, No. 1, 1992
- Hay, Denys, *Europe: The Emergence of an Idea Revised Edition*, Edinburgh University Press, 1968
- Held, David, *Democracy and the Global Order: From the Modern State to Cosmopolitan Governance*, Stanford University Press, 1995
- Heng, Geraldine, *Empire of Magic: Medieval Romance and the Politics of Cultural Fantasy*, Columbia University Press, 2003
- Herzog, Don, *Happy Slaves: A Critique of Consent Theory*, University of Chicago Press, 1989
- Hirst, Paurl, "Global Economy: Myths and Realities," *International Affairs*, Vol. 73, No. 3, 1997
- Holsti, K. J., *Taming Sovereigns: Institutional Change in International Politics*, Cambridge University Press, 2004
- Holzgrefe, J. L., and Robert O. Keohane, *Humanitarian intervention: Ethical, Legal, and Political Dilemmas*, Cambridge University Press, 2003
- Hopf, Ted, "The Promise of Constructivism in International Relations Theory," *International Security*, Vol. 23, No. 1, 1998

- Howard, Michael ed., *Restraints on War: Studies in the Limitation of Armed Conflict*, Oxford university Press, 1979
- Howard, Michael, *The Franco-Prussian War: The German Invasion of France, 1870-1871 Second Edition*, Routledge, 2001
- Howard, Michael, George J. Andreopoulos, and Mark R. Shulman eds., *The Laws of War: Constraints on Warfare in the Western World*, Yale University Press, 1994
- Hull, William I., *Two Hague Conferences and Their Contributions to International Law*, Gin & Campany, 1908
- Human Rights Watch Arms Project, *Exposing the source: U. S. Companies and the Production of Antipersonnel Mines* (*A Human Rights Watch Report*, Vol. 9, No. 2), April 1997
- Human Rights Watch, *Ticking Time Bombs: NATO's Use of Cluster Munitions in Yugoslavia*, June 1999
- Human Right Watch, *Survey of Cluster Munition Policy and Practice*, February 2007
- Hutchinson, John F., *Champions of Charity: War and the Rise of the Red Cross*, Westview Press, 1996
- Hyde, Charles Cheney, *International Law Chiefly as Interpreted and Applied by the United States*, Little Brown, 1922
- ICBL, *Report on Activities: Review Conference of the Convention on Conventional Weapons, Vienna, Austria, 25 September-13 October*, 1995
- ICRC, *Anti-Personnel Landmines- Friends or Foe? A study of the Military use and effectiveness of anti-personnel mines*, 1996, 難民を助ける会ボランティア訳『対人地雷―味方か？敵か？軍事問題としての対人地雷の研究』自由国民社、1997年
- ICRC, "Symposium of Military Experts on the Military Utility of Anti-Personnel Mines," *International Review of the Red Cross*, No. 299, 1994
- ICRC, *Landmines Must Be Stopped*, August, 1997
- International Committee of the Red Cross, *Conference of Government Experts on the Use of Certain Conventional Weapons* (*Lucerne, 24.9-18.10.1974*) *Report*, 1975
- Imber, Mark F., *The USA, ILO, UNESCO and IAEA: Politicization and Withdrawal in the Specialized Agencies*, St. Martin's Press, 1989
- Irwin, Rosalind ed, *Ethics and Security in Canadian Foreign Policy*, UBC Press, 2001
- Jackson, Robert, *Quasi-states: Sovereignty, International Relations and the Third World*, Cambridge University Press, 1990
- Jackson, Robert, *The Global Covenant: Human Conduct in a World of States*, Oxford University Press, 2000
- Jervis, Robert, *Perception and Misperception in International Politics*, Princeton University Press, 1976
- Jonson, James Turner, *Just War Tradition and the Restraints of War: A Moral and Historical Inquiry*, Princeton University Press, 1981
- Jonson, James Turner, *Ethics and the Use of Force: Just War in Historical Perspective*, Ashgate, 2011
- Johnston, Alastair Iain, "Treating International Institutions as Social Environments," *International Studies Quarterly*, Vol. 45, No. 4, 2001
- Kaeuper, Richard W., *Chivalry and Violence in Medieval Europe*, Oxford University Press, 1999
- Karler, Miles ed., *Networked Politics: Agency, Power, and Governance*, Cornell University

Press, 2009
- Katzenstein, Peter J., ed., *The Culture of National Security Norms and Identity in world politics*, Columbia University Press, 1996
- Keating, Vincent Charles, "Contesting the International Illegitimacy of Torture: The Bush Administration's Failure to Legitimate its Preferences within International Society," *The British Journal of Politics and International Relations*, Vol. 16, 2014
- Keck, Margaret E. and Kathryn Sikkink, *Activist beyond Borders: Advocacy Networks in International Politics*, Cornell University Press, 1998
- Keeley, James F., "Toward a Foucauldian Analysis of International Regimes," *International Organization*, Vol. 44, No. 1, 1990
- Keens-Soper, H. M. A., and Karl W. Schweizer eds., *François de Callières The Art of Diplomacy*, Leicester University Press, 1983
- Kennedy, David, *Of War and Law*, Princeton University Press, 2006
- Keohane, Robert O., and Helen V. Milner eds., *Internationalization and Domestic Politics*, Cambridge University Press, 1996
- Kessler, Oliver, Rodney Bruce Hall, Cecelia Lynch and Nicholas Onuf eds., *On Rules, Politics and Knowledge: Friedrich Kratochwil, International Relations and Domestic Affairs*, Palgrave Macmillan, 2010
- Klein, Robert A., *Sovereign Equality among States: The History of an Idea*, University of Toronto Press, 1974
- Klotz, Audie, "Norms Reconstituting Interests: Global Racial Equality and U. S. Sanctions against South Africa," *International Organization*, Vol. 49, No. 3, 1995
- Klotz, Audie, *Norms in International Relations: The Struggle against Apartheid*, Cornell University Press, 1995
- Krasner, Stephen D., ed. *International Regimes*, Cornell University Press: Ithaka and London, 1983
- Krasner, Stephen D., *Sovereignty: Organized Hypocrisy*, Princeton University Press, 1999
- Kratochwil, Friedrich V., and J. G. Ruggie, "International Organization: a State of the Art on an Art of the State," *International Organization*, Vol. 40, No. 4, 1986
- Kratochwil, Friedrich V., *Rules, Norms, and Decisions; On the Conditions of Practical and Legal Reasoning in International Relations and Domestic Affairs*, Cambridge University Press, 1989
- Krook, Mona Lena and Jacqui True, "Rethinking the Life Cycles of International Norms: The United Nations and the Global Promotion of Gender Equality," *European Journal of International Relations*, Vol. 18, No. 2, 2012
- Lachowoski, Zdzislaw, "Conventional Arms Control," *SIPRI Year Book 1997: Armaments, Disarmament and International Security*, 1997
- Lachowski, Zdzislaw, "The Ban on Anti-personnel Mine," *SIPRI Yearbook 1998: Armaments, Disarmament and International Security*, Oxford University Press, 1998
- Legro, Jeffrey W., "Which Norms Matter? Revisiting the 'Failure' of Internationalism," *International Organization*, Vol. 51, No. 1, 1997
- Legro, Jeffrey W., *Cooperation under Fire: Anglo-German Restraint during World War II*, Cornel University Press, 1995
- Lewis, Bernard, *The Middle East and the West*, Harper & Row, 1966
- Lipschutz, Ronnie D., "Reconstructing Wold Politics: The Emergence of Global Civil Society,"

*Millennium*, Vol. 21, No. 3, 1992
- Lipshutz, Ronnie D. ed., *On Security*, Colombia University Press, 1995
- Litfin, Karen T., *Ozone Discourses*, New York: Columbia University Press, 1994
- Luard, Evan, *War and International Society: A Study in International Sociology*, Yale University Press, 1986
- Lukes, Steven, *Power: A Radical View Second Edition*, Palgrave Macmillan, 2005
- Maresca, Louis and Stuart Maslen eds., *The Banning of Anti-Personnel Landmines: The Legal Contribution of the International Committee of the Red Cross 1955-1999*, Cambridge University Press, 2000
- Matheson, Michael J., "New Landmines Protocol As Vital Step Toward Ban," *Arms Control Today*, July, 1996
- McDougal, Myers S. and Florentino P. Feliciano, *Law and Minimum World Public Order: The Legal Regulation of International Coercion*, Yale University Press, 1961
- McElroy, Robert W., *Morality and American Foreign Policy: The Role of Ethics in International Affairs*, Princeton University Press, 1992
- McGrath, Rae, *Landmines and Unexploded Ordnance: A Resource Book*, Pluto Press, 2000
- McKeown, Ryder, "Norm Regress: US Revisionism and the Slow Death of the Torture Norm," *International Relations*, Vol. 23, No. 1, 2009
- McRae, Rob, and Don Hubert, *Human Security and The New Diplomacy: Protecting People, Promoting Peace*, McGill-Queen's University Press, 2001
- McSweeney, Bill, "Identity and Security: Buzan and the Copenhagen School," *Review of International Studies*, No. 22, 1996
- Meyer, David S., and Sydney Tarrow eds., *The Social Movement Society: Contentious Politics for a New Century*, Rowman and Littlefield Publishers, Inc., 1998
- Mitrany, David, *A Working Peace System*, Quadrangle Books, 1966
- Miyashita, Akitoshi, "Where do Norms Come from? Foundations of Japan's Postwar Pacifism," *International Relations of the Asia-Pacific*, Vol. 7, No. 1, 2007
- Monroe, Kristen Renwick, *The Heart of Altruism: Perceptions of a Common Humanity*, Princeton University Press, 1996
- Moorehead, Caroline, *Dunant's Dream: War, Switzerland and the History of the Red Cross*, Carroll & Graf Publishers, Inc., 1998
- Mueller, John, *Retreat from Doomsday: The Obsolescence of Major War*, Basic Books, 1989
- Nabulsi, Karma, *Traditions of War: Occupation, Resistance, and the Law*, Oxford University Press, 1999
- Nadelmann, Ethan A., "Global Prohibition Regimes: the Evolution of Norms in International Society," *International Organization*, Vol. 44, No. 4, 1990
- Nevers, Renee De, "Imposing International Norms: Great Powers and Norm Enforcement," *International Studies Review*, Vol. 9, No. 1, 2007
- Newfeld, Mark, *The Restructuring of International Relations Theory*, Cambridge University Press, 1995
- Norwegian People's Aid, *M85: An Analysis of Reliability*, 2007
- Nurnberger, Ralph D., "Bridling the Passions," *Wilson Quarterly*, Vol. 11, No. 1, 1987
- Nye Jr., Joseph S., "Nuclear Learning and US-Soviet Security Regimes," *International Organization*, Vol. 41, No. 3, 1987
- Nye Jr., Joseph S., *Understanding international Conflicts: An Introduction to Theory and*

- *History 7ᵗʰ edition*, Pearson Longman, 2009
- *Official Records of the Diplomatic Conference on the Reaffirmation and Development of International Humanitarian Law Applicable in Armed Conflicts, Geneva（1974-1977）*, Volume 1
- *Official Records of the Diplomatic Conference on the Reaffirmation and Development of International Humanitarian Law Applicable in Armed Conflicts, Geneva（1974-1977）*, Volume 16
- Olson, Mancer., *The Logic of Collective Action*, Harvard University Press, 1965, 依田博・森脇俊雅訳『集合行為論』ミネルヴァ書房、1983年
- Ohmae, Kenichi, *The End of the Nation State: The Rise of Regional Economies*, Free Press, 1997
- Oye, A. Kenneth ed., *Cooperation Under Anarchy*, Princeton University Press, 1986
- Page, Benjamin I. and Robert Y. Shapiro, "Effect of Public Opinion on Policy," *American Political Science Review*, Vol. 77, 1983
- Panke, Diana and Ulrich Petersohn, "Why International Norms Disappear Sometimes," *European Journal of International Relations*, Vol. 18, No. 4, 2012
- Perrin, Noel, *Giving up the Guns: Japan's Reversion to the Sword 1543-1879 5ᵗʰ printing*, David R. Godine, 2010
- Price, Richard M., *The Chemical Weapons Taboo*, Cornell University Press, 1997
- Price, Richard M., "Reversing the Gun Sights: Transnational Civil Society Targets Land Mines," *International Organization*, Vol. 52, No. 3, 1998
- Price, Richard M. ed., *Moral Limit and Possibility in World Politics*, Cambridge University Press, 2008
- Princen, Thomas, and Matthias Finger, eds., *Environmental NGOs in World Politics: Linking the Local and the Global*, Routledge, 1994
- Queller, Donald E., *The Office of Ambassador in the Middle Ages*, Princeton University Press, 1967
- Rajagopal Balakrishnan, *International Law from Below: Development, Social Movements and Thrid World Resistance*, Cambridge University Press, 2003
- Ramphal, Shiridath S. and Ingvar Carlsson, *Our Global Neighborhood: The Report of the Commission on Global Governance*, New York: Oxford University Press, 1995, 京都フォーラム監訳『地球リーダーシップ：新しい世界秩序を目指して』NHK出版、1995年
- Raymond, Gregory A., "Problems and Prospects in the Study of International Norms," *Mershon International Studies Review*, Vol. 41, No. 2, 1997
- Reisman, W. Michael, and Chris t. Antoniou, *The Laws of War: A Comparative Collection of Primary Documents on International Laws Governing Armed Conflict*, Vintage Books, 1994
- *2010 Review Conference of the Parties to the Treaty on the Non-Proliferation of Nuclear Weapons Final Document, Volume 1*
- Risse-Kappen, Thomas ed., *Bringing Transnational Relations Back In' Non-State Actors, Domestic Structures and International Institutions*, Cambridge University Press, 1995
- Risse-Kappen, Thomas, Stephen C. Ropp and Kathryn Sikkink, *The Power of Human Rights: International Norms and Domestic Change*, Cambridge University Press, 1999
- Risse, Thomas, "'Let's Argue!': Communicative Action in World Politics," *International Organization*, Vol. 54, No. 1, 2000
- Roberts, Adam, and Richard Guelff, *Documents on the Laws of War Third Edition*, Oxford

University Press, 2000
- Roberts, Shawn, and Jody Williams, *After the Guns Fall Silent: The Enduring Legacy of Landmines*, Vietnam Veterans of America Foundation, 1995
- Rosenau, James N. and Ernst-Otto Czempiel eds., *Governance without Government: Order and Change on World Politics*, Cambridge University Press, 1992
- Royse, M. W., *Aerial Bombardment and the International Regulation of Warfare*, Harold Vinal, ltd. Publishers, 1928
- Ruggie, John Gerard ed., *Multilateralism Matters: The Theory and Praxis of an Institutional Form*, Columbia University Press, 1993
- Ruggie, John Gerard, *Constructing the World Polity: Essays on International Institutionalization*, Introduction, Routledge, 1998
- Russell, Frederick H., *The Just War in the Middle Ages*, Cambridge University Press, 1975
- Salamon, M. Lester, Helmut K. Anheier, Regina List, Stefan Toepler, S. Wojciech Sokolowsli, and Associate, *Global Civil Society: Dimensions of the Nonprofit Sector*, The Johns Hopkins Center for Civil Society Studies, 1999
- Schindler, Dietrich and Jiri Toman eds., *The Law of Armed Conflicts $3^{rd}$ edition*, 1988
- Schindler, Dietrich and Jiri Toman eds., *Laws of Armed Conflicts: A Collection of Conventions, Resolutions & Other Documents*, Brill Academic Publishers, 2004
- Schwarzenberger, Georg, *The Legality of Nuclear Weapons*, Stevens & Sons Limited, 1958
- Schwarzenberger, Georg, "The Standard of Civilization in International Law," *Current Legal Problems*, Vol. 8, No. 1, 1955
- Scott, James Brown, *The Proceedings of the Hague Peace Conferences: translation of the Official Text: The Conferences of 1899*, Oxford University Press, 1920, reprinted 2000
- Scott, James Brown ed., *The Hague Peace Conferences of 1899 and 1907 Second edition*, Oxford University Press, 1915
- Searle, John R., *The Construction of Social Reality*, The Free Press, 1995
- Shawki, Noha, "Responsibility to Protect: The Evolution of an International Norm," *Global Responsibility to Protect*, Vol. 3, No. 2, 2011
- Shelton, Dinah ed, *Commitment And Compliance: The Role of Non-Binding Norms In The International Legal System*, Oxford University Press, 2000
- Sikkink, Kathryn, *The Justice Cascade: How Human Rights Prosecutions are Changing World Politics*, Norton, 2011
- Simmons, Beth A., *Mobilizing for Human Rights: International Law in Domestic Politics*, Cambridge University Press, 2009
- Sinha, Prakash, "Perspective of the Newly Independent States on the Binding Quality of International Law," *International and Comparative Law Quarterly*, Vol. 14, 1964
- Smith, Jackie, Charles Chatfield, and Ron Pagnucco, *Transnational Social Movements and Global Politics: Solidarity Beyond the State*, Syracuse University Press, 1997
- Snow, D. A., E. B. Rochford, S. K. Worden, and R. D. Benford, "Framing Alignment Process, Micromobilization, and Movement Participation," *American Sociological Review*, Vol. 51, 1986
- Solis, Gray D., *The law of Armed Conflict: International Humanitarian Law in War*, Cambridge University Press, 2010
- Spaight, James. M., *Air Power and War Rights Third Edition*, Longmans, Green and Co. Ltd., 1947.
- Stockholm International Peace Research Institute (SIPRI), *Peace, Security and conflict*

*Prevention SIPRI-UNESCO Handbook*, Oxford university Press, 1998
- Stockholm International Peace Research Institute (SIPRI), *The Problem of Chemical and Biological Warfare: A Study of the Historical, Technical, Military, Legal and Political Aspects of CBW, and Possible Disarmament Measures, Vol. I: The Rise of CB Weapons*, Almqvist & Wiksell, 1971
- Stockholm International Peace Research Institute (SIPRI), *The Problem of Chemical and Biological Warfare: A Study of the Historical, Technical, Military, Legal and Political Aspects of CBW, and Possible Disarmament Measures, Vol. IV: CB Disarmament Negotiations, 1920-1970*, Almqvist & Wiksell, 1971
- Stockholm International Peace Research Institute (SIPRI), *The Problem of Chemical and Biological Warfare: A Study of the Historical, Technical, Military, Legal and Political Aspects of CBW, and Possible Disarmament Measures, Volume III: CBW and the Law of War*, Almqvist & Wiksell, 1973
- Stone, Julius, *Legal Controls of International Conflict: A Treatise on the Dynamics of Disputes and War-Law*, Stevens & Sons Limited, 1954
- Strange, Susan, *The Retreat of the State: The Diffusion of Power in the World Economy*, Cambridge University Press, 1996
- Sur, Serge ed., *Verification of Disarmament or Limitation of Armaments: Instruments, Negotiations, Proposals (UNIDIR/92/28)*, United Nations Publication, 1992
- Tannenwald, Nina, *The Nuclear Taboo: The United States and the Non-Use of Nuclear Weapons since 1945*, Cambridge University Press, 2007
- Taro, Sidney, *Power in Movement: Social Movements and Contentious Politics Second Edition*, Cambridge University Press, 1998
- Teng, Ssu-yu, *Chang Hsi and the Treaty of Nanking 1842*, University of Chicago Press, 1944
- Teschke, Benno, *The Myth of 1648: Class, Geopolitics and the Making of Modern International Relations*, Verso, 2003
- Thomas, Ward, *The Ethics of Destruction: Norms and Force in International Relations*, Cornell University Press, 2001
- Tilly, Charles, and Lesley J. Wood, *Social Movements, 1768-2008 Second Edition*, Paradigm Publishers, 2009
- Tucker, Robert W., *The Inequality of Nations*, Basic Books, 1977
- UNICEF, *Anti-personnel Land-mines a Scourge on Children*, UNICEF House, 1994
- United Nations, *Napalm and Other Incendiary Weapons and All Aspects of Their Possible Use: Report of the Secretary-General*, United Nations Publication, 1973
- Walker, R. B. J., *Inside/Outside: International Relations as Political Theory*, Cambridge University Press, 1993
- Walkling, Sarah, "First CCW Review Conference Ends in Discord Over Landmines," *Arms Control Today*, November 1995
- Walkling, Sarah, "Pro-landmine Ban States Meet in Ottawa; Set Strategy for Global Effort," *Arms Control Today*, October 1996
- Walt, Stephen M., "International Relations: One World, many Theories," *Foreign Policy*, No. 110, 1998
- Wapner, Paul, and Lester Edwin J. Ruiz ed., *Principled World Politics: The Challenge of Normative International Relations*, Rowman & Littlefield Publishers, Inc., 2000
- Wapner, Paul, "Politics Beyond the State - Environmental Activism and World Civic Politics,"

- *World Politics*, Vol. 47, No. 3, 1995
- Ward, Robert E., ed., *Political Development in Modern Japan*, Princeton University Press, 1974
- Weiss, Thomas G. and Leon Gordenker ed., *NGO, the UN, and Global Governance*, Lynne Rienner Publishers, 1996
- Weldes Jutta, *Constructing National Interests: The United States and the Cuban Missile Crisis*, University of Minnesota Press, 1999
- Wendt, Alexander, "The Agent-Structure Problem in International Relations Theory," *International Organization*, Vol. 41, No. 3, 1987
- Wendt, Alexander, "Anarchy is What States Make of it: the Social Construction of Power Politics," *International Organization*, Vol. 46, No. 2, 1992
- Wendt, Alexander., "Constructing International Politics," *International Security*, Vol. 20, No. 1, 1995
- Wendt, Alexander, *Social Theory of International Politics*, Cambridge University Press, 1999
- Wiener, Antje, "The Dual Quality of Norms and Governance beyond the State: Sociological and Normative Approaches to 'Interaction'," *Critical Review of international Social and Political Philosophy*, Vol. 10, No. 1, 2007
- Wight, Martin, (Edited with an introduction by Hedley Bull), *Systems of States*, Leister University Press, 1977
- Willetts, Peter ed., *The Conscience of the World: The Influence of Non-Governmental Organizations in the U. N. System*, The Brookings Institution, 1996
- Witt, John Fabian, *Lincoln's Code: The Laws of War in American History*, Free Press, 2012
- Yaquing, Qin, "International Society as a Process: Institutions, Identities, and China's Peaceful Rise," *The Chinese Journal of International Politics*, Vol. 3, 2010
- Young, Oran R. ed., *Global Governance Drawing Insights from the Environment Experience*, MIT Press, 1997
- Young, Oran R., *Governance in World Affairs*, Cornell University Press, 1999
- Young, Stacey, *Changing the Wor(l)d: Discourse, Politics, and the Feminist Movement*, Routledge, 1997
- Zald, Mayer N. and John D. McCarthy, *Social Movements: In an Organizational Society*, Transaction Books, 1987

邦文
- 明石欽司『ウェストファリア条約―その実像と神話』慶應義塾大学出版会、2009年
- 秋山信将『核不拡散をめぐる国際政治：規範の順守、秩序の変容』有信堂、2012年
- 浅田正彦「特定通常兵器使用禁止制限と文民の保護（一）」『法学論叢』第114巻2号、1983年
- 浅田正彦「対人地雷の国際的規制―地雷議定書からオタワ条約へ」『国際問題』1998年
- 浅田正彦編『二一世紀国際法の課題』有信堂、2006年
- 浅田正彦編『輸出管理―制度と実践』有信堂、2012年
- 芦田健太郎『地球社会の人権論』信山社、2003年
- 足立研幾『オタワプロセス―対人地雷禁止レジームの形成』有信堂、2004年
- 足立研幾「CCW第5議定書形成過程の分析―『規範の接ぎ木』戦略の効果と限界」『金沢法学』第49巻第1号、2006年
- 足立研幾「オスロ・プロセス―クラスター弾に関する条約成立の含意」『国際安全保障』第36巻4号、2009年
- 足立研幾『レジーム間相互作用とグローバル・ガヴァナンス―通常兵器ガヴァナンスの発展と変

容』有信堂、2009 年
- 足立研幾「新たな規範の伝播失敗―規範起業家と規範守護者の相互作用から」『国際政治』第 176 号、2014 年
- 阿部達也『大量破壊兵器と国際法：国家と国際監視機関の協働を通じた現代的国際法実現プロセス』東信堂、2011 年
- 荒井信一『空爆の歴史―終わらない大量虐殺』岩波書店、2008 年
- 新井勉『化学軍縮と日本の産業―化学兵器禁止条約交渉を理解するための基礎知識』並木書房、1989 年
- 有馬成甫『火砲の起源とその伝流』吉川弘文館、1962 年
- 石津朋之・立川京一・道下徳成・塚本勝也編『エア・パワー―その理論と実践』芙蓉書房出版、2005 年
- 井上清『条約改正―明治の民族問題』岩波書店、1955 年
- 井上達夫『世界正義論』筑摩書房、2012 年
- 入江明『権力政治を超えて―文化国際主義と世界秩序』岩波書店、1998 年
- 岩本誠吾「対人地雷の国際法規制―その経緯と概要」『新防衛論集』第 26 巻 1 号、1998 年
- ウォルツァー、マイケル編『グローバルな市民社会に向かって』日本経済評論社、2001 年
- 臼井久和・高瀬幹雄編『民際外交の研究』三嶺書房、1997 年
- 馬橋憲男『国連と NGO ―市民参加の歴史と課題』有信堂、1999 年
- 梅本哲也『核兵器と国際政治：1945-1995』日本国際問題研究所、1996 年
- 海野福寿『日清・日露戦争―日本の歴史（18）』集英社、1992 年
- 榎本重治「赤十字交際委員会が作成した『戦時において一般住民が被る危険の制限に関する規則案』の説明」『国際法外交雑誌』第 56 巻 3 号、1957 年
- エリアス、ノルベルト『宮廷社会』法政大学出版局、1981 年
- エリアス、ノルベルト『文明化の過程・上―ヨーロッパ上流階層の風俗の変遷改装版』法政大学出版局、2010 年
- エリアス、ノルベルト『文明化の過程・下―社会の変遷／文明化の理論のための見取り図　改装版』法政大学出版局、2010 年
- 大芝亮「国際関係における行為主体の再検討」『国際政治』第 119 号、1998 年
- 大沼保昭『人権、国家、文明―普遍主義的人権観から文際的人権観へ』筑摩書房、1998 年
- 大沼保明編『国際社会における法と力』日本評論社、2008 年
- 大矢根聡編『コンストラクティヴィズムの国際関係論』有斐閣、2013 年
- 岡崎久彦『陸奥宗光とその時代』PHP 文庫、2003 年
- 長有紀枝『地雷ハンドブック』自由国民社、1997 年
- 押村高『国際正義の論理』講談社、2008 年
- 梶田孝道編『国際社会学』名古屋大学出版会、1992 年
- 鴨武彦・山本吉宣編『相互依存の理論と現実』有信堂、1988 年
- カリエール（板野正高訳）『外交談判法』岩波書店、1978 年
- クラウゼヴィッツ、カール・フォン『戦争論　上・中・下』岩波書店、1968 年
- グリーン、ロバート『核兵器廃絶への新しい道―中堅国家構想』高文研、1999 年
- 栗栖薫子「人間の安全保障」『国際政治』第 117 号、1998 年
- クロディー、エリック『生物化学兵器の真実』シュプリンガー・フェアラーク東京、2003 年
- 黒沢満『核軍縮と国際平和』有斐閣、1999 年
- 黒沢満編『新版　軍縮問題入門』東信堂、2005 年
- 黒沢満編『軍縮問題入門　第 4 版』東信堂、2012 年
- 功刀達郎「市民社会と国連の将来」『軍縮問題資料』1997 年 3 月号、1997 年

- 国際法学会編『日本と国際法の 100 年　第 10 巻』三省堂、2001 年
- 小寺彰・岩沢雄司・森田章夫編『講義国際法』有斐閣、2004 年
- 小林誠・遠藤誠治編『グローバル・ポリティクス』有信堂、2000 年
- ゴールドブラット、ジョセフ『軍縮条約ハンドブック』日本評論社、1999 年
- 坂元義和『相対化の時代』岩波書店、1997 年
- 佐々木潤之助『幕藩権力の基礎構造：「小農」自立と軍役　増補・改訂版』御茶の水書房、1985 年
- 佐々木隆『明治人の力量—日本の歴史（21）』講談社、2010 年
- 佐藤栄一「武器輸出の現状と通常兵器移転登録制度」『国際問題』第 387 号、1992 年
- 佐藤彰一・池上俊一『西ヨーロッパ世界の形成』中央公論社、1997 年
- 佐藤誠三郎「文明の衝突か、相互学習か—冷戦後の世界秩序を展望して」『アスティオン』第 45 号、1997 年
- シェイファー、ロナルド『新装版　アメリカの日本空襲にモラルはあったか—戦略爆撃の道義的問題』草思社、2007 年
- 篠田英朗『「国家主権」という思想—国際立憲主義への軌跡』勁草書房、2012 年
- 信夫淳平『戦時国際法講義』丸善、1941 年
- ショー、マーチン『グローバル社会と国際政治』ミネルヴァ書房、1997 年
- 神保哲生『地雷リポート』築地書館、1997 年
- 神余隆博「通常兵器移転国連登録制度に関する国連総会決議（上）」『月刊国連』1991 年 12 月号、1991 年
- 神余隆博「通常兵器移転国連登録制度に関する国連総会決議（下）」『月刊国連』1992 年 1 月号、1992 年
- 鈴木淳『維新の構想と展開—日本の歴史 20』講談社、2010 年
- 隅谷三喜男『日本の歴史（22）—大日本帝国の試練』中央公論社、1974 年
- 田岡良一『空襲と国際法』厳松堂書店、1937 年
- 竹本正幸『国際人道法の再確認と発展』東信堂、1996 年
- 多田顕著、永安幸正編集・解説『武士道の倫理　山鹿素行の場合』麗澤大学出版会、2006 年
- 田中明彦『新しい中世— 21 世紀の世界システム』日本経済新聞社、1996 年
- 田中明彦『ワード・ポリティクス—グローバリゼーションの中の日本外交』筑摩書房、2000 年
- 田中忠「戦闘手段制限の外観と内実」『国際法外交雑誌』第 78 巻 3 号、1979 年
- 田畑茂二郎『国家平等観念の転換』秋田屋、1946 年
- 田畑茂二郎『国家平等思想の史的系譜』有信堂、1958 年
- 田畑茂二郎『国際化時代の人権問題』岩波書店、1988 年
- 塚本学『生類をめぐる政治—元禄のフォークロア』平凡社、1993 年
- 筒井若水『違法の戦争、合法の戦争—国際法ではどう考えるか？』朝日新聞社、2005 年
- デュナン、アンリー『ソルフェリーノの思ひ出』白水社、1947 年
- 堂之脇光朗「日本のイニシアチブでできた通常兵器の管理制度」『外交フォーラム』1996 年 9 月号、1996 年
- 堂之脇光朗「グローバリゼーションと安全保障—軍備登録制度、予防外交、小型武器、テロリズム」『国際問題』第 511 号、2002 年
- 富永健一『社会学講義』中央公論社、2003 年
- 中西寛『国際政治とは何か—地球社会における人間と秩序』中央公論社、2003 年
- 中西寛・石田淳・田所昌幸『国際政治学』有斐閣、2013 年
- 中邨章「行政、行政学と『ガバナンス』の三形態」、日本行政学会編『年報行政研究』39 号、2004 年
- 中山康雄『規範とゲーム—社会の哲学入門』勁草書房、2011 年

- 納谷政嗣・梅本哲也編『大量破壊兵器の不拡散の国際政治学』有信堂、2000 年
- 西川潤・佐藤幸男編『NPO/NGO と国際協力』ミネルヴァ書房、2002 年
- 西崎文子『アメリカ冷戦政策と国連— 1945-1950』東京大学出版会、1992 年
- 長谷川輝夫『聖なる王権ブルボン家』講談社、2002 年
- 長谷川輝夫・大久保桂子・土肥恒之『ヨーロッパ近世の開花』中央公論社、1997 年
- 馬場伸也『アイデンティティの国際政治学』東京大学出版会、1980 年
- ハーバマス、ユルゲン『コミュニケーション的行為の理論　上・中・下』未来社、1985-1987 年
- 原田敬一『日清・日露戦争—シリーズ日本近現代史（3）』岩波書店、2007 年
- ハワード、マイケル『改訂版ヨーロッパ史における戦争』中央公論社、2010 年
- ピクテ、ジャン・S.『赤十字の諸原則』日本赤十字社、1958 年
- 廣瀬和子・綿貫譲治編『新国際学—変容と秩序』東京大学出版会、1995 年
- 廣瀬陽子『未承認国家と覇権なき世界』NHK 出版、2014 年
- 吹浦忠正『赤十字とアンリ・デュナン——戦争とヒューマニティの相剋』中央公論社、1991 年
- 吹浦忠正・柳瀬房子・長有紀枝編『地雷をなくそう—「地雷ではなく花をください」50 万読者からの質問』自由国民社、2000 年
- 藤田久一『新版　国際人道法　増補』有信堂、2000 年
- ヘルド、デイヴィッド、アンソニー・マグルー、デイヴィッド・ゴールドブラット、ジョナサン・ペラトン『グローバル・トランスフォーメーションズ：政治・経済・文化』中央大学出版部、2005 年
- 防衛大学校安全保障学研究会編『安全保障学入門』亜紀書房、2001 年
- マカートニー、ジョージ、坂野正高訳注『中国訪問使節日記』平凡社、1975 年
- マキアヴェリ、ニッコロ『新訳君主論』中央公論社、2002 年
- 増田義郎『図説　大航海時代』河出書房新社、2008 年
- 増田義郎『大航海時代』講談社、1984 年
- 三浦聡「複合規範の分散革新—オープンソースとしての企業の社会的責任（CSR）」『国際政治』第 143 号、2005 年
- 宮脇昇『CSCE 人権レジームの研究—「ヘルシンキ宣言」は冷戦を終わらせた』国際書院、2003 年
- 村瀬信也・真山全編『武力紛争の国際法』東信堂、2004 年
- 目賀田周一郎「特定通常兵器使用禁止制限条約の締結について」『ジュリスト』No.776、1982 年
- 目加田説子『地雷なき地球へ　夢を現実にした人々』岩波書店、1998 年
- 最上敏樹『国連システムを超えて』岩波書店、1995 年
- 最上敏樹『国際機構論　第二版』東京大学出版会、2006 年
- 山影進編『主権国家体系の生成—「国際社会」認識の再検証』ミネルヴァ書房、2012 年
- 山本吉宣『国際レジームとガバナンス』有斐閣、2008 年
- 横井勝彦・小野塚知仁編『軍拡と武器移転の世界史：兵器はなぜ容易に広まったのか』日本経済評論社、2012 年
- 吉田金一『近代露清関係史』近藤出版社、1974 年
- 吉田敏浩『反空爆の思想』日本放送出版協会、2006 年
- 渡辺昭夫・土山実男編『グローバル・ガヴァナンス—政府なき秩序の模索』東京大学出版会、2001 年

# あとがき

　国際政治とは国家間の権力をめぐる闘争に過ぎないのか。国際安全保障分野において各国が協調することはできないのか。このような問題意識から、私はこれまで、国際安全保障分野において進展した国際協調—具体的には対人地雷禁止条約や、その他軍縮分野の条約の形成過程—を取りあげて研究を進めてきた。そうした研究では、各国間で共有されるようになった規範が、条約形成において重要な役割を果たした点を強調してきた。規範という概念を用いることで、リアリズムやリベラリズムでは十分に説明できない現象を分析しようとする研究は増えつつあった。私自身も、安全保障分野における規範を取りあげて分析をすることで、国際安全保障分野において各国が協調することが可能か、可能だとするならばどのような場合か、考察してきた。

　しかし、そもそも、なぜある規範が各国に受け入れられ、他の規範は受け入れられないのか、という問いには十分に答えられないでいた。対人地雷禁止規範など、個別の規範がいかに伝播したのかという点は、規範を広めようと活動するNGOなどの活動戦略や実態を実証的に分析することで、ある程度検証することはできる。だが、NGOが同じような活動戦略に基づいて、同じような活動を行ったとしても、新たな規範が常に国際的に伝播するわけではない。国際的に広まる規範と、広まらない規範を分ける要因は、いったい何なのか。そもそも、どういった状況になれば、国際的に規範が受容されたといえるのか。また、国際政治における規範とはいったい何なのか。こうした問いに答えない限り、結局のところ、冒頭の問いに対する答えは得られない。いくら個別事例の研究を行い、規範が国家の行動に影響を与えた可能性を示唆したところで、それだけでは十分ではないのではないかという思いを、私は強く抱くに至った。

　このようなことを考えていたときに、私の研究に大きな影響を与えたのが、

Andrew Linklater 教授と Amitav Acharya 教授であった。私が勤める立命館大学では英国学派国際関係学の研究が盛んで、たびたび関連するシンポジウムやワークショップが開催されていた。2010 年 3 月に開催されたシンポジウムにおいて、私が司会を務めたセッションで、Linklater 教授による研究報告がなされた。国際社会の文明化の可能性について論じるその報告は、非常に刺激的なものであった。懇親会の場で Linklater 教授と議論を続けるなかで、私の研究の方向性がぼんやりと見え始めた。2014 年 2 月に開催されたシンポジウムの際も、Linklater 教授が報告するセッションで司会する機会を得、懇親会の場では、本書の構想について Linklater 教授からアドヴァイスを受けることができた。その意味で、本書は英国学派の研究に大きく影響されたものだといえる。英国学派の研究グループの生みの親であり、私が立命館大学に着任して以来さまざまな学恩を頂いた故安藤次男教授に、本書の刊行で、わずかでも報いることができるならば望外の幸せである。

　国際政治学の第一人者で、規範研究もリードする Acharya 教授と知り合ったのは、アメリカン大学（ワシントン DC）に客員教授として勤めていた際である。2010 年 8 月にアメリカン大学に赴任すると、研究関心が近い Acharya 教授とは自然と研究の話をする機会も増えていった。とりわけ、Acharya 教授のご自宅で、国際政治における規範研究について議論を交わした時間は、本書の構想を練るうえで非常に大きな、そして贅沢なものであった。その後、立命館大学に Acharya 教授をお招きする機会があり、本書の研究に対してもさまざまな助言を頂いた。

　このお二人にインスパイアーされ、国際政治における規範を論ずるにあたって、規範が共有される国際社会から検討を始めるという、本書の構想が固まった。時代とともに、国際社会とそこで共有される規範とが変容してきたことを明らかにしたうえで、国家の存亡にかかわる兵器使用に関する規範が、国家の行動、あるいは国際政治にいかなる影響を与えてきたのかを考察し、国際政治の行方を展望すること、これが私が本書執筆を通して試みてきたことである。

　兵器、あるいは安全保障にかかわる、このような研究を進めていくにあたっては、平和・安全保障研究所のネットワークを通じて、西原正理事長を始め、多くの先生方から数え切れないほどご助力を頂いた。また、大学院生時代にご

指導いただいた赤根谷達雄教授、Claire Turenne-Sjolander 教授には、今も変わらぬご指導を頂いている。Sjolander 教授は、今年立命館大学に客員教授としてお招きしたこともあり、本書の内容に対して貴重なご意見を頂くことができた。本書の構想や内容の一部は、International Studies Association、日本国際政治学会を始め、さまざまな研究会などで報告をする機会を得た。そうした場において、とりわけ、大矢根聡、小川裕子、勝間田弘、吉川元、栗栖薫子、クロス京子、阪口功、佐藤誠、中西寛、三浦聡、山田高敬、和田洋典、和仁健太郎、Alan Bloomfield、Clifford Bob、Janina Dill、Fillippo Dionigi、Brian Job、Helen Nesadurai、Lisbeth Zimmermann の諸先生方から多くの教えを拝受したことを記させていただきたい。紙幅の関係もあり、すべてのお名前を挙げることはできないが、多数の方々にご教示を頂いたことに改めて感謝申し上げる次第である。校正作業にあたっては、立命館大学大学院国際関係研究科修了生の美濃部大樹君の助力を得た。

　本書は、科学研究費補助金（課題番号 25780121、および課題番号 21730146）、立命館大学人文科学研究所助成プログラム「グローバル・ガヴァナンスにおける市民社会の役割」の成果の一部である。また、本書を刊行するにあたっては、立命館大学による 2014 年度学術図書出版推進プログラムによる出版助成を受けている。記して感謝申し上げる次第である。最後になったが、本書が上梓可能となったのは、有信堂高文社の代表取締役髙橋明義氏のご尽力と温かいご配慮によるものである。心から感謝申し上げたい。

　このように、多くの方々のご尽力やご助力によって何とか刊行される本書ではあるが、本書の内容にもし誤りや至らなさがあるとすれば、無論それはすべて著者個人の責任である。読者のご指摘、ご批判を仰ぐことができれば幸甚である。

　　2014 年 9 月吉日

　　　　　　　　　　　　　　　　　　　　　　　　　　足 立 研 幾

# 索 引

## ア 行

ICRC　25, 27, 72, 73, 114, 115, 140, 143-145, 159, 160, 165-167, 171, 193, 194
アイデンティティ　8, 9, 21, 22, 25, 28, 29, 39, 40, 45, 71, 114, 140, 200-203
新しい暗黒　184, 190, 191, 206-208
新しい中世社会　15, 139, 161, 163, 164, 169, 172-175, 180, 185-187, 189, 203-208
アチャリヤ、アミタフ（Amitav Acharya）　40, 51
アナーキー　9, 10, 52, 134, 147, 203
アヘン戦争　93
アボリッション 2000（Abolition 2000）　181
アメリカ　92, 134, 135, 138
アレクサンドル2世　74, 75, 77
暗殺　188, 189, 197
暗殺禁止規範　189, 190, 197
イスラーム国　161, 190
イタリア　118, 119
逸脱行為　18, 38, 44, 55, 63, 120, 137, 142, 184, 189, 201, 205
イラク　149, 150
イラン・イラク戦争　24, 151
インノケンティウス2世　54, 55
ウェストファリア　64, 83
ウォルツ、ケネス（Kenneth Waltz）　13
ウ・タント（U Thant）　141
エチオピア　92, 118, 119
NGO　13-16, 27, 31-33, 41, 42, 45, 107, 160-166, 168-174, 176, 181, 183, 185, 186, 203, 204
エリアス、ノルベルト（Norbert Elias）　59, 62, 98, 186
欧州通常兵力条約（Treaty on Conventional Armed Forces in Europe: CFE 条約）　149
オーストラリア・グループ　151
オスマン　73, 74, 86
オスマン帝国　91, 122
オスロ・プロセス　178, 179, 181
オタワ・プロセス　170-173, 176, 178
オックスフォード・マニュアル　79
オバマ（Barack Obama）大統領　183

## カ 行

カー、E. H.（Edward H. Carr）　4
外交会議　143-145
海洋管理協議会　42
化学兵器　24, 114, 115, 118-121, 129, 141, 142, 148, 151, 201
化学兵器禁止機関　152, 153
化学兵器禁止規範　114
化学兵器禁止条約　151-153, 206
化学兵器使用禁止規範　115, 118-121, 142
核実験　139
核なき世界　183
核不拡散規範　135, 138, 184, 202
核不拡散条約（Non Proliferation Treaty: NPT）　135-138, 181-184
核不拡散レジーム　136-138, 181-184, 202
核兵器　121, 128, 133, 134, 136-139, 142, 181, 184, 185, 202
核兵器不使用規範　23, 137
騎士　54-58, 69
騎士道　55-57, 60, 62, 63, 89, 97, 103, 108, 120, 201
規制的効果　21, 23, 24, 29, 58, 200
規範起業家　25-27, 29-31, 33-36, 40, 44-46, 53, 58, 63, 69, 71-73, 78-80, 88, 99, 103, 105, 107, 115, 116, 144, 145, 160, 164, 167, 169-172
規範守護者　34-36, 45, 46, 53, 63, 72, 73, 78, 80, 99, 107, 120, 145, 146, 165-167, 169, 170, 172, 173, 175, 178
規範のカスケード　25, 36, 185, 204
規範のライフサイクル論　37, 38
規範ライフサイクル論　4, 25, 29, 33, 40, 41, 43, 44, 199
9.11同時多発テロ　14, 16, 161, 183, 187-189
教皇　54-56, 64, 65, 191

| | | | |
|---|---|---|---|
| クウェート侵攻 | 149, 150 | 国連総会 | 131, 143, 149, 150, 162, 181, 182 |
| 空爆 | 115, 116, 118, 129, 143, 145 | 国連ミレニアム宣言 | 163 |
| 空爆禁止規範 | 118 | コソボ空爆 | 174 |
| クラスター弾 | 35, 174, 176-179, 185, 195, 203, 204 | 国家間社会 | 5, 6, 12-17, 19, 21, 23-25, 28-30, 33, 37, 39-42, 44, 52, 88-93, 96-100, 102-104, 107-110, 112, 117, 119-121, 128-130, 132-134, 136-142, 144, 147-149, 152, 153, 159, 160, 162-164, 168, 172, 174, 176, 153, 159, 160, 162-164, 168, 172, 174, 176, 180, 182-190, 199-208 |
| クラスター弾使用禁止規範 | 35, 174, 180, 187, 205 | | |
| クラスター弾に関する条約 | 174, 180, 187, 205, 206 | | |
| クラスター弾連合（Cluster Munitions Coalition: CMC） | 175, 177-179 | ゴルバチョフ、ミハイル（Mikhail Gorbachev） | 151 |
| グリーンピース | 14 | ゴン、ゲリット（Gerrit W. Gong） | 90 |
| クリミア戦争 | 74, 91 | コンストラクティヴィズム | 4, 9 |
| グローバル化 | 153, 159-161, 174, 186, 191, 204-206, 208 | サ 行 | |
| グローバル・ガヴァナンス | 161 | サンクト・ペテルブルク会議 | 75, 76 |
| クロスボー | 54, 55, 62, 74, 191 | サンクト・ペテルブルク宣言 | 75, 76, 78, 79, 104, 106, 108, 169, 178 |
| 軍事目標 | 115, 116, 118, 141, 146 | | |
| 軽気球からの投射物禁止宣言 | 104, 107 | 三十年戦争 | 64, 68 |
| 軽気球からの投射物使用禁止規範 | 106, 140, 201 | シキンク、キャサリン（Kathryn Sikkink） | 8, 23, 25, 28, 31, 40 |
| ゲート・キーパー | 32, 33, 45 | 自己破壊装置 | 37, 167, 169, 172, 175, 178, 179 |
| ケック、マーガレット（Margaret Keck） | 31 | 失明をもたらすレーザー兵器に関する議定書 | 168 |
| 原子爆弾 | 134, 135 | | |
| 検出不可能な破片を利用する兵器 | 146 | 社会化 | 27, 28 |
| 構成的効果 | 21, 22, 24, 58, 200 | 社会的圧力 | 34-36, 50 |
| 拷問 | 188, 189, 197, 205 | 社会的コスト | 18, 20 |
| 拷問禁止規範 | 197 | 釈明 | 18, 20, 21, 44, 110-112, 119, 121, 189 |
| 合理主義国際政治学 | 4, 7, 9-13, 16, 20, 26, 46, 52, 68, 76, 147, 170 | 銃使用禁止規範 | 60, 63, 64 |
| 国際グリーンピース | 160 | 集団安全保障 | 117, 133, 155 |
| 国際原子力機関（International Atomic Energy Agency: IAEA） | 136 | 主権尊重規範 | 25, 66, 97, 100, 107, 131, 132, 138, 148, 162, 163, 184, 187, 190, 201 |
| 国際司法裁判所 | 181 | 主権平等規範 | 100-103, 108, 130-133, 138, 148, 184, 208 |
| 国際社会 | 9, 11, 12, 132, 199, 206, 208 | | |
| 国際人権規約 | 162 | ジュネーブ議定書 | 142, 152 |
| 国際フェアトレード認証機構 | 42 | ジュネーブ・コール | 172 |
| 国際平和会議 | 70, 88, 99 | ジュネーブ毒ガス議定書 | 113, 115, 118-121, 141 |
| 国際連盟 | 116, 117, 119, 130 | | |
| 国際連盟規約 | 116, 117 | ジュネーブ4条約 | 140, 143, 144 |
| 国連（国際連合） | 128, 130, 132, 133, 162 | ジュネーブ4条約追加議定書 | 145 |
| 国連軍備登録制度 | 150, 153 | 焼夷兵器 | 117, 118, 143-146, 148, 164, 202 |
| 国連憲章 | 129-131, 133, 162, 182 | 植民地 | 66, 97, 128, 131 |
| 国連児童基金（United Nations Children's Fund: UNICEF） | 165, 192 | 地雷 | 30, 37, 144, 146, 148, 164-167, 169, 170, 172-175, 177, 185, 202-204 |

索　引　233

地雷禁止国際キャンペーン（International Campaign to Ban Landmines: ICBL）　164-166, 168, 171
シリア　152
新アジェンダ連合　181, 184
人権尊重規範　162, 186
森林管理協議会　41
水素爆弾　135
ストックホルム国際平和研究所（Stockholm International Peace Research Institute: SIPRI）　150
生物兵器　114, 115, 120, 141, 142, 148
生物兵器禁止条約　148
世界自然保護基金　160
世界人権宣言　162
CERES　42
戦時国際法　78-80, 88, 90
戦時傷病者保護規範　25, 26, 73
戦時復仇　110, 119
戦争違法化　116, 117, 133
戦地軍隊に於ける傷者の状態改善に関するジュネーブ条約　73
総加入条項　110, 114
相互確証破壊　136, 138, 182
ソ連　134, 135, 138

タ　行

第一次世界大戦　3, 100, 109, 110, 111-116, 118, 119, 121, 201
第2回CCW再検討会議　174
第3回CCW再検討会議　177
対共産圏輸出統制委員会（Coordinating Committee for Export Controls: COCOM）　149, 150
対抗キャンペーン　35, 36, 53
対抗フレーミング　148, 173, 180
対人地雷禁止規範　30, 37, 40, 164, 165, 167-174, 186, 205
対人地雷禁止条約　164, 171, 175, 187, 205, 206
第二次世界大戦　117, 118, 121, 128-130, 133, 134, 141, 162, 167, 201
脱植民地化　131, 133, 137
ダムダム弾　105, 106, 108-110, 112, 137
ダムダム弾禁止宣言　106, 108
ダムダム弾使用禁止規範　107, 140, 201

弾道弾迎撃システム制限条約（Anti-Ballistic Missile Treaty: ABM条約）　136, 138, 182-184
弾道ミサイル　135
知識共同体　27, 48
チャーチル、ウィンストン（Winston Churchill）　99
中国　67, 91-93
中世ヨーロッパ社会　54-56, 65, 73, 81, 103, 104, 191, 199
通常兵器　142, 149-151
接ぎ木　34-36, 60, 63, 64, 104, 105, 107-109, 112, 116, 118, 120, 140, 145, 148, 164, 165, 168, 174, 201, 203
接ぎ木の切断　35, 36, 148, 173, 175, 180
デュナン、アンリ（Henry Dunant）　25, 72, 73
テロ組織　161, 182, 183, 188-191, 205-207
ドイチュ、カール（Karl W. Deutsch）　186
ドイツ　110-113
毒　53, 59, 60, 62, 74, 108
毒ガス　110, 111, 113, 114, 118, 119, 137, 201
毒ガス禁止宣言　105, 110-114, 120
毒ガス使用禁止規範　105, 107, 110-113, 120, 140, 141, 201
毒使用禁止規範　60, 63, 78, 108
特定通常兵器使用禁止・制限条約（The Convention on Prohibitions or Restrictions on Use of Certain Conventional Weapons Which May Be Deemed to Be Excessively Injurious or to Have Indiscriminate Effects: CCW）　146-148, 165, 166, 168, 170, 174-177, 202
CCW改正第2議定書　168, 170, 173
CCW再検討会議　165, 166, 168
CCW第4議定書（失明をもたらすレーザー兵器に関する議定書）　193
CCW第5議定書　175, 176, 180
毒不使用規範　120

ナ　行

内在化　19-21, 23, 25, 29, 38, 43, 45, 46, 54
内政干渉　21, 23, 25, 163
ナパーム弾　142, 143, 145, 165, 166
南京条約　93

| | |
|---|---|
| ニコライ2世 | 88, 101 |
| 日英通商航海条約 | 96 |
| 日米和親条約 | 94 |
| 日清戦争 | 96 |
| 日本 | 10, 60, 62-64, 94-96 |
| ネオリアリズム | 3, 4, 6 |
| ネオリベラリズム | 4, 6 |
| ネルチンスク条約 | 67, 92 |
| ノーウィージャン・ピープルズ・エイド（Norwegian People's Aid: NPA） | 178 |
| ノーム・カスケード | 28, 29, 33, 38-40, 43, 45, 171 |
| ノルウェー | 177-179 |

## ハ 行

| | |
|---|---|
| ハーグ会議 | 88 |
| ハーグ規則 | 115, 141 |
| ハーグ空戦規則 | 116, 141 |
| ハーグ平和会議（第1回） | 102, 103, 106, 108, 115, 120, 121, 130 |
| ハーグ平和会議（第2回） | 108, 115 |
| ハース、ピーター（Peter Haas） | 27 |
| バルーク案 | 134, 135, 138 |
| 万国国際法学会 | 79 |
| 反戦規範 | 68, 70, 71, 73, 74, 78, 80, 88, 99, 101, 103, 107, 116, 147 |
| 非国家主体 | 8, 15, 16, 139, 140, 159, 160, 163, 172, 181-183, 185, 187-190, 205, 206 |
| ビスマルク、オットー・フォン（Otto von Bismarck） | 88, 99 |
| 非対称戦 | 190, 205 |
| ヒューマン・ライツ・ウォッチ（Human Rights Watch: HRW） | 165, 174, 192 |
| 標的殺人（target killing） | 189, 190, 205 |
| ビン・ラーディン、ウサマ（Osama bin Laden） | 189, 190 |
| フィネモア、マーサ（Martha Finnemore） | 8, 25, 28, 31 |
| ブービートラップ | 144, 146, 148 |
| ブザン、バリー（Barry Buzan） | 12 |
| 武士道 | 60, 62-64 |
| 不遵守カスケード | 43 |
| 不戦共同体 | 186 |
| 不戦条約 | 116, 117 |
| ブッシュ、ジョージ（George H. W. Bush） | 151 |
| ブッシュ、ジョージ（George W. Bush） | 182 |
| 不買運動 | 165, 169, 173 |
| 不発弾および遺棄弾（Explosive Remnants of War: ERW） | 174-176 |
| 不発率 | 178, 179 |
| 不必要な苦痛を与える兵器使用禁止規範 | 75, 78, 105, 106-109, 112, 117, 118, 140, 142-147, 160, 164, 165, 168-170, 174, 178, 200-203 |
| 不平等条約 | 93, 94, 102 |
| 部分的核実験禁止条約 | 139 |
| プライス、リチャード（Richard Price） | 30, 114, 156 |
| プライベートレジーム | 16, 204 |
| フランス貴族社会 | 97 |
| ブリュッセル会議 | 77, 78, 88, 120 |
| ブリュッセル宣言 | 79 |
| ブル、ヘドリー（Hedley Bull） | 11, 12, 14, 15, 132, 133, 207 |
| フレーミング | 26, 33-36, 69, 71, 75, 78, 80, 99, 166, 176 |
| フレーミング破壊 | 34, 36 |
| 文民保護規範 | 56, 73, 104, 105, 107, 109, 112, 113, 116, 118, 120, 121, 140-142, 146-148, 159, 160, 165, 174, 178, 201, 202 |
| 文明化 | 69, 76, 78, 79, 99, 102, 112, 114, 119, 186 |
| 「文明」基準 | 89-94, 96-98, 107, 108, 120, 128, 129, 131, 132, 137, 138, 163, 200-202 |
| 文明国 | 71, 72, 75, 76, 79, 90, 94, 95, 102, 104, 114, 115, 119, 129, 137, 200 |
| 米印原子力協力協定 | 182 |
| 兵器取引 | 149, 150, 157 |
| 米州諸国会議 | 100, 101, 130 |
| 平和協会 | 69, 70, 99 |
| ベトナム戦争 | 142, 169 |
| ペリー、マシュー（Matthew C. Perry） | 94 |
| ベルギー | 177 |
| 法的手続きによらない他国への容疑者の引渡し | 188, 189, 197, 205 |
| 暴力行使抑制規範 | 60, 208 |
| 暴力抑制規範 | 62, 64, 187 |
| 保護する責任 | 163, 186, 187, 205 |

## マ 行

マキアヴェリ、ニッコロ (Niccolò Machiavelli) 98
マルテンス、フリードリッヒ・フォン (Friedrich von Martens) 77
無差別兵器使用禁止規範 141-143, 145, 164, 165, 167-169, 174, 201, 202

## ヤ 行

野蛮 89, 90, 92, 99, 102, 105, 119, 129, 131, 133, 137, 190, 200-202
友好関係原則宣言 131
輸出管理 150, 151
ヨーロッパ貴族社会 59, 60, 64, 65, 98
ヨーロッパ国家間社会 5, 52, 64, 66-68, 70-78, 80, 88, 89, 91, 92, 94-97, 100, 104, 105, 120, 128, 131, 132, 147, 199-201

## ラ 行

リーバー法 71
陸戦ノ法規慣例ニ関スル規則(ハーグ規則) 106
リッセ、トーマス (Thomas Risse) 23
ルイ14世 58, 59, 65, 98
ルーズベルト、セオドア (Theodore Roosevelt) 99, 154
ルーズベルト、フランクリン (Franklin Roosevelt) 130
礼儀 57, 98
礼儀規範 58-60, 64-66, 68, 69, 89, 97, 108
冷戦 131-133, 135, 137, 140, 147, 162, 164, 166, 169, 202
冷戦終焉 149, 150, 152, 153, 159, 161, 181, 183, 184, 206
レーザー兵器 193
ロシア 67, 74, 77, 78, 84, 101, 102

## ワ 行

ワイト、マーティン (Martin Wight) 132
ワシントン海軍軍縮会議 115
ワッセナー・アレンジメント 151, 153, 158
われわれ意識 186, 203, 204
湾岸戦争 150, 151, 167

著者紹介
足立研幾（あだち・けんき）
立命館大学国際関係学部 教授

略歴
京都大学法学部卒業、筑波大学大学院国際政治経済学研究科修了。
博士（国際政治経済学）。
日本学術振興会特別研究員、筑波大学社会科学系助手、金沢大学法学部助教授、立命館大学国際関係学部准教授を経て現職。その間、オタワ大学社会科学研究科客員研究員、アメリカン大学国際関係学部客員教授。

主要業績
『オタワプロセス──対人地雷禁止レジームの形成』（単著、有信堂高文社、2004 年、カナダ首相出版賞受賞）、『レジーム間相互作用とグローバル・ガヴァナンス──通常兵器ガヴァナンスの発展と変容』（単著、有信堂高文社、2009 年）、『グローバル・ガヴァナンス論』（共著、法律文化社、2014 年）ほか。

国際政治と規範──国際社会の発展と兵器使用をめぐる規範の変容

2015 年 1 月 21 日　　初　版　第 1 刷発行　　　　　　　　　〔検印省略〕

著者©足立研幾／発行者　髙橋明義　　　　　　　創栄図書印刷／中條製本

東京都文京区本郷 1-8-1　振替 00160-8-141750
〒113-0033　TEL(03)3813-4511
FAX(03)3813-4514
http://www.yushindo.co.jp
ISBN978-4-8420-5570-1

発　行　所
株式会社 有信堂高文社
Printed in Japan

| | | |
|---|---|---|
| 国際政治と規範——国際社会の発展と兵器使用をめぐる規範の変容 | 足立研幾著 | 三〇〇〇円 |
| レジーム間相互作用とグローバル・ガヴァナンス——通常兵器ガヴァナンスの発展と変容 | 足立研幾著 | 二六〇〇円 |
| オタワプロセス——対人地雷禁止レジームの形成 | 足立研幾著 | 六三〇〇円 |
| 核不拡散をめぐる国際政治——規範の遵守、秩序の変容 | 秋山信将著 | 五五〇〇円 |
| 東アジアの国際関係——多国間主義の地平 | 大矢根聡編 | 三九〇〇円 |
| 輸出管理——制度と実践 | 浅田正彦編 | 七八〇〇円 |
| 民族自決の果てに——マイノリティをめぐる国際安全保障 | 吉川元著 | 三〇〇〇円 |
| ナショナリズム論的再考——社会構成主義 | 原百年著 | 二九〇〇円 |
| 来たるべきデモクラシー——暴力と排除に抗して | 山崎望著 | 六〇〇〇円 |
| 国際協力のレジーム分析——制度・規範の生成とその過程 | 稲田十一著 | 二七〇〇円 |
| 国連開発援助の変容と国際政治——UNDPの40年 | 大平剛著 | 四〇〇〇円 |
| 国際関係学——地球社会を理解するために | 滝田賢治　大芝亮　都留康子編 | 近刊 |

★表示価格は本体価格（税別）

有信堂刊